心理学的七宗罪

改革科研文化的宣言

[英] 克里斯·钱伯斯 / 著
Chris Chambers

李永娜　孙旖旎　许天歌 / 译

陈妍秀　胡传鹏 / 校译

上海教育出版社
SHANGHAI EDUCATIONAL
PUBLISHING HOUSE

献给 J、I 和 X，献给每位实验结果不够"好"的年轻科学家。还有 JD：你给予的启发如此之多，却看不到我们的成就。

人既应该有知其不可为的洞察力，也应该有仍然为之的决心。

| 译者序 |

这本书的翻译始于 2018 年底，当时还是博士生和博士后的我们因开放科学兴起的一系列革命性措施而兴奋和激动，同时深感国内缺乏对此风潮的系统认识，于是雷厉风行地联系出版社、招募译者、翻译、校译……然后时间来到了 2023 年。

回首这几年，开放科学在西方国家日益成熟，在国内也逐渐被人熟知，我们在中国基于年轻草根科学界人士的践行开放科学的联盟（The Chinese Open Science Network, COSN）也成长起来。再看《心理学七宗罪——改革科研文化的宣言》这本书，虽然还未到"这些问题我们都已经解决了"的程度，但也会感叹心理学研究在透明性和可重复性方面的确今时不同往日了。也许大众和媒体仍然仅对趣闻性研究结果感兴趣，但心理学界现在对新奇的实验更警惕，也更重视重复实验了（第一章"偏见之罪"）；由于越来越多的期刊鼓励作者采用预注册和注册报告模式，现在越来越少的心理学研究者担当"律师"这个角色，为了"0.05"的黄金标准"巧言令色"地分析数据，事后诸葛亮式地修改假设（第二章"隐藏的灵活性之罪"）；心理学研究者更偏好具有高检验力的研究，更不抗拒去做重复实验（第三章"不可靠之罪"）；在"开放科学框架"（Open Science Framework）和 GitHub 等成熟平台上，心理学研究者也越来越热衷于分享数据，造福同行

（第四章"数据囤积之罪"）；以上种种善因善果出现在整体科研环境和文化倡导提高研究的透明度的氛围中，越来越多丧失科研道德的科学家被揭发，人人自省和自规（第五章"易腐蚀之罪"）；随着多个期刊和出版商的合作以及不断增加的发行预印本的平台，心理学研究者免费获取文章和研究成果的途径越来越多（第六章"成果封锁之罪"）；虽然影响因子和分区仍然是评价和比较研究者的主要手段，但我们也更看重文章本身的质量，而非期刊是不是顶刊（第七章"唯量化——数豆子之罪"）。

对于普通科研工作者，开放科学倡导的很多方法的确使我们变成更好的科学家。正如第四章"数据囤积之罪"所强调的，我们怀抱着研究的一切内容，不仅仅是最终成品（期刊论文），还包括实验的代码、数据本身和分析数据的代码，都会有被同行看到的一天，也会有同行想要重复过程的想法。在这种"被凝视"的压力和动力下，我们会从项目的一开始就把所有内容整理和注释好。如此，无论何时回溯收集过的数据或做过的分析，无需过多犹如侦探剖析混乱犯罪现场般的工作，我们便能非常清晰地再现研究的逻辑和细节。这对拿到这些数据和代码的人来说也非常友好，避免了"看不懂表格这一列数据代表了什么"，或者"这行代码实现了什么，为什么我运行不出来"的尴尬局面，如同书中反复提及的预注册及第八章"赎罪"中介绍的注册报告模式给科学研究带来的好处一样。事实上，早在这之前，我们就一直在做研究注册了，只是换了个名字——开题报告。我们在正式开展研究前就梳理好研究逻辑，做好文献调研，设计好实验，写好除了实验结果和讨论以外的内容，甚至收集了一些预实验的数据，佐证我们的研究是有价值的。其实不仅仅是毕业论文，对于每个项目，把这些做到位都会让我们不可逃避地思考要验证的假设，避免无意识、灵活地"压榨数据"等行为，养成良好的科研习惯。

本书作者钱伯斯在原书序言里提到，心理学家这份职业是一个庇护所，对我来说也是如此。我从不认为心理学或科研这个行业需要我，是我十分需要它。没有它，我就是无用之人。因此，我和很多志同道合的伙伴一起，希望能用自己的绵薄之力，将心理学这个庇护所建造得更牢固。相信此刻作为读者的你，打开这本书，也走在修筑庇护所的路上。道阻且长，行则将至。

|序 言|

　　这本书的撰写源于心理学的职业文化给我带来的深深的挫败感。我一直认为，我们的职业文化是一座城堡——先驱们在很久之前建立的一个庇护所，就像所有的家一样，它需要持续的关注与关怀。但因我们的放任，如今它变得破陋不堪：窗户肮脏、晦暗；房顶裂缝丛生，无法遮风挡雨；地下室里也有妖魔鬼怪。

　　虽然这座城堡破败了，但它依然是我的栖身之所。在我资历尚浅的职业成长期，它庇护了我，让我成长为资深从业者，今天才可以公开谈论革新的必要性。我强调"革新"这个词是因为，我并不想将这座堡垒推倒重建。心理学的根基是牢固的，有令人骄傲的科学遗产。心理学的奠基者们——赫尔曼·冯·赫尔姆霍茨（Hermann von Helmholtz）、威廉·冯特（Wilhelm Wundt）、威廉·詹姆斯（William James）——使得基业长青。

　　在心理学及相关的认知神经科学领域浸淫 15 年之后，我终于得出一个令人不安的结论：如果我们继续现在的做法，心理学作为科学的良好信誉会被削弱，甚至可能会消失。如果我们忽视这些警示信号，也许用不了一百年，心理学就会被后人视为诸多古怪学术癖好中的一个，就像我们现在看待炼金术和颅相学一样。他们会带着宽容的微笑，看着这个学术古董，对着这个曾被称为"心理学"的科学原型睿智地互相点头，断定我们有"时代的局限"。当然，几乎没有什么科学能禁得住历史的评判，但心理学可能会因为研究实践而不是研究发现而受到最严苛的评判。评语会是：与很多"软科学"一样，心理学深陷于自认为"可以用科学的表象恰当地替代科学的实践"的文化。

在本书中，我将展示这种变化如何渗透进我们作为科学家的职业生活的方方面面。在这个过程中，我们会看到有些地方很灰暗。七宗罪是一个隐喻，我用它来阐释一些未经检验的偏见如何愚弄我们，让我们看到自己想看的东西；我们如何背离科学方法的基本原则；我们如何将收集到的数据当成个人财产，而非公共资源；我们如何纵容学术造假对学术共同体里最脆弱的成员造成难以估量的伤害；我们如何将公共资源浪费在过时的出版形式上；在评估科学和科学家的价值的时候，我们如何放弃了专家的判断，选择肤浅的"数豆子"的方式。我希望这些内容能让你相信，为了追求真正的知识，我们必须勇敢地指出这些失败之处并坚决改正。

在每一章及独立的最后一章中，我会推荐各种改进措施，这些措施凸显科学研究的两个核心方面：透明性与可重复性。心理学要在 21世纪及未来生存和发展，就必须将目前隐秘、脆弱的科研文化转换成真正开放、严格、缜密的科学实践，做到开放性与创新性共举，稳定性与新颖性并重。我们必须认识到，老一套的做法不再适用，要找到新的途径。

从最广泛的角度来说，这本书写给任何对科学实践与科学文化感兴趣的读者。即使是对心理学不那么感兴趣的人，也有理由关注我们面临的问题。任何科学领域的不良做法都可能将宝贵的公共资源浪费在探索那些具有误导性或虚假的研究上。例如，通过压制某些特定类型结果的公开发表，我们有可能在心理健康领域（如抑郁和精神分裂）引入无效的临床治疗。在英国，科学研究的社会经济影响是国家常设项目评估内容的一部分，我们可以看到，心理学在现实世界中的应用产生广泛影响。2014 年，英国卓越研究框架（Research Excellence Framework，REF）报告了超过 450 个"有影响的项目"，其中有不少心理学研究促成的公共政策或实践，包括电动汽车的设计与兴起，减少考试焦虑的策略，为警察开发的避免受记忆限制影响的问询技术，基于视觉科学而设定的市区限速标准，有效空间探索中重要的人因，考虑公众风险认知的政府应对气候变化的政策，旨在减少烟草使用的标准化包装设计，等等。[①] 从最基础的理论研究到最实用 的应用分支，心理学是公众生活丰富的组成部分，也是理解很多全球性问题的关键。所以，本书讨论的心理学研究的"罪过"，对整个社会来说也是一个值得关注的问题。

书中的一些内容，尤其是涉及统计方法的部分，可能与刚从事科研的人最相关，包括本科生、博士生、处于职业生涯早期的科学家，但那些领导着自己的实验室或研究机构的资深学者也可以从书中获取很多重要的信息。书中提到的许多问题也与科技新闻工作者和科普作家密切相关。为了让不同的读者都能获取书中提到的一些原始资料，我尽可能多地引用开放获取的文献。不能开放获取的文章用"谷歌学术"搜索文章的标题，往往也可以得到免费下载的电子版。同时，我会使用形式上更现代的资料，包括免费的博客文章和社交媒体信息。

这本书的完成得益于很多朋友、学界同仁、期刊编辑、科学作家、新闻工作者、新闻发言人、政策专家，他们多年来的启发、批判性讨论、论证和一些个案访谈的资料都汇入本书。这些人包括：雷切尔·亚当斯（Rachel Adams）、克里斯·艾伦（Chris Allen）、米卡·艾伦（Micah Allen）、亚当·阿伦（Adam Aron）、沃恩·贝尔（Vaughan Bell）、思文·柏斯曼（Sven Bestmann）、安娜·巴塔查亚（Ananyo Bhattacharya）、多萝西·毕晓普（Dorothy Bishop）、弗瑞德·博艾（Fred Boy）、托德·布雷弗（Todd Braver）、比昂·伯姆布斯（Björn Brembs）、乔恩·布洛克（Jon Brock）、乔恩·巴特沃斯（Jon Butterworth）、凯特·巴顿（Kate Button）、伊恩·查莫斯（Iain Chalmers）、戴维·科洪（David Colquhoun）、莫莉·克罗克特（Molly Crockett）、史蒂芬·凯瑞（Stephen Curry）、海伦·切尔斯基（Helen Czerski）、佐尔坦·迪恩斯（Zoltan Dienes）、已故的乔恩·德赖弗（Jon Driver）、马尔特·埃尔森（Malte Elson）、亚历克斯·梅斯（Alex Etz）、约翰·埃文斯（John Evans）、艾娃·菲尔达斯（Eva Feredoes）、马特·菲尔德（Matt Field）、阿格妮塔·费舍（Agneta Fischer）、别特·福斯特曼（Birte Forstmann）、菲奥娜·福克斯（Fiona Fox）、安德鲁·格尔曼（Andrew Gelman）、汤姆·哈德威克（Tom Hardwicke）、克里斯·哈特格林克（Chris Hartgerink）、汤姆·哈特利（Tom Hartley）、马克·黑塞戈鲁（Mark Haselgrove）、斯蒂芬·希尔（Steven Hill）、亚历克斯·霍尔库姆（Alex Holcombe）、艾丹·霍纳（Aidan Horner）、麦卡顿·汉弗雷斯（Macartan Humphreys）、汉斯·伊泽曼（Hans Ijzerman）、海伦·贾米森（Helen Jamieson）、阿洛克·杰哈（Alok Jha）、盖比·吉家博（Gabi Jiga-Boy）、本·约翰逊（Ben Johnson）、罗吉尔·基威特（Rogier Kievit）、詹姆斯·基尔纳（James Kilner）、丹尼尔·莱肯斯（Daniël Lakens）、娜塔莉亚·劳伦斯（Natalia Lawrence）、基斯·洛斯（Keith Laws）、

凯蒂·麦克（Katie Mack）、李·梅泽（Leah Maizey）、杰森·马丁利（Jason Mattingley）、罗伯·麦金托什（Rob McIntosh）、苏珊·米奇（Susan Michie）、坎迪斯·莫瑞（Candice Morey）、理查德·莫瑞（Richard Morey）、西蒙·摩斯（Simon Moss）、罗斯·毛恩斯（Ross Mounce）、尼尔斯·穆尔（Nils Mulhert）、凯文·墨菲（Kevin Murphy）、苏雷什·穆图库马拉斯瓦米（Suresh Muthukumaraswamy）、巴斯·尼格尔斯（Bas Neggers）、"神经怀疑论者"（Neuroskeptic）、奇亚·诺布雷（Kia Nobre）、戴夫·努斯鲍姆（Dave Nussbaum）、汉斯·奥帝贝克（Hans Op de Beeck）、伊万·奥兰斯基（Ivan Oransky）、达米安·帕丁森（Damian Pattinson）、安德鲁·普利兹柏斯基（Andrew Przybylski）、詹姆斯·蓝德森（James Randerson）、杰兰特·里斯（Geraint Rees）、盖德·里奇韦（Ged Ridgway）、罗伯特·罗森塔尔（Robert Rosenthal）、皮娅·罗丝汀（Pia Rotshtein）、杰夫·罗德（Jeff Rouder）、埃琳娜·鲁斯科尼（Elena Rusconi）、亚当·卢瑟福（Adam Rutherford）、克里斯·赛德（Chris Said）、艾斯·赛金（Ayse Saygin）、安·希尔（Anne Scheel）、山姆·施瓦茨科普夫（Sam Schwarzkopf）、苏菲·斯科特（Sophie Scott）、丹·西蒙斯（Dan Simons）、乔·西蒙斯（Joe Simons）、尤里·西蒙松（Uri Simonsohn）、桑贾伊·斯里瓦斯塔瓦（Sanjay Srivastava）、马克·斯托克斯（Mark Stokes）、派特洛克·萨姆纳（Petroc Sumner）、麦克·泰勒（Mike Taylor）、乔恩·坦南特（Jon Tennant）、埃里克·特纳（Eric Turner）、凯瑞文·瑞克姆（Carienvan Reekum）、席米妮·威泽瑞（Simine Vazire）、艾斯·瓦丁（Essi Viding）、索尔维嘉·薇薇安-格里弗斯（Solveiga Vivian-Griffiths）、

马特·沃尔（Matt Wall）、托尼·威德伯格（Tony Weidberg）、罗伯特·韦斯特（Robert West）、杰尔特·维切特（Jelte Wicherts）、艾德·瓦尔丁（Ed Wilding）、安德鲁·威尔逊（Andrew Wilson）、陶·雅寇尼（Tal Yarkoni）、艾德·杨（Ed Yong）和罗福·斯旺（Rolf Zwaan）。真诚地感谢塞尔吉奥·德拉·塞拉（Sergio Della Sala）和托比·恰尔金（Toby Charkin），他们的精诚合作与坚韧不拔成功地让《皮层》(Cortex) 期刊接受预注册报告这种新文章类型，这让我感激万分。感谢布赖恩·诺塞克（Brian Nosek）、戴维·迈乐（David Mellor）和莎拉·鲍曼（Sara Bowman）在开放科学中心（Center for Open Science）为预注册报告提供了一个备受欢迎的家；感谢英国皇家学会（Royal Society），尤其是出版商菲尔·赫斯特（Phil Hurst）和出版总监斯图尔特·泰勒（Stuart Taylor），早在其他综合性学术期刊接受预注册报告之前就接受了这种形式。我也要感谢马库斯·穆纳夫（Marcus Munafò），他一有机会就和我一起宣传预注册报告，感谢所有在我们《卫报》公开信上签名的 83 位科学家，在该公开信中我们请求所有生命科学的期刊均增加预注册报告这种新的文章类型。最后，我要特别感谢多萝西·毕晓普、已经过世的（被深深怀念的）艾利克斯·丹切夫（Alex Danchev）、迪·丹切夫（Dee Danchev）、佐尔坦·迪恩斯、皮特·埃切尔斯（Pete Etchells）、豪·帕什勒（Hal Pashler）、弗雷德里克·维尔布鲁根（Frederick Verbruggen）和埃里克-扬·瓦根梅克（Eric-Jan Wagenmakers）审读和讨论本书的草稿，特别感谢阿纳斯塔西娅·塔拉森科（Anastasiya Tarasenko）创作了每一章的插图，感谢本书的编辑莎拉·卡罗（Sarah Caro）和埃里克·施瓦茨（Eric Schwartz）在整个过程中的耐心和他们明智的建议。

目　录

第三章 不可靠之罪

第四章 数据囤积之罪

第五章 易腐蚀之罪

第一章

偏见之罪

人一旦采纳了某个观点……，就会寻找所有证据去支持该观点并与其保持一致。

——弗朗西斯·培根（Francis Bacon），1620

回首历史，2011 年可能是永久改变心理学的一年。这一切始于《人格与社会心理学期刊》(*Journal of Personality and Social Psychology*)上一篇题为《感受未来：对认知与情绪的异常回溯性影响的实验证据》(*Feeling the Future: Experimental Evidence for Anomalous Retroactive Influences on Cognition and Affect*)的文章。[①]它由康奈尔大学的达瑞·贝姆(Daryl Bem)撰写，报告了一系列研究超感知觉(psi)或者"预知"(precognition)现象，也就是人能看到未来事件的超自然现象的实验。贝姆是一位颇有名气的心理学家，他采用新颖的方式研究这种"预知"现象。不同于备受质疑的超心理学研究方法，如猜卡片或者骰子点数，他选用的是一系列达到黄金标准的心理学技术，还进行了巧妙的调整。

其中一种方法是反向启动任务(reversed priming task)。在一个典型的启动任务中，完成实验的人(通常称为"被试")要判断一张呈现在电脑屏幕上的图片与积极还是消极的情绪相关。比如，被试可能要判断一张猫咪的图片是否令人愉悦。如果一个能够启动同样情绪的词在图片之前出现(如在出现"开心"这个词之后紧接着呈现猫咪的图片)，人们会更容易判断图片的情绪，反应速度更快。但如果用于启动的词与随后的目标图片引发的情绪相反，这个任务就会因为情绪的冲突而变难(如在"谋杀"这个词后呈现猫咪的图片)。为了考察是否存在预知的现象，贝姆改变了这个实验的顺序（即先呈现图片，被试作出反应，再呈现词语），他发现在人们作出反应之后呈现的启动词会影响他们对图片的反应时间。他还报告在记忆任务中发现了类似的回溯效应：在词汇回忆测试中，人们总体上对那些出现在练习词汇表中的词回忆得更好。令人惊奇之处在于，所谓练习发生在回忆测试之后，而不是之前。基于此，贝姆认为实验中的被试能够从未来将要完成的练习中获益，从而提高他们在当前任务上的表现。

可能你已经预料到，贝姆的结论引发了无数困惑与争议。未来的事件怎么可能影响人们当前的反应速度或记忆成绩呢？如果预知确实存在，即使只在极少数人身上存在，赌场和股票市场怎么还能盈利？如此诡异的结论为何发表在一个享有盛誉的学术期刊上？审视的目光首先投向贝姆的实验程序。可能实验方法中有某些缺陷可以解释他的结果，如实验中图片呈现的顺序没有随机化或存在其他微小的实验误差。但贝姆的实验通过了这方面的检验，这让研究者陷入进退两难的境地。如果这个结论是真实存在的，预知现象就将成为当代科学中最轰动的发现。我们可能必须接受时间旅行的存在，也必须重新调整我们关于因果关系的全部知识。如果这个结论是假的，它便直指当前标准研究实践中的深层问题。毕竟，如果公认的研究实践可以得到如此荒唐的结论，心理学领域已发表的实验结果还有哪个值得信任呢？于是，心理学家面临一个艰难的抉择：要么接受一个不可能的结论，要么接受职业领域中存在严重问题这一惨淡现实。

整个科学界本能地怀疑贝姆的结论。当 2010 年末这篇文章的预印版（即公布在某一平台上的尚未正式被学术期刊接受的手稿）出现时，心理学家约阿希姆·克鲁格（Joachim Krueger）对此的反应是："我个人认为，这个结论非常荒谬，不可能是真的。"[2] 毕竟，异常的结论需要异常强大的证据的支持，尽管这篇文章发表在权威期刊上，但贝姆提供的证据在统计上的"力度"并不强。

贝姆也意识到自己的结论无法解释，他强调需要其他独立研究者重新验证这一结论，但重复研究比常人想象的难多了。克里斯·弗伦奇（Chris French）和斯图尔特·里奇（Stuart Ritchie）进行的一个重复实验没有发现任何预知效应，但发表贝姆文章的期刊拒绝发表这个重复研究，甚至都没有在拒稿前对弗伦奇和里奇的文章进行同行评审，只是说该刊"不发表重复研究，无论重复是否成功"。[3] 决定拒稿并不奇怪，奇怪的是没有评审就拒稿。但正如我们将要看到的，心理学对重复研究的鄙视远甚于其他科学。最权威的那些心理学期刊选择性地发表它们认为的原创、新奇、简洁，以及最关键的——阳性的结果。这种发表偏见被称为"文件抽屉效应"，指那些结果未达到统计显著性或重复其他实验的研究在发表时没有优势，通常会被有效地筛选掉，最终要么锁在抽屉里，要么一开始就不会有人去做。

4

发表偏见是证实偏见（confirmation bias）的表现形式之一，而证实偏见可谓人类推理中当之无愧的最强谬误。当我们受困于证实偏见时，会寻找并偏爱与我们信念一致的证据，忽略或者贬低那些不一致的证据。证实偏见从多方面腐蚀心理学，最简单的表现是偏好发表阳性结果，也就是那些显示不同条件间存在统计显著性差异或相关的假设检验结果（例如，A 条件优于 B 条件，A 条件与 B 条件相关，是阳性结果；而 A 条件与 B 条件相同，A 条件与 B 条件不相关，不是阳性结果）。更为阴险的是，它偷偷地变成衡量可重复性的标准。按照这个标准，已有的发现可能会被重复，但永不会被证伪；这个标准也鼓励在得到结果后改变实验假设来"预期"出现意外的结果。心理学领域最令人担心的问题之一就是，学术界拒绝共同谴责这种根据结果修改实验假设的行为。相反，在当前"发表或出局"（publish or perish）的职业文化影响下，很多研究者默许这类行为，有研究者甚至将这类行为当作谋生的技巧。

在贝姆关于预知的结论发表在顶尖学术期刊上后，几个月之间，它就对心理学界产生始料未及的巨大影响。研究者重新审查既定的方法和发表惯例，因为依照它们会得到看起来令人信服但又无疑是错误的结论。正如心理学家埃里克-扬·瓦根梅克（Eric-Jan Wagenmakers）及其同事在批判贝姆文章中使用的统计方法时所指出的："我们的评估显示，实验心理学家设计研究和报告统计结果的方式存在深刻的错误。"[④] 伴随这句话而来的是席卷整个心理学界的狂风。

"证实者"简史

要理解偏见如何以不同的方式影响心理学，我们要先退后一步，考虑证实偏见的历史渊源和相关基础研究。哲学家和学者们很久之前就意识到人类理性思考的过程中存在"证实者"效应。早在公元前 5 世纪，历史学家修昔底德（Thucydides）就指出："当一个人觉得一个结论是令人愉快的，就会毫无疑义地接受；但当他觉得一个结论令人不快，就会动用全部的逻辑和推理来反对它。"但丁（Dante

6

Alighieri)、培根和托尔斯泰（Лев Николаевич Толстой）也表达过类似观点。到了 20 世纪中期，它从一个哲学问题演化成一个科学问题，心理学家设计了各种方法，在严格控制的实验室条件下测量证实偏见。

20 世纪中期以来，很多不同角度的研究共同表明，在面对一系列观测结果（数据）和一个可能的解释（假设）时，人们会偏好为证实假设而进行的检验，讨厌为证伪假设而进行的检验。正式一点表达，这意味着人们偏好估计假设为真的情况下的概率 p（数据｜假设为真）（这是一种条件概率的表示方法，这里表示的是在假设为真的条件下，数据为真的概率。——译者注），而不是相反的，即假设为假的概率 p（数据｜假设为假）（这里表示的是在假设为假的条件下，数据为真的概率。——译者注）。也就是说，人们更愿意问那些答案为"是"的问题，而忽略哲学家乔治·亨里克·冯·赖特（Georg Henrik von Wright）的格言："所有符合某一规律的事例都不能证实该规律，但任何一个否定该规律的事例都可以证伪。"⑤

心理学家彼得·沃森（Peter Wason）是最早为证实偏见提供实验室证据的学者之一。在 20 世纪 60—70 年代的一系列原创实验中，他给被试呈现一个数字序列，如 2—4—6，让他们找出得到这个序列的规律（在这个例子中，规律是三个数字逐渐增大）。⑥ 对数字序列规律有所假设后，被试可以根据自己的假设写下新的序列，然后会被告知他们所写的序列是否符合实际规律。沃森发现，被试明显倾向于通过证实假设来检验它们，虽然证实假设并不能消除其他也合理的可能性（如三个偶数）。即使在实验前已被告知，"你的目标不是简单地找到那些符合规律的数字，而是发现规律本身"，这些被试依然会使用证实假设的策略。

此后，许多研究在各种严格控制的实验室条件下考察了证实偏见的基础，其中最著名的当数沃森于 1968 年巧妙设计的选择任务（selection task）。⑦ 如果你是实验中的被试，你面临的选择任务是这样的：研究者会在你面前的桌子上放下四张卡片，卡片上分别写着 D、B、3 和 7（见图 1.1），然后告诉你，如果卡片的一面是字母，另一面就是数字。研究者之后会再给你一个更具体的规则（或者说"假设"）："如果一张卡片的一面是 D，它的另一面就是 3。"这个假设可能为真，也可能为假。最后，请告诉研究者，你会翻看哪几张卡片来确定这个规律的真假？如果你没有翻看携带有效信息的卡片，或翻看了不携带有效信息的卡片（即翻看了无法验证规律真假的卡片），你的反应会被视为不正确。在继续阅读下文之前，请先花点时间问一下自己，你会选哪（几）张卡片？又会避开哪（几）张？

图 1.1　沃森测量证实偏见的选择任务

桌子上有四张卡片，如果卡片的一面是字母，另一面就一定是数字。需要检验一个具体的假设："如果卡片的一面是字母 D，另一面就是数字 3。"你会翻看哪些卡片来验证这个假设的真假？

如果你选了写着 D 的卡片而没选写着 B 的卡片，那么你并不孤独。这两种选择都是正确的，绝大多数被试也是这么选的。选择写着 D 的卡片是通过证实的方式来验证假设是否成立，而不选写着 B 的卡片也是正确的，因为无论这张卡片的另一面是什么，都无法证实这个假设的真假，属于无用信息。

你选了写着 3 的卡片了吗？沃森发现大部分被试选了，即使这张卡片并不应该被选。这是因为即便这张卡片的另一面不是 D，我们也没有获得任何有用信息。我们的规律提醒有字母 D 的卡片的另一面是 3，但没有说 D 是唯一与 3 配对的字母［这样认定是犯了"肯定后件"（affirming the consequent）的逻辑错误］。同理，即使该卡片另一面是 D，结果也只是与假设一致，并不能证实假设为真。

最后，你选了写着 7 的卡片吗？有意思的是，沃森发现，虽然选择这张卡片是正确的，但只有极少数被试选择它。实际上，选择 7 与选择 D 一样正确。如果翻开卡片 7，发现另一面是 D，就可以完全否定该假设，这就是所谓逆否命题检验。实验的关键在于：大部分被试正确选择了写着 D 的卡片，但没有选择写着 7 的卡片。这个事实说明，人们试图通过证实而不是证伪的方式来检验规律或假设。

沃森第一次对证实偏见给出严格控制的实验证据，而几个世纪的非正式观察也非常明确地指出证实偏见的存在。心理学家雷蒙德·尼克森（Raymond Nickerson）在一篇标志性的综述文章里提到在中世纪证实偏见如何主导巫师审判。[⑧] 这些审判多数已经预设结论，审判过程只是为了得到证实"罪行"的证据。例如，为了验明一个人是不是女巫，会在嫌疑人的脚上绑上石头，将其投入水里。如果她浮出水面，就证明她是女巫，便要将她绑在火刑柱上烧死；如果她淹死了，则认为她是无辜的或是法力不够的女巫。不管是哪种结果，在当时仅寻求证实指控的法律框架下，被怀疑有巫术就相当于被判了死刑。现代生活的很多领域也明显存在这种偏见。流行的电视节目如《犯罪现场调查》塑造了司法科学中没有偏见和错误的印象，但实际上，司法领域也存在证实偏见。^⑨ 即使是世界上最被认可的机构，司法鉴定者也会偏向于从证实已有怀疑的角度来解读证据。这样做可能会导致错误定罪，即使证据是更"硬核"的数据，如指纹和 DNA 检测结果，也会如此。

证实偏见也出乎意料地出现在科学传播中。很多年以来，人们都认为对公众有效科普的关键在于用科学事实填补公众的知识不足，即所谓的缺失模型（deficit model）。^⑩ 但最近这个观点已经不那么可信了，因为它没有考虑受众固有的信念。在一些热点问题上，如气候变化、疫苗和转基因食品，我们对新信息的接受程度会受证实偏见的影响，使我们更偏爱与我们已有信念一致的证据，同时忽略或反对与此相反的证据。因为证实偏见的存在，单纯地提供更多的科学事实并不能让人们形成更理性的信念。政治事务中也存在类似问题。在马克·亨德森（Mark Henderson）2012 年出版的标志性专著《极客宣言》（Geek Manifesto）中，他哀叹政客们为增强事先决定的规划而挑选证据。这种"基于政策的证据"是存在证实偏见的最佳实例，亦为在制定"基于证据的政策"中应该如何使用科学信息的绝佳反例。

如果证实偏见如此非理性且会导致不良后果，为什么它还会存在呢？研究者从认知和动机的角度，提出各种解释。有研究者认为，证实偏见反映了人类认知的一个根本局限：人们关于这个世界的信息是不完整的，因而会依赖记忆中最容易获取的内容［即可得性启发式（availability heuristic）］，这种依赖使我们偏爱已认定的内容。但也有研究者认为，证实偏见产生于一种内在的"正性检验策略"（positive-test strategy）——一个由心理学家约书亚·克莱曼（Joshua Klayman）和河英苑（Young-Won Ha）于 1987 年提出的概念。^⑪ 众所周知，人们觉得判断肯定句（如"篮子里有苹果"）的真伪要比判断否定句（"篮子里没有苹果"）的真伪更容易。因为判断"有"比判断"无"更容易，所以我们可能更愿意对现实进行肯定的验证，而不是否定的验证。这种对肯定想法的偏好可能会让我们错误地接受那些肯定已有信念的证据。

以上主流理论假定证实偏见是非理性的，然后试图解释为何这种偏见如此普遍，而心理学家雨果·梅西耶（Hugo Mercier）和丹·斯佩贝尔（Dan Sperber）提出一个相反的解释。他们认为，在一个赢得争论比发现真理更重要的社会中，证实偏见实际上是极为合理的。⑫在整个成长中，我们一直被教导要捍卫我们持有的信念并为之辩护，而不是去挑战自己的信念。根据我们已有的认识来解读新获得的信息，会增强我们的自信心，产生更有说服力的辩论，进一步让别人觉得我们强大且令人信服。这个观点给了我们一个显而易见的推论：如果人类社会本质上就是奖励胜利而非正确的行为，在科研实践中存在同样的激励机制就毫不奇怪了。

嗜新症：当阳性与新奇战胜阴性但真实

对任何一位心理学研究者或许多其他领域的科研工作者来说，其事业的核心是在高水平同行评议期刊上发表实证文章的速度。由于同行评议的过程充满竞争（有时甚至很残酷），在最著名的期刊上发表文章就等同于在学术生涯的博弈中取得某种形式的"胜利"。

期刊编辑和审稿人从多个方面评价提交的论文初稿。他们会寻找实验逻辑、研究方法、数据分析中的不足。他们研读论文的导言，以查看假设的提出是否合理地基于已有的研究结果；仔细检查作者的论述，以观察文章的结论是否有证据支持。但审稿人不仅仅会评判文章的逻辑、方法和对结果的解释，他们还考察结果本身。结果有多重要？有多令人激动？我们从这个研究结果中学到了什么？它是不是一个突破？心理学研究中的一个核心真相（正如你将会看到的，也是可悲的）是，激动人心的阳性结果是发表文章的关键因素——往往也是必要条件。这给研究者传递了一个简单的信息：如果想在学术研究中取得成功，就要发表尽可能多的积极、新颖的结果。

发现积极结果是什么意思呢？"积极"在这里不是说得到的结果令人振奋或者是好消息，它指的是研究者是否在两个或多个研究变量之间发现了可靠的差异或相关性。例如，你想考察认知训练干预如何影响减肥人士的节食行为。首先要回顾文献，根据以往的研究，你认为增强自我控制能力可能有用。借助对现有文献的掌握，你设计了一个包括两组被试的研究。实验组的被试要在计算机上完成一个任务，对呈现的食物图片作出反应，但关键点是，要抑制对其中垃圾食品的图片的反应。在 6 周的时间里，这些被试每天都要完成 1 次任务，在实验结束的时候测量他们的体重下降了多少。控制组的被试会做同样的任务，不同的是，他们要对所有图片作出反应，结束时也测量他们的体重。

这个研究的虚无假设（null hypothesis，称为"H_0"）是两组人减轻的体重没有差异，即训练干预不影响体重的增减。备择假设（alternative hypothesis，称为"H_1"）是训练干预会增强人们抵制垃圾食品的能力，所以实验组体重减轻的量应大于控制组。阳性结果就是发现两组体重减轻量之间存在统计上的显著差异（用专业术语来说就是"拒绝 H_0"），阴性结果则是未能发现显著差异（或者"未能拒绝 H_0"）。请注意我如何使用"未能"这个词，这个词很关键，因为在当前的学术文化里，期刊确实会将未达到显著结果视为科学研究的失败。虽然阳性结果与阴性结果背后的逻辑和方法完全相同，但心理学家发现阴性结果比发现阳性结果要难发表得多。这是因为期刊编辑将阳性结果视为更大的科学进步，读者会更感兴趣。正如有位编辑曾对我说："有些结果就是更有意思、更重要。如果我采用新方法进行一个长期干预实验，发现干预无效，就说明没有任何进步。如果同样的研究表明干预有很大的好处，那就是重要的发现。"

10

注重阳性结果这种发表偏见也源于心理学界惯用的统计分析方法本质上具有不确定性。如采用耶日·内曼（Jerzy Neyman）和埃贡·夏普·皮尔逊（Egon Sharpe Pearson）发展的标准方法，阳性结果支持 H_1，拒绝 H_0，这种统计方法被称为"虚无假设显著性检验"（null hypothesis significance test，简称 NHST），它估计在虚无假设为真的条件下得到与当前数据中的效应大小相同或更大效应的概率（P）。关键是，它并不估计虚无假设本身为真的概率：p 值估计的是假定某个假设为真的条件下，得到某个效应或更极端效应的概率 [即 $P(Data \mid H)$。——译者注]，而不是估计在该效应为真的条件下假设成立的概率 [即 $P(H \mid Data)$。——译者注]。也就是说，虽然研究者可以根据统计上显著的结果（$p < 0.05$）拒绝 H_0，但不能根据不显著的结果（$p > 0.05$）接受 H_0。依据统计上不显著的结果，研究者可以下的结论只是 H_0 可能为真，或者数据不够敏感，没有检测到效应。所以，对统计上不显著的结果的解读本质上就是不确凿的。

设想一下这种统计方法会让研究者如何思考：如果我们不能直接检验实验条件之间是否不存在差异，那么设计一个以考察虚无假设为重点的实验好像没有多大意义。因而，心理学家训练有素地设计出那些有意思的结果都是阳性的实验。实验设计中的这个偏见会让心理学学生反复念叨着"不要预测虚无假设"的魔咒而开始他们的研究生涯。如果研究者永远不去预测虚无假设，如果期刊编辑都认为阳性结果比阴性结果更有意义，那么不可避免的结局就是，同行评议的文献被拒绝 H_0、支持 H_1 的阳性结果主导，而绝大部分阴性、不显著的结果不会被发表。为了在学术游戏中立于不败之地，研究者被迫去发现那些与他们的预期一致的阳性结果，这正是奖赏和鼓励证实偏见存在的机制。

11

以上这些在理论上似乎很有可能发生，但现实果真如此吗？心理学家从 20 世纪 50 年代起就已经意识到期刊发表阳性结果的倾向，但一直难以对历史上心理学期刊发表偏见的真实程度进行量化研究。[13] 其中最令人信服的分析结果之一由爱丁堡大学的心理学家达妮埃莱·法内利（Daniele Fanelli）发表于 2010 年。[14] 根据前述逻辑，法内利推断，在任何一个受到发表偏见影响的学科中，已发表的文献应该以支持备择假设（H_1）的阳性结果为主。为了验证这个观点，他随机搜集了 2000 多篇已发表的学术文章，涉及科学研究的所有领域，从太空科学到物理、化学，到生物学、心理学，再到精神病学。结果令人震惊：在所有领域，阳性结果都比阴性结果更常见。即使在发表阴性结果比例最高的太空科学领域，被抽到的文章中依然有 70% 支持备择假设。重要的是，心理学领域的发表偏见最严重，这一数据高达 91%。这个结果非常具有讽刺意味：最先为证实偏见提供实证证据的心理学，就是受其影响最深的学科。

　　发表阳性结果的强烈需求是造成发表偏见的关键原因，但这仅仅说明了问题的一半，问题的另一半是对新颖性的追求。对于很多心理学期刊，想要发表文章，要么采用新方法，要么得到新颖的结果，二者兼具则为完美。大部分期刊在某种程度上会根据新颖性判断稿件的价值，有些期刊甚至明确指出新颖性是发表文章的标准。《自然》（*Nature*）期刊就规定，研究结果必须"新颖"和"引人注意"，才有机会接受同行评议；[15]《皮层》（*Cortex*）期刊也指出，实证研究报告必须"报告重要、新颖的内容"；[16]《大脑》（*Brain*）期刊提醒投稿人，"有些文章会因为缺乏新意，未经同行评议就被拒"[17]。更有甚者，《大脑皮层》（*Cerebral Cortex*）期刊声称：即使经过同行评议，"文章最后能否接收不仅取决于所用技术的价值，还取决于对新颖性的主观评价"。[18] 在纯正的心理学领域，《心理科学》（*Psychological Science*）可能是级别最高的一本期刊，但它也会优先发表那些有"惊为天人"的结果的文章。[19]

　　至此，你很可能会问：新颖性有什么问题呢？说到底，某个现象要被当作科学发现，那它肯定不能是已经被发现过的（它必须是新颖的结果）。再说，为了得到新的结果，研究者可能要采用新的方法，这不是很合理吗？换句话说，期刊评估新颖性不正是在评估其作为"发现"的价值吗？这个说法的问题在于，它暗含了一个假设：每个心理学研究的结果都可以被称为"发现"，也就是说，每篇文章都报告了一个清晰且确定的科学事实。然而，与其他所有学科一样，这个假设远非真相。心理学中的大部分研究发现是概率性的，而不是确定性的：传统的统计检验告诉我们的是概率，而不是确证。这就意味

12

着，没有哪一个研究，也没有哪一篇文章，能够声称自己的结果是一个"发现"。无一例外，所有"发现"都取决于其他科学家能在多大程度上重做（repeat）和重复（replicate）原始结果，不是一次，而是一直能重复。例如，仅有一篇文章报告某种认知疗法可以有效减轻抑郁症状，这远远不够。只有当不同的研究者在不同的抑郁障碍患者群体中多次验证该效果，这个疗法才能被广泛接受，成为一种公共卫生干预手段。一个结果只有能被用同样研究方法的研究重复足够多次后，才被认为是可重复的，才能与其他可重复的证据一起，对相关的理论或实践领域作出真正有意义的贡献。随着时间的推移，不同领域中可重复证据大量积累，这些理论才会在整合后被接受，甚至在某些情况下形成定律。

在科学研究中，把新颖性放在首要位置对科学发现有害无益，因为它忽视了直接（或近似）重复研究的价值。我们已经看到，学术期刊是学术事业的守门人，如果期刊看重阳性、新颖的研究发现，科学家们又怎么会去相互重复研究呢？在嗜新症式激励体系之中，直接重复研究因为"无聊""没有创意"以及"没有知识含量"而被弃如敝屣。

即便是在这个被证实偏见和嗜新症统治的研究系统中，心理学家还是残存了一些对可重复性重要性的认识。他们提出另一种形式的重复，以取代无趣的直接重复，即采用不同的（新颖的）实验方法重复他人研究中的关键概念或主题，这被称为"概念性重复"（conceptual replication）。表面上看，这种对重复性的重新定义似乎既满足了验证先前研究发现的需求，又保留了新颖性。但非常可惜，它带来的只是13 另一种全新形式的证实偏见，贻害颇深。

重复概念，而非重复实验

2012 年初，耶鲁大学心理学教授约翰·巴奇（John Bargh）公开并猛烈抨击了一些未能重复他本人先前一篇文章的结果的研究者。[20] 此处争论的是巴奇及其同事在 1996 年发表的一项研究，该研究声称，通过启动的方法让被试无意识地想到与老年相关的概念（如向被试呈现"退休""皱纹""老"等词语），会让他们离开实验室时行走速度变慢。[21] 据此，巴奇认为，人们极容易受到社会观念自动暗示的影响。

巴奇的文章发表后立即广为传播，至今已被引用超过 3800 次。在社会心理学领域，它开创社会启动研究的新时代，社会启动从此被应用到各种不同的场合。既然这篇文章产生如此大的影响，想必其主要结果已经被重复过很多次，并被证实是正确的吧？但这一想象极具欺骗性。

曾有研究者报告未能重复巴奇的原始结果，但这类研究鲜有发表，因为期刊（和审稿人）不喜欢阴性结果，且经常拒绝发表直接重复研究。2008 年，加利福尼亚大学圣迭戈分校的豪·帕什勒（Hal Pashler）等人重复了巴奇的研究，他们的文章没有发表在学术期刊上，但公布在一个叫作"心理学文件抽屉"（PsychFileDrawer）的网站上。[22] 即使他们实验中被试的数量是巴奇实验的两倍，帕西拉等人也没有发现任何存在启动效应的证据，他们只发现了相反的结果。

这说明巴奇的结果是错的吗？不一定。伊利诺伊大学的丹·西蒙斯（Dan Simons）指出，未能重复某效应不一定说明原来的结果是错的。[23] 未能重复实验可能是由偶然因素导致的，如不同研究中实验方法的细微差别，或者进行重复实验的研究者对方法了解得不够。所以，重复失败的结果本身也需要像他们所重复的研究一样，接受可重复性的检验。

但作为非常有经验的研究团队，帕西拉及其同事的重复失败确实让人对巴奇研究的可靠性打上了问号，同时提醒我们，可能有大量未发表的重复失败研究保存在看不见的文件抽屉里。2012 年，当斯特凡妮·道恩（Stéphane Doyen）与来自剑桥大学和布鲁塞尔自由大学的同事们再次重复巴奇的实验并失败后，又一个隐藏在文件抽屉里的研究暴露在阳光下。[24] 道恩等人的文章发表在同行评议的美国科学公共图书馆（Public Library of Science，PLOS）的系列期刊之一《PLOS ONE》上，这是世界上为数不多的明确宣布放弃嗜新症和发表偏见的期刊。其理念是，发表任何使用正确方法的科学研究，不考量它们在重要性和原创性上的主观评价。道恩等人的研究不仅没能重复巴奇的研究结果，还对最初获得的实验效应提出另外一种解释：被试走得慢并非因为实验中的启动操作，而是由于实验员（心理学中通常称为"主试"）不知不觉地对不同被试表现出不同行为，甚至向被试透露了实验假设，引导了被试的行为。

巴奇的反击迅猛且充满不屑。他在知名心理学网站"今日心理学"（psychologytoday.com）上发表了题为《他们的脑袋空空如也》（*Nothing in Their Heads*）的博文[25]，不仅抨击道恩及其同事"无能或无知"，而且抨击报道这个事件的科普作家艾德·杨（Ed Yong）[26]从事着"肤浅的网络科学新闻工作"，《PLOS ONE》则是一本"明显没有达到科学期刊应有的同行评议标准"的期刊。虽然在一片反对声

14

中，巴奇随即（默默地）删除了博文，但此事已引发一场关于社会启动研究的可靠性，以及更普遍的关于重复研究在心理学中的地位的激烈争论。

道恩的文章及其产生的反响，不但质疑了老年启动效应的真实性，而且暴露了心理学界对"重复"这一概念在定义上的严重不一致。包括巴奇在内的一些心理学家认为，1996 年的研究结果已经被重复过许多次，而另一些研究者认为，它从来没被重复过。这到底是怎么回事？

原因在于，不同的研究者对重复的定义不一样。那些认为老年启动效应从来没有被重复过的人，指的是直接重复：在研究中尽可能准确地复制先前研究的方法，以期重现原来的结果。到我写这本书的时候，巴奇的主要结果仅被直接重复过两次，每一次都只是部分成功。第一个重复研究是在巴奇研究出现 6 年后发表的，[27] 研究者只在自我意识得分高的被试中发现了该启动效应。又过了 4 年，第二个重复研究发表了：另一组研究者发现，只有对老年人有积极态度的被试在经过老年概念启动之后，才走得更慢；那些对老年人持消极态度的被试表现出相反的效应。[28] 这些部分成功的研究结果本身是不是可重复的，还不得而知。在第二章中，我们将会讨论研究者在分析数据（尤其是对数据进行分组分析）时作出的选择所具有隐藏的灵活性，这种灵活性可能导致并不真实存在的虚假差异。

与此相反，认为老年启动效应被多次重复了的那些人，指的是概念性重复，即巴奇在其 1996 年的研究中论证的无意识社会启动的原理在很多不同情景中得到扩展和应用。巴奇随后在"今日心理学"网站上发表另一篇博文，题目是《启动效应被重复得挺好，谢谢》

（*Priming Effects Replicate Just Fine, Thanks*），他引用了这个效应在不同社会行为中的概念性重复，其中包括与老年人无关的态度和刻板印象。[29]

概念性重复的逻辑是，如果一个实验证明了某种现象存在，你就可以使用那些你觉得能够测量同一类现象的另一种方法重复该实验。心理学家罗福·斯旺（Rolf Zwaan）认为，概念性重复在心理学（及所有科学分支）中有其合理位置，因为它可以用来考察某些特定现象对特定实验室条件的依赖程度，并决定这些现象能否推广到新情景中。[30] 然而，当前的学术文化过分重视概念性重复，甚至允许它取代直接重复。尽管我们都认可聚合证据的重要性，但如果我们为了得到某个现象能够被推广的聚合证据而牺牲对该现象自身真实性的检验，这是否值得呢？

对概念性重复的依赖是很危险的，原因有三。[31] 第一个原因是主观性问题。概念性重复成立的前提是，在两个不同研究中使用不同方法所测量的是同一个现象。因此，首先需要证据可以证明这一点。但即使满足了这个条件，也会产生新的问题：新研究的方法要在多大程度上与原研究的方法相似才能被判定为概念性重复？由谁来判定？又根据什么标准来判定？

第二个原因是，过分依赖概念性重复会让研究结果处于无法被未来研究重复的危险境地。举例说明这种情况是如何发生的：假设有三个研究者——史密斯、琼斯和布朗，他们先后发表了三篇文章。史密斯的文章首先发表，他展示了某个特定现象存在的证据。琼斯随后使用不同的方法发现了与之类似的现象存在的证据。心理学界断定两种方法的相似性超过某种主观阈限，因此得出结论，琼斯"概念性重

16

复"了史密斯的研究。此时布朗站了出来，他不相信史密斯和琼斯测量的是同一个现象，怀疑他们俩实际上描述的是不同现象。他得到的证据表明事实确实如此。这样一来，史密斯的结果便处于一个尴尬的状态：一度被认为已经由琼斯重复了，但现在看来是无法被重复的。

第三个原因是，概念性重复明显会助长证实偏见。当两个研究使用不同的方法得出相似的结论，第二个研究可以说成概念性重复了第一个研究，但如果第二个研究得出完全不同的结论呢？能说第二个研究概念性证伪了第一个研究吗？当然不能。相信发表第一个研究的学者会立即（且准确地）指出方法上的诸多差异来解释两个研究的不同结果。因此，概念性重复将科学逼上了单行道：可以去证实，却永远无法证伪先前的研究。对概念性重复的依赖令心理学以某种方式成为证实偏见的奴隶。

重新发明历史

至此，我们已经看到证实偏见以两种方式影响心理学研究：一种是利用追求新颖性和阳性结果带来的压力，另一种是用易产生偏见的概念性重复取代直接重复。证实偏见的第三种表现，也是特别狡猾的一种，则出现在后见之明偏见之中。后见之明偏见是回溯式决定论（creepy determinism）的一种，即我们自欺欺人地相信一个结果是先前已经预料到的，实际上该结果是意料之外的。

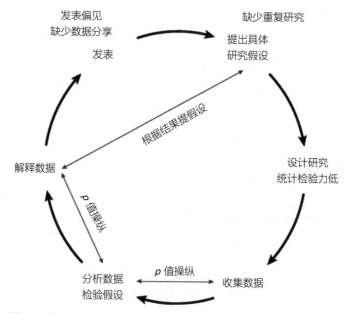

图 1.2 科学方法的假设—演绎推理模型由一系列存在问题的研究实践组成

"缺少重复研究"阻碍清除虚假发现，也削弱了基础理论的实证根基。"统计检验力低"（第三章将会讨论）增加了错过真实发现的机会，也降低了所得阳性结果为真的概率。利用研究者的自由度（"p 值操纵"将在第二章中讨论）表现为两种形式：持续收集数据，直到结果出现统计上显著的效应，或者选择性地报告可以得到想要结果的分析方案。"根据结果提假设"指从数据分析结果中生成假设，然后将其当成分析之前就提出来的。当期刊因为作者报告了阴性或没有吸引力的结果而拒绝稿件时，就产生了"发表偏见"。最后，"缺少数据分享"妨碍了详细的元分析，也妨碍探测和发现数据造假行为。

任何一个科学分支如有改写历史的荒谬做法，都会让人觉得不可思议。的确，在科学方法中经典的假设—演绎推理模型（hypothetico-deductive model，H-D）框架下，研究过程本身就应该对这种偏见免疫（见图 1.2）。根据假设—演绎推理模型（心理学研究至少在名义上遵循这个模型），科学家会在研究一开始便拟定一些假设，用于检验相关理论的某些方面。然后做实验，由数据决定事先确立的假设是否得到支持。这个结果再用来修正（也可能拒绝）理论，带来新一轮假设产生、假设检验和理论推进的循环。假设—演绎推理模型的一个核心特征是，科学家在收集和分析数据之前就决定了假设。在时间上将预期（假设）与现实（数据）分离，假设—演绎推理模型就可以防止科学家受到后见之明偏见的影响。

18

遗憾的是，很多心理学研究者似乎对此不屑一顾。由于实验假设极少提前发表，研究者就可以在分析数据后为了讲好故事而明目张胆地修改实验假设，这个操作在心理学领域被称为"根据结果提假设"（hypothesizing after results are known，HARKing），是由心理学家诺伯特·克尔（Norbert Kerr）[32] 在 1998 年提出的一个概念。根据结果提假设是一种学术欺骗，指在分析数据之后修改研究假设（H_1），假装研究者预料到实际上并未预料到的结果。这样做，研究者展现的结果会看上去恰到好处，且与已有研究或他们过去发表的研究（至少部分）保持一致。这种灵活性让心理学界得到干净和有确定结果的文章，也就是心理学期刊喜欢的文章，同时维持着一种假象：这些研究是由假设驱动的，符合假设—演绎推理模型的要求。

根据结果提假设有多种形式，最简单的一种就是在看到数据之后颠倒研究假设。假如有研究者根据生活中红色与各种停止信号（如交通信号灯、停止信号、危险信号）有关的经验，提出如下假设：在赌博任务中，使用红色刺激物而非白色刺激物，会让人更谨慎。但在做完实验之后，研究者发现了相反的结果，即使用红色刺激物的时候，被试在赌博任务中更冒险。根据假设—演绎推理模型，此时正确的做法是：报告实验结果不支持提出的假设，承认需要额外的实验来弄清楚为什么会得到这个意外的结果，以及这个结果的理论意义是什么。但研究者知道，如果不做额外的实验，这个结论很难发表；他们还知道，这篇文章的审稿人并不会知道实验结果其实不支持最初的假设。在这种情况下，为了讲述一个更引人入胜的故事，研究者重新查阅文献，寻找那些证明看到红色刺激物会让人脸红筋暴，失去控制并变得更冲动的研究。找到为数不多的筛选过的文章后，研究者就篡改了最初（更有依据的）的思路，将假设改成预期使用红色刺激物后人们会赌得更凶。在最后发表的文章里，在前言部分将事后假设写成事前假设。

根据结果提假设的现象有多普遍呢？克尔在 1998 年调查了 156 位心理学家，其中 40% 的心理学家看到其他研究者这样做过；更令人吃惊的是，这些被调查的心理学家怀疑选择这么做的人比遵循经典的假设—演绎推理模型的人多出 20%。[33] 在更近的一次调查中，莱斯利·约翰（Leslie John）等人调查了 2155 名心理学家，尽管在调查中承认自己有此类行为的心理学家所占比率只有 35%，但他们估计真实的比率高达 90%。[34]

值得注意的是，并不是所有心理学家都认为根据结果提假设有问题。在贝姆"证明"存在预知现象大约 25 年前，他就宣称，如果数据"足够强"，研究者"改变或忽略原有假设"就是合理的。[35] 换句话说，贝姆公开认为，为了保障科研论文的叙事结构，颠覆假设—演绎推理模型是合理的。

可以预料，克尔等人反对此观点。首先，也是最重要的，根据结果提假设建立在欺骗的基础上，它违反了研究者应该诚实、完整地报告研究结果的基本伦理原则，是诸多研究不端行为中的一种，与学术作假一脉相承。其次，这类欺骗行为让读者认为自己看到的结果在数据收集前就被预料到了，会因而判断它更可靠，但事实并非如此。这种做法扭曲了科学记录，赋予结果与理论不匹配的确定性。最后，假如研究者明知有另一个不被实验支持的假设，并让事后提出的假设与其竞争，就会给人一种错觉：研究者检验了两个相互竞争的假设。本质上讲，根据结果提出的假设永远不可能被证伪，所以，这种设计的假设检验情景进一步强化了证实偏见。²⁰

20

反偏见之战

如果证实偏见是人性的一部分，我们有希望在科学研究中战胜它吗？在一种看重对假设的证实、奖励新颖性的学术文化中，有真正变革的可能性吗？从 20 世纪 50 年代开始，我们就已经了解到心理学领域存在的各类偏见，却无所作为，所以很容易理解为何许多心理学家对变革的前景感到悲观。但趋势正在扭转，第八章将会关注我们必须作出且已经开始的一系列变革，保护心理学免受那些已经内化为学术文化组成部分的偏见和其他"原罪"的伤害。其中一些变革已经结出硕果。

任何变革的出发点都必须是接受这样一种现实：我们永远无法完全消除证实偏见。用弗里德里希·威廉·尼采（Friedrich Wilhelm Nietzsche）的话说，我们是人性的，太人性的（这是尼采一本书的名字。——译者注）。几十年的心理学研究已经展示了偏见如何交织于人类的认知之中，在很多情况下无意识地影响人类。所以，与其徒劳无功地对抗本性，不如接受其不完美，采取措施让科学研究尽可能地不受我们人类行为内在局限的影响。

预防措施之一就是预注册。我们将在第八章中详细介绍，但在这里进行如下思考也是非常有益的：在收集数据前公开注册研究意图将如何帮助减少偏见？想一想证实偏见在心理学中的三种主要表现形式——发表偏见、概念性重复和根据结果提假设，相关行为背后的强烈动机都不是为了得到高水平和可重复的科学发现，而是为了得到可发表的、其他科学家感兴趣的研究结果。期刊强化了发表偏见，是因为它们认为新颖、阳性的结果更可能指向读者想看到的科学发现。与之相对，重复的、阴性的结果都是无聊的、不够聪明的。为了满足期刊的要求，心理学家用概念性重复取代直接重复，维持一个舒适但无用的错觉：科学研究在重视重复的同时也满足了对新颖性与原创性的要求。最后，正如我们看到的，很多研究者之所以根据结果提假设，是因为他们发现，无法证实自己的假设会被视为一种学术失败。

预注册有助于解决这些问题，它将激励体系变为重视"好的科学研究"，而不是"好的结果"。预注册的本质是在收集数据之前将研究的思路、假设、实验方法和数据分析计划公之于众。当进行同行评议的期刊采用这一做法时，就可以迫使期刊编辑在结果出来之前作出是否发表的决定。这样做可以保证研究的发表不会受最后结果的影响，不管这一结果是阳性的还是阴性的，新颖的还是熟悉的，突破性的还是渐进的，从而预防发表偏见。同样，由于研究者已经提前公布自己的假设，就可以防止根据结果提假设，保证研究者遵循假设—演绎推理模型。在第二章中我们将会看到，预注册也可以防止研究者通过选择性地报告结果来编织他们想要的故事。

　　除了预注册，改变统计上的做法也能减少偏见。前面讨论过，我们觉得阴性结果无趣的一个原因是对虚无假设显著性检验的依赖。虚无假设显著性检验只能告诉我们虚无假设是否被拒绝，但永不能告诉我们它是否得到支持。依赖这种单向的统计方法必然导致研究者更强调阳性结果。如果转向使用贝叶斯统计方法（Bayesian statistical method），我们完全可以将所有潜在假设（H_0，H_1，…，H_n）当作合理的选项而进行公平的检验。我们将在第三章中更详细地讨论贝叶斯统计方法。

　　在这场对抗偏见的"长征"中，关键的一点在于如何让处于不同职业阶段的研究者感到自己有能力在不损害自身职业发展的前提下推动变革。证实偏见与"群体思维"紧密相关，在这种有害的社会现象的影响下，人们错误地将一致行为解读为已知证据的聚合。但群体并不总能作出最理智和明智的决定，群体思维会扼杀创新性与批判性思考。为了心理学的未来，认识和挑战自身的偏见是我们作为心理学研究者义不容辞的责任。

第二章

隐藏的灵活性之罪

对数字严刑逼供，它们会承认任何事情。

——格雷戈·伊斯特布鲁克（Gregg Easterbrook），1999

2008 年，英国魔术师达伦·布朗（Derren Brown）推出一档叫作《预测系统》(*The System*)的电视节目，声称自己肯定能预测哪匹马会在赌马赛场上获胜。布朗选择了一位叫哈季莎的普通观众，指点她在接下来的几场比赛中下注，节目组会跟拍。这些指点每次都很管用，在连赢五把之后，哈季莎终于决定在第六轮，也就是最后一轮，押上全部身家。节目的高潮到来了：其实并没有什么预测系统，哈季莎赢钱纯属偶然。直到下完最后一注，哈季莎才知道真相：布朗最初招募了 7776 名观众，给每人一个可能的六轮胜者的组合。六轮中的每一轮，选错马的人接连淘汰，最终剩下那个每次都赢的人——恰巧就是哈季莎。通过从哈季莎的角度展现这个故事，布朗制造了一种错觉，即哈季莎令人难以置信的连胜不可能是随机的，一定是这个"预测系统"制造的——虽然实际上一切都是偶然。

布朗在节目中通过隐藏的灵活性制造错觉。对科学来说，不幸的是，心理学研究者利用同样的系统获得漂亮且容易发表的结论。面对要在最著名和最挑剔的期刊上发表阳性结果的职业压力，研究者的常规做法是，采用多种方法分析复杂数据，只报告最有趣且统计上显著的结果。这样能使读者相信他们的结果是可靠的，而非从大量未报告的阴性和不确定的结果中精挑细选而来。从这样的分析结果中得出的任何结论，往好里说是高估了真正效应的大小；往坏里说，可能完全是假的。

通过不断"拷问"数字直到得到能够发表的结论，心理学研究者犯下第二宗重罪：利用隐藏的灵活性。严格来说，隐藏的灵活性是"不完整证据谬误"的一种表现形式，也就是在形成论点时不考虑全部的已知信息。虽然隐藏的灵活性是研究偏见的一种，但它在心理学领域广泛而深远的影响为其在耻辱柱上赢得专属位置。

24 # p 值操纵

前面说过，心理学研究使用的主要统计分析方法是一系列被称为"虚无假设显著性检验"的技术，即在假设虚无假设（H_0）为真，某个效应并不真实存在的条件下，估计在一组数据中观察到这个效应，或某个比该效应更大的效应的概率。重要的是，p 值无法告诉我们 H_0 本身为真的概率，也无法表明得到的效应的大小或者可靠性。它告诉我们的仅仅是，假设 H_0 成立，得到这个效应或更强的效应时我们应有的惊讶程度。[①]p 值越小，我们应该越惊讶，也越有信心拒绝 H_0。

从 20 世纪 20 年代开始，心理学研究的惯常做法是，要求 p 值小于 0.05 才能明确地拒绝 H_0。这个显著性阈限也被称为"α 错误率"——当不存在某个效应时错误地宣称得到阳性效应的概率。在虚无假设显著性检验中，当 H_0 为真而我们错误地拒绝 H_0 时，就出现 I 型错误或假阳性。所以，α 的阈值表示的是，为了拒绝 H_0 并断定存在统计上的显著效应，我们允许发生 I 型错误的最大概率。

你可能会问：为什么把 α 的阈值设定为 0.05 呢？0.05 这个值是随意选的。大约一个世纪之前，虚无假设显著性检验技术的设计师之一罗纳德·费舍尔（Ronald Fisher）曾经说过：

> 如果 1/20 的概率看起来还不够反常，假如我们愿意的话，可以把界限设定为 1/50（2%）或者 1/100（1%）。我当然愿意设定一个低的显著性标准，即 5%；我可以完全忽略所有没有达到这个水平的结果。[②]

把 α 的阈值设定为 0.05，意味着在一系列独立的显著性检验中，理论上允许错误地拒绝 H_0 的概率可达 1/20。有人认为这个阈值太宽松了，会导致科学文献中积累很多不可能被重复的无用结果。[③] 退一步讲，就算我们认为统计上显著的结果中有 5% 为假阳性是可以接受的，事实却是：利用统计分析中隐藏的灵活性会使 α 值飙升，提高实际的假阳性率。

隐藏的灵活性之所以会出现，是因为研究者在检查过数据之后才决定如何分析数据，还有很多种合理的分析方法可以选择，虽然这些方法产生的 p 值不太一样。举个例子，给定一个反应时间的数据分布，研究者既可以选择剔除每个被试的统计极端值（比如那些非常慢的反应），也可以选择用同样的依据剔除有极端表现的被试。研究者可以选择两种方式之一或两种都选，随后他们又有很多不同的方法可选择，而每种方法都会得到不太一样的结果。除了灵活性之外，这些选择的另一个关键特点是，它们被隐藏着，永远不会被发表。没有一条约定俗成的规则是，要求研究者具体说明哪些分析决策是事前作出的（验证性的），哪些是事后作出的（探索性的）。实际上，分析方法的选择过程透明化可能会不利于研究者在著名期刊上发表文章。这种学术文化与激励机制的结合，不可避免地导致所有分析都被描述为假设驱动的、验证性的，即便其中很多都是探索性的。这样一来，研究者可以在生产对期刊有吸引力的"产品"的同时维持一种虚假的自信（或许是幻觉），即他们遵循了假设—演绎推理模型这一科学方法。

所有这些探索性分析组成的决策空间被称为"研究者的自由度"。除了排除极端值，这个空间中的选项还包括决定被纳入多因素分析的条件，决定纳入回归分析的协变量或回归因子，决定是否召集更多的被试，甚至可能包括如何界定因变量。即便在最简单的实验设计里，这些选项也会很快蔓延并生成一个复杂的决策树，使研究者可以有意或无意地从中搜索到一定策略，制造统计上的显著效应。通过选择最令人满意的结果，研究者几乎可以使用任何一组数据来拒绝 H_0，再结合根据结果提假设（见第一章）的做法，就差不多可以在任何一个备选假设下做到这一点。

利用研究者的自由度制造统计显著性，就是 p 值操纵。这个概念在 2011 年由美国宾夕法尼亚大学和加州大学伯克利分校的乔·西蒙斯（Joe Simmons）、利夫·纳尔逊（Leif Nelson）和尤里·西蒙松（Uri Simonsohn）最先提出，随后广受关注。[④] 乔·西蒙斯等人结合实验与计算模拟展示了选择性报告探索性分析结果如何产生毫无意义的 p 值。其中，他们模拟了一个只包含一个自变量（干预）、两个因变量（被测量的两种行为）和一个协变量（被试性别）的简单实验。模拟实验设定为干预操作没有发现显著效应，即预先设定 H_0 为

26

真。他们随后模拟了 1.5 万次实验结果，记录下观察到至少一个统计上的显著效应（$p < 0.05$）的频率。考虑到模拟实验中 H_0 为真，$α = 0.05$ 意味着可以认为假阳性出现的名义概率是 5%。乔·西蒙斯等人提出的核心问题是：如果在决定如何分析数据时考虑隐藏的灵活性，会有怎样的后果？具体来说，在分析当前的两个因变量的效应时会出现如下几种选择：一是分析两个因变量中的任意一个（如果任何一个因变量有阳性效应就报告出来），二是选择是否将被试性别作为协变量，三是结果分析完之后增加被试的数量，四是去掉一个或者多个条件。在允许对这四种情况最大程度地灵活组合后，假阳性率从名义上的 5% 提高到令人吃惊的 60.7%。

虽然 60.7% 已经很惊人，但很多心理学实验中假阳性的真实概率可能远高于此。乔·西蒙斯等人的案例中甚至都没有包括利用隐藏的灵活性的其他常见形式，如剔除极端值标准的变化，对数据进行分组探索性分析（如只分析女性或者男性被试的数据），等等。他们的模拟实验设计也相对简单，只能展现非常有限的几种研究者的自由度。在实际研究中，很多设计都更复杂，包括更多的决策选项。心理学家多萝西·毕晓普（Dorothy Bishop）用一个包含四个自变量和一个因变量的标准研究设计展示，在超过 50% 的分析中可以期望得到至少一个统计上显著的主效应或交互作用，这一概率远远高过约定的 $α$ 阈值。[5] 关键点是，甚至在没有利用乔·西蒙斯等人揭示的研究者自由度的情况下，假阳性率已经如此之高！这意味着，在更复杂的设计里操纵 p 值，很可能会使所获得的 p 值毫无价值。

在乔·西蒙斯等人的模拟实验中，隐藏的灵活性的一个关键来源是在检查结果之后增加被试。研究者会出于各种原因在数据收集完成之前"偷看"数据，其中一个核心动机是效率：在资源有限的环境里，一旦得到或无望得到最重要的统计显著性就停止收集数据，常常看起来是明智的做法。"偷看"（数据）并追求 $p < 0.05$，当然来自心理学期刊对文章的一贯要求：主要结论要以统计上显著的结果为基础。如果一个重要的统计检验得到 $p = 0.07$ 的结果，研究者知道审稿人和期刊编辑会认为他们的结果太弱，缺乏说服力，这样的文章不太可能在有竞争力的期刊上发表。很多研究者会因此增加被试，尝试将 p 值"推过线"，但他们不会在发表的文章中交代这些"细节"。

在一个对研究者的个人激励和对科学发展有利相悖的发表系统中，这一类行为似乎是理性的。毕竟，如果研究者都这么做，肯定是因为他们认为自己别无选择，只有这样才能找到工作，拿到研究基金，提高职业声誉。不幸的是，用"偷看"和增加数据的方式追求统计上的显著性，彻底违背了虚无假设显著性检验的基本原则。该检验的一个常常被忽略的关键前提是，研究者应提前确定数据收集的终止规则，即在实验开始之前确定一个最终样本数量，以终止数据收集。在样本量未达到该数量之前，为确定是继续还是停止而"偷看"数据，会增加假阳性的可能性。这是因为虚无假设显著性检验估计的是在虚无假设为真的情况下出现当前观测到的数据模式（或更极端的数据模式）的概率，由于累积数据的模式会随着单个数据点的增加而随机变化，在数据增加的过程中不断进行假设检验，会增加碰巧发现数据正好低于 α 水平的可能性（见图 2.1）。这种假阳性的增加与同时检验多个假设的情况类似。

　　p 值操纵到底有多普遍？研究者的不透明做法使得我们不可能获得确切的答案，但回到第一章中提到的约翰等人 2012 年的调查，我们能从中找到重要的线索。基于对 2000 多个美国心理学家的调查，他们估计 100% 的人在得知剔除某些数据的影响之后至少有一次依旧选择这样做，并且 100% 的人在了解结果是否在统计上显著后收集了更多的数据。他们还估计有 75% 的人没有报告所有实验条件，以及有超过 50% 的人在得到"想要的结果"之后停止收集数据。

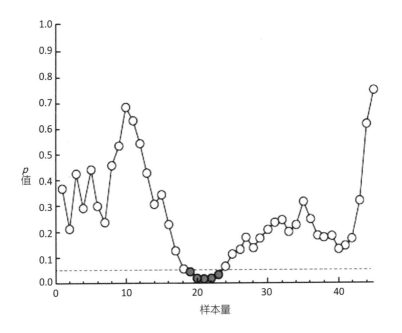

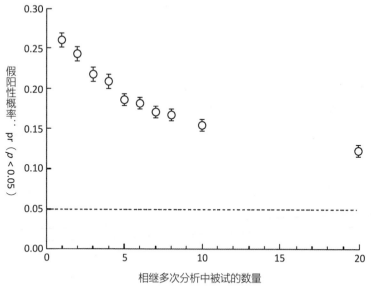

图 2.1 虚无假设显著性检验中使用灵活的终止规则的危险性

29 　　第一张图展示了一个虚无假设（H_0）为真的模拟实验，每增加一个新被试就进行一次统计检验，直到被试样本量达到最大值。一个策略性操纵 p 值的研究者会在 p 值降到 0.05（虚线）以下就停止实验。在这个模拟实验里，虽然事实上并不会发现任何效应，但在收集了 19 个被试的数据之后，p 值就突破了显著性阈值。在第二张图中，我们看到间歇分析的频率如何影响假阳性率。假阳性被界定为在达到最大样本量之前得到 $p < 0.05$ 的概率。图中的符号表示的是，当 H_0 为真，根据变化的终止规则得到的 1000 次模拟实验的平均假阳性率。如果研究者最初收集了 5 个被试的数据，然后每增加 20 个被试就重新分析数据，假阳性率就是 0.12（最右边的符号），差不多是 0.05 的 α 阈值（虚线）的两倍。越往左边，因连续分析越来越频繁（即两次分析之间相关的被试量越少），假阳性率也随之增加。如果每增加一个被试研究者就分析一次数据，假阳性率会高达 0.26，导致有 25% 的概率错误地宣称存在一个不真实的效应（$p < 0.05$）。

　　这些结果表明，p 值操纵在心理学研究中远非罕见，更可能是一种常态。

异常的 p 值模式

约翰等人的调查研究表明，p 值操纵在心理学研究中很普遍，但我们能否找到关于其存在更客观的证据呢？一个可能的线索隐伏在 p 值的报告方式中。如果 p 值操纵真像我们说的那么普遍，在已经发表的研究中 p 值的分布就应该是被扭曲的。为什么呢？考虑一组研究者的几种实验方案：第一种方案是在收集数据时一个接一个地增加被试，每增加一位被试就分析结果，直到得到统计上显著的结果。基于这种策略，你预计在实验结束的时候会得到什么样的 p 值呢？另一种情况是，研究团队在得到 0.10 的 p 后无法再收集更多数据，于是，他们尝试了 10 种不同的方法剔除统计极端值。其中大部分方法得到的 p 值都高于 0.05，只有一种方法将 p 值降到 0.049。他们在所撰写的文章的数据分析中报告了这种方法，但没有报告其他失败的尝试。最后一种情况是，研究者得到 $p = 0.08$ 的结果，同时在界定因变量方面仍有可以利用的自由度。具体来说，他们能选择是根据反应时间还是正确率，或者将二者结合来报告结果。在分析所有不同测量方式之后，他们发现反应时间与正确率二者结合的方式"最管用"，得到的 p 值是 0.037，而单一的因变量测量都只能得到不显著的效应（$p > 0.05$）。

虽然三种方案各不相同，但它们有一个共同点：研究者都试图将 p 值正好推过显著标准。如果统计上的显著性就是最终目标，那么完全有理由在 p 值一降到 0.05 以下就停止 p 值操纵行为。毕竟，为什么要冒风险去浪费额外的资源继续增加被试或使用不同的方法分析数据呢？这两种做法都可能让现在可发表的显著效应消失。专注于只是跨过显著性的阈值，结果就是"创造"一连串"恰好"低于 0.05 的 p 值。

　　已经有不少案例涉嫌这样的行为。在 2012 年《科学》(*Science*)期刊的一篇文章中，研究者提供了一些证据，证明通过引导人们完成一系列需要理性和分析思维的任务，可以降低他们的宗教信仰水平。虽然文章中四个实验的样本量从 57 到 179 不等，但得到的 p 值皆在 $p = 0.03$ 和 $p = 0.04$ 之间。批评者认为，要么是文章的作者精确地知道每个实验需要多少被试可以得到统计显著性，要么是为了勉强得到统计显著性，他们有意或无意地操纵了 p 值。[6] 还有一个完全无辜的解释：文章的作者并没有什么错，他们的文章只是《科学》期刊所认为的没有偏见的众多文章中的一篇罢了。这个期刊选择性地发表了一篇连续发现四个有统计显著性效应、"捡到了金子"的文章。在不可能区分哪些属于研究者的做法偏差，哪些属于期刊的发表偏见的情况下，自然应该相信文章的作者是动机纯良的。

　　我们很难区分发表偏见与研究者偏见，因而很难甚至无法证明存在 p 值操纵。但如果 p 值操纵是常态，文献中就会累积类似案例，导致"恰好"低于显著性阈值的 p 值在整体数量上占优势。2012 年，心理学家 E. J. 马西坎波 (E. J. Masicampo) 和丹尼尔·拉朗德 (Daniel Lalande) 最先提出这个问题。他们考察了在三个最著名的心理学期刊上发表的研究中 3627 个 p 值的分布。总体上，他们发现较小的 p 值比较大的 p 值更容易发表；同时，"恰好"低于 0.05 的 p 值的数量是预期的 5 倍。[7]

　　澳大利亚阿德莱德大学的内森·莱格特 (Nathan Leggett) 等人重

复了马西坎波和拉朗德的发现。他们不仅发现"恰好"低于 0.05 的 p 值的数量激增，而且发现激增的时间段是 1965—2005 年。[8] "恰好"显著的研究逐渐增多的原因并不清楚（这一事实本身也一直备受质疑），[9] 但如果这种现象真的存在，一个可能的原因是计算技术和统计软件的飞速发展。1965 年要做虚无假设显著性检验是很麻烦、费劲的（通常都是手动计算），这成了 p 值操纵的天然障碍。相比之下，现代的软件包，如 SPSS 和 R，可以在几秒钟内完成对数据的重新分析。

马西坎波团队与莱格特团队在几千个研究的取样基础上提供了 p 值操纵大范围存在的证据，但有可能在更具体的领域中看到这样的效应吗？西蒙松、纳尔逊和乔·西蒙斯开发了一个被称为"p 曲线"分析的工具，该工具就可以做到这一点。[10] p 曲线的逻辑是，一系列研究中统计上显著的 p 值分布表明了它们作为证据的价值（见图 2.2）。在 H_0 为假的无偏见（没有 p 值操纵）结果中，我们应该看到更多的 p 值聚集在 p 值范围的数值较小的一端（比如 $p < 0.01$），而不是在"恰好"低于显著性阈限的地方（比如 p 值在 0.04—0.05 之间）。这会让 p 值的分布在 $p = 0$ 与 $p = 0.05$ 之间形成一个正偏态分布。与之相对，若研究者进行了 p 值操纵，我们应该看到 p 值都聚集在"恰好"低于 0.05 的地方，只有较少值较低，因此形成 p 值的负偏态分布。虽然大家对 p 曲线褒贬不一，但在现有的可以检测隐藏的灵活性的一系列工具中，它确实可谓一个比较有前景的工具。[11]

p 值操纵并不是心理学研究独有的问题。相比常见的行为实验，功能性脑成像研究中包含更多的研究者自由度。正如博客作者"神经怀疑论者"曾指出的，即使是最简单的功能性磁共振成像（functional magnetic resonance imaging，fMRI）研究，其决策空间也可以包含成百上干种分析选择，为 p 值操纵提供广大空间。[12] 在写这本书的时候，还没有关于功能性磁共振成像和脑电图（electroencephalograhpy，EEG）研究的 p 值分布分析，但间接证据表明，这些领域中的 p 值操纵现象或许与心理学领域一样普遍。

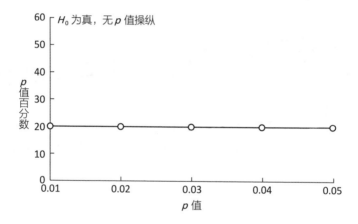

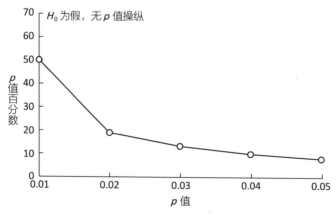

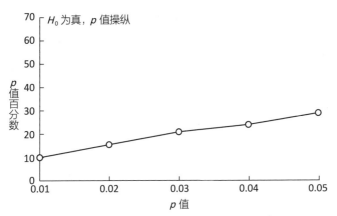

图 2.2　西蒙松等人开发的 p 曲线分析工具的逻辑

　　每幅图显示了 p 值在 0—0.05 之间的一种假设的分布。例如，x 轴上 0.05 的值对应的 p 值都在 0.04—0.05 之间，0.01 的值对应的 p 值都在 0—0.01 之间。第一张图中，虚无假设（H_0）为真，且没有 p 值操纵，所以 p 值是均匀分布的。第二张图中，H_0 为假，所以较小的 p 值比较大的 p 值的数量多。图里的正偏态分布不能排除存在 p 值操纵，但的确说明这样的 p 值样本具有作为证据的价值。第三张图中，H_0 为真，观察到的更多 p 值接近 0.05，这种负偏态的分布说明存在 p 值操纵。

　　美国密歇根大学的乔希·卡普（Josh Carp）发文指出，在 241 篇随机选择的功能性磁共振成像研究论文中，有 207 篇采用独特的分析流程。这意味着功能性磁共振成像的研究者有数不胜数的有依据的数据分析方法可选择，可以在分析数据之后再决定用哪种分析方法。正如 p 值操纵可能产生的后果，先前的研究已经表明功能性磁共振成像的重测信度（test-retest reliability）是中等或较低，伴随着大约 10%—40% 的假阳性率。[13] 我们将在第三章再次讨论信度的问题，在这里我们仅仅指出，p 值操纵同时严重威胁了心理学和认知神经科学研究的效度（validity）。

制度化的 *p* 值操纵破坏了科学研究的信誉，而且似乎愈演愈烈。如果几乎所有心理学家都会（哪怕是无意的）偶尔操纵 *p* 值，如果 *p* 值操纵使假阳性的概率提高到 50% 以上，很多心理学文献在某种程度上就是假的。这种情况当然有害，但关键点是，如果正确应对，它是可以预防的。它让我们去思考，如果 *p* 值操纵不是普遍做法，科学文献将有何不同？也要求我们反思：一个由科学家组成的共同体怎么会容忍这种行为存在？遗憾的是，*p* 值操纵似乎渗透到整个心理学界，并被视为一种必要的恶——我们在顶级期刊上发表文章必须付出的代价。但失望和挫败感正在增加，正如 2012 年西蒙松在与心理学家诺伯特·施瓦兹（Norbert Schwarz）的一场辩论中所说的：

> 我认识的人中没有谁在做完一个研究，进行一次（统计）检验后，不论得到什么 *p* 值都会发表……我们都在操纵 *p* 值，我们中意识到这一点的人想要改变。[14]

34　捕捉幽灵

更重视重复研究能帮助解决 *p* 值操纵引发的问题吗？[15] 如果能够重复一个操纵 *p* 值的研究结果，就意味着我们不必介意原研究是否不正当地利用了研究者的自由度吗？

如果我们假设真的科学发现会比假的更容易重复，当重复研究的程序和分析方法与原研究完全一致时，一个相应的重复研究系统就有可能排除掉操纵了 *p* 值的发现。但重复研究让 *p* 值操纵"无罪"的观点存在两大问题：其一，当直接（近似）重复不可或缺时，哪怕是广泛而系统的重复研究项目，也无法弥补操纵 p 值的研究在开辟"死胡同"时造成的资源浪费。其二，正如我们已经看到并会反复看到的，直接重复研究在心理学领域几乎不存在。相反，心理学界一直都靠界定更宽松的概念性重复来验证以往的发现，因为这可以满足期刊只发表新颖和原创结果的需要。在一个依赖概念性重复的体系里，利用研究者自由度"重复"一个假阳性结果与创造一个假阳性发现一样容易。对一个操纵 p 值的研究进行一次操纵 p 值的概念性重复，除了展示强大的自欺欺人的能力之外，别无他用。

研究者自由度可能会带来"虚幻重复"，巴奇及其发现的老年启动效应就是一个很有意思的例子。还记得吧，至少有两组研究者试图完全重复老年启动效应，但都失败了。[16] 作为反驳，巴奇声称其他两个研究确实成功地重复了这一效应。[17] 但如果我们仔细查阅，就会发现，这两个研究都没有重复整体的老年启动效应：在其中一个研究中，只有按自我意识得分高低将被试分成两组，启动效应才达到统计上的显著；在另一个研究中情况同样如此，只有按对老年人持有积极或消极态度将被试分成两组，启动效应才显著。而且，每一个重复研究都使用不同的方法处理统计极端值，每个研究在数据分析中都包括原实验中没有的协变量（covariates）。这些差异隐隐指出，这两个重复研究都是虚幻重复。证实偏见促使人们重复最初的（备受瞩目的）老年启动效应，这些后续研究的研究者会有意无意地利用研究者自由度得到成功重复的结果，进而得到一篇更容易"卖"给期刊的文章。

虽然不能完全确定，但我们有理由怀疑这些概念性重复研究受到 p 值操纵的不良影响。有研究估计 p 值操纵的发生率高达 100%，但研究者通常会否认自己操纵 *p* 值。[18] 在约翰 2012 年的调查中，只有约 60% 的心理学家承认，"他们在看了结果是否显著之后又收集了更多的数据"，然而，该研究对此发生率的推断值是 100%。与之类似，大约 30% 的人承认"没有报告所有的实验条件"，大约 40% 的人承认，"在知道剔除数据的影响之后仍选择剔除数据"，而该研究对此发生率的推断值分别是 70% 和 100%。这些不一定说明存在学术不端，研究者可能无意识地在研究中操纵过 *p* 值却真诚地否认自己做过，原因是不记得或未记录自己在检查数据结果后对分析方法作出何种选择。有的心理学家甚至可能认为，为了进行数据探索和阐释，在看了结果是否显著之后再收集更多的数据是可接受的做法。不管研究者是否有意操纵了 *p* 值，解决方法都是相同的。证明研究没有进行 *p* 值操纵的唯一方法是，表明作者在分析数据之前就计划好了实验方法和分析方法，而唯一可以证明这一点的就是研究预注册。

无意识地分析"调试"

前文说到的"无意地操纵了 *p* 值"到底指什么？统计学家安德鲁·格尔曼（Andrew Gelman）和埃里克·洛肯（Eric Loken）曾指出，*p* 值操纵的各种微妙形式和"根据结果提假设"会合力产生虚假的发现。[19] 他们认为，在很多情况下研究者可能完全诚实，相信自己遵循了最好的科学操作，实际上却在利用研究者自由度。我们用一个情境来说明：假设一组研究者设计了一个实验来考察一个先验假设，如听古典音乐可以扩大注意广度（即能够集中注意力完成任务的时间）。阅读文献后，他们认定视觉搜索任务是测量注意广度的理想方法。研究者选择了一种视觉搜索任务，要求被试在屏幕上的多个分心物中搜索特定的目标，比如在很多字母 Q 中搜索字母 O。在每一次测试中，被试都要尽快按键以判定字母 O 是否出现——在一半测试中字母 O 会出现，在另一半测试中则不会出现。为了改变任务中的注意负荷（即在同一时间内需要集中注意力加工的信息的数量），研究者也在三个实验组中控制了分心物（字母 Q）的数量，分别为 4 个分心物（低难度，即字母 O 出现的时候很明显）、8 个分心物（中等难度）和16 个分心物（高难度）。关键的因变量是判断字母 O 出现与否的反应时和错误率。涉及视觉搜索任务的大多数研究测量的是反应时，通常会发现，随着分心物的增加，反应时会变长。很多研究会同时报告错误率。研究者决定采用重复测量的设计，每个被试做两次任务，一次做的时候听古典音乐，另一次听非古典音乐（控制条件）。他们决定使用此程序测量 20 个被试。

至此，研究者感觉每件事都做得完美无瑕：有一个事先确定的假设，有根据明确的理论选择的实验任务，有与先前视觉搜索研究保持一致的样本量（即参加实验的人数）。实验做完后，最初的数据分析结果令人振奋，他们成功重复了视觉搜索任务中能观察到的两个典型效应：一个是随着分心物的增加，被试的反应时明显变长，错误增多；另一个是被试在目标不出现时的反应比出现时的反应要慢很多。此时，一切都非常顺利，研究者认为他们选择的任务成功地测量了注意广度。

但随后的事情就有点复杂了。在反应时与错误率两个测量指标上，研究者都没有发现古典音乐的显著主效应，这样他们就不能拒绝虚无假设。但他们发现，在错误率上，音乐类型（古典、非古典）与分心物数量（4、8、16）有显著的交互作用（interaction）（$p = 0.01$），与反应时却没有交互作用（$p = 0.7$）。这里的交互作用指在错误率上，古典音乐对不同的分心物数量的影响显著不同。事后比较表明，在 16 个分心物的条件下，听古典音乐的被试的错误率更低（$p = 0.01$），而在 4 个和 8 个分心物的条件下，则没有产生效应（两个条件下 $p > 0.2$）。在另一个独立分析中，他们也发现，在目标不出现时（即没有字母 O 时），听古典音乐的被试的反应时比控制条件下显著更短（$p = 0.03$），但在字母 O 出现时没有显著差异（$p = 0.55$）；将目标出现和不出现条件下的反应时平均后，听或不听古典音乐两种条件也没有显著差异（没有显著主效应）。

研究者仔细思考他们的结果。在读了更多文献之后他们得知，在测量注意广度的时候，错误率有时比反应时更敏感，这就可以解释为什么古典音乐只影响了错误率。他们也了解到，"目标不出现"这一条件对被试来说更困难，因而可能是注意广度的一个更敏感的测量条件，这可以解释为什么古典音乐只提高了目标不出现的测试的成绩。最后，他们高兴地发现，当有 16 个分心物时，古典音乐导致的错误率的降低与假设预期的方向一致。所以，尽管古典音乐的主效应在两个测量指标（反应时与错误率）上都没有达到统计显著水平，研究者还是下结论说结果支持了他们的假设，即古典音乐扩大了注意广度，尤其是在增加任务难度的条件下。在文章的引言部分，他们把假设写成："我们预期古典音乐会提高视觉搜索的成绩。由于在测量注意任务中，误判的比例（即错误率）比反应时更敏感（如 Smith, 2000），我们预期这个效应会更清晰地反映在错误率上，尤其是在较高的注意负荷或任务难度的情况下。"在文章的讨论部分，研究者提到他们的假设得到了支持，并认为其结果概念性地重复了已有的研究结果，即古典音乐能够提高检测出文本印刷错误的能力。

在这个例子里，研究者是否犯了错？如果是的话，他们犯了什么错误？许多心理学家会认为这些研究者的行为无可指摘。毕竟，他们没进行那些可疑的操作，如不停地增加被试，直到达到统计显著性；选择性地剔除统计极端值；检验不同协变量对统计显著性的影响。更何况，他们有并且检验了先验假设，也进行了操纵检查以确保视觉搜索任务可以测量注意广度。但是，正如格尔曼和洛肯指出的，事情没有那么简单，研究者自由度依然潜移默化地影响其结论。

第一个问题是，他们的先验假设不够精确。假设没有明确在哪一个因变量上会出现古典音乐的效应（在反应时上？在错误率上？还是二者都会出现？），也没有说明在哪些条件下假设会得到支持，在哪些条件下不会被支持。当研究者提出这么模糊的一个假设，他们就可以用很多结果中的一个来支持他们的预期，并忽视这样做会增加犯 I 型错误（α）的概率的事实，同时引入证实偏见。换句话说，虽然他们有一个先验假设，但这样做与同时检验多个统计假设没什么两样。

第二个问题是，研究者忽略了实验干预的主效应在两个测量指标上都不显著的事实，仅强调音乐类型与分心物数量的唯一显著交互作用——只出现在错误率上。研究者也没有具体假设只有在错误率指标上，古典音乐的效应会随着分心物数量的增加而增强，所以这是个意外的结果。但研究者将这个分析装扮成事前作出的，这样他们真正检验的虚无假设的数量（包括主效应、交互作用和交互作用后的比较等）比原本（模糊的）假设更多，这增加了假阳性的概率。

第三个问题是，研究者根据结果提假设。虽然他们的整体假设是在研究进行之前确定的，但随后根据数据结果修改了假设，并将修改后的假设放在引言部分。这是根据结果提假设的一种不易察觉的形式，混合了假设检验与事后对意料之外结果的解释。由于研究者确实有一个事先（虽然模糊）的假设，他们会毫无疑问地否认自己在根据结果提假设。即便他们自己的记忆模糊不清，但事实是他们确实调整和修改了原来的假设，以使其看起来与意料之外的结果一致。

最后，尽管他们的结果没有宣扬得那么确定，研究者仍然将其当成对已有研究的概念性重复，即进一步佐证了听古典音乐能够扩大注意广度这一观点。有趣的是，到了整个研究的最后阶段，原假设不够精确的问题才凸显出来。他们的做法也凸显概念性重复与生俱来的弱点：它带来的风险是将整个知识体系建立在脆弱的证据单元之上。

这样是欺骗吗？不是。是学术不端吗？也不是。那它是否反映了有问题的研究实践呢？是的。尽管可能是无意识的，但事实是研究者允许不精确与证实偏见扭曲了科学实践。可见，哪怕是诚实的研究者，其科学实践也会受研究者自由度的严重影响。

带着偏见去纠错

有时，证实偏见层层包裹着那些隐藏的灵活性，让我们对其视而不见。2013 年，英国牛津大学的马克·斯托克斯（Mark Stokes）强调，在某种情况下，看起来完全合理的分析方法会导致发表错误的发现。[20] 假设研究者做了两个实验，每个实验采用不同的方法对同一个重要理论进行收敛检验。每个实验的数据分析都非常复杂，需要研究者编写自动运行的脚本。在检查脚本，没有发现明显错误后，研究者开始分析数据。一个实验的数据结果支持了根据理论提出的假设，但另一个实验没有。研究者疑惑不解，于是检查了第二个实验的数据分析脚本，发现了一个不起眼但很严重的错误。修改脚本之后，第二个实验的数据结果变得与第一个实验一致了。研究者很高兴，得出两个实验的结果最终都支持所验证的理论的结论。

这种情况有什么问题吗？难道我们不应该赞赏研究者的谨慎吗？应该，但又不应该。一方面，研究者发现了一个确实存在的错误，阻止了错误结论的发表。但大家有没有注意到，研究者根本没有想到去重新检查第一个实验的分析脚本？只因为第一个实验的结果与预期一致。更重要的是，也许这就是他们想要的。他们只详细检查了第二个实验的分析脚本，因为其结果与预期不符，而与预期结果不符被认为 40 是出错的充分理由。斯托克斯认为，这种结果导向的程序纠错也可称为"选择性审视"，它可能会大幅放大虚假的发现，尤其是当整个研究界都这样做的时候。[21] 由于研究者从不报告代码纠错（代码本身也很少会被发表），带偏见的纠错就变成隐藏的灵活性的一种潜在形式。

心理学研究者是穷人版的律师吗？

偏见与隐藏的灵活性的幽灵不可避免地促使我们思考：科学家的工作究竟是什么？是尽可能冷静地积累证据，并根据证据的重要性决定该得出什么结论？还是支持某个观点，并寻找支持该观点的证据？

前者是科学家的工作，后者是律师的工作。美国宾夕法尼亚州立大学的心理学家约翰·约翰逊（John Johnson）2013 年在"今日心理学"网站上发布了一篇博文，指出：

> 科学家不应该以说服他人相信某个观点为出发点，然后搜集尽可能多的证据去证明这个观点。科学家应该更像侦探，不管线索指向哪里，都愿意循着它们的轨迹前进。他们应该致力于寻找关键数据，来判断什么是真相，而不是寻找支持已有观点的数据。科学研究应该更像侦探所做的工作，而不是律师所做的工作。[22]

遗憾的是，根据我们目前看到的，心理学研究还远远达不到这个标准。不管是有意还是无意，心理学家对数据"严刑拷打"，直到数据"交代"出我们想要的结果。实际上，很多心理学家在内心深处会承认，他们需要数据"交代"出想要的结果，才能在有影响力的期刊上发表文章，继而才能找到工作和拿到科研基金。这暴露出科学家的需要与科学研究的需要之间存在巨大鸿沟。除非这两种需要更偏向于科学研究和资助科学研究的公众，否则科学家的需要总会排在前面。这不仅会损害我们的利益，而且会对子孙后代不利。

41 解决隐藏的灵活性的方法

任何一个科学分支，只要其科学发现有赖于证据的累积，隐藏的灵活性就是个问题，只是在一些分支中会相对较少出现。如果得到的证据都是非黑即白的，例如发现一个新化石或者一个新的星系，那就无需统计推论。这种情况下没有所谓的分析方法的灵活性，无论是隐藏的还是公开的，所以不存在隐藏的灵活性这一问题。可能正是统计分析与有干扰的证据之间的关联令物理学家欧内斯特·卢瑟福（Ernest Rutherford）作出如下评论："如果你的实验需要统计分析，你就应该做一个更好的实验。"

在科学的很多领域，包括心理学，科学发现不是非黑即白的，而是通过一个又一个实验来判定许多具有不同"灰度"的理论的贡献。在心理学家为发表文章——也就是获得职业生涯的成功——所需要的精确"灰度"设定一个人为标准（$p < 0.05$）后，那些试图跨越这一标准的有心或无心的策略就不断产生和翻新。在科学与故事的较量中，根本没有竞争可言，故事百战百胜。

如何才能脱离困境？第八章将概述变革的宣言，宣言中的很多做法已实施。接下来我们将总结一些用于解决隐藏的灵活性的方法。

预注册。对于 p 值操纵和各种形式的隐藏的灵活性（包括"根据结果提假设"），最彻底的解决方法是，在检查数据之前预先确定假设与主要分析策略。预注册确保读者能够区分独立于数据的策略和数据引导下采用的策略。这并不是说后者必然是不正确的或会误导他人。一些最重要的科学进步是在探索中出现的，而分析方法的灵活性本质上没有什么错。但是将这种灵活性隐藏起来不让读者知道，甚至连研究者自己也未意识到的时候，就出现了问题。通过揭开这种隐藏的灵活性，预注册将使科学研究免受人类自身偏见的影响。

过去几十年来，预注册已经是临床医学的标准做法，其动力就来自担忧隐藏的灵活性与发表偏见给公众健康带来的消极影响。在基

42

础科学领域，这种危险可能不像临床医学领域那样直接，却一样严重——它会歪曲基础科学领域的文献记录，而基础研究会影响并进入应用领域（包括临床科学），基础研究文献的腐化必然会威胁科学研究的未来应用。

近年来，心理学界正在共同努力，不断强调预注册的优点。越来越多的期刊提供预注册的投稿方式，其中部分同行评审过程在数据收集之前就进行了。这种评审方式确保研究者遵循科学方法的假设—演绎推理模型，也可以防止发表偏见。像开放科学框架（Open Science Framework）这样的网站也给研究者提供预注册研究计划的途径。

p 值曲线。西蒙松等人开发的 p 曲线分析工具可以用来估计已发表文章中 p 值操纵的发生率。它假设，在一组 p 值操纵结果占主导的研究中，p 值的分布会在刚低于 0.05 的地方扎堆。相反，假如在一组研究中，其阳性结果中很少有或者没有 p 值操纵，p 值会呈正偏态分布，较小的 p 值比较大的 p 值更多。虽然这个工具无法诊断单个研究中是否存在 p 值操纵，但它可以告诉我们心理学哪个领域受隐藏的灵活性的"毒害"最严重。在这样的领域，学界可以采取适当的纠正措施，例如广泛进行直接重复研究。

公开声明。2012 年，乔·西蒙斯等人提出一个更直截了当的方法，那就是直接问研究者。[23] 他们认为，大部分研究者本质上是诚实的，也不会故意撒谎，能意识到利用研究者自由度其实会降低自己研究的可靠性。因此，要求研究者说明他们是否做了有问题的研究应该会减少 p 值操纵，那些愿意承认操纵了 p 值（学术声誉可能会受影响）或者准备撒谎（主动欺诈）的人除外。

乔·西蒙斯等人提出的公开声明倡议，要求作者在投稿文章的方法部分阐明他们在研究设计与数据分析中的决策过程。其中包括，是否在研究开始之前就确定样本量，是否有实验条件或者实验数据被剔除。他们称之为"21字解决方案"，其内容是：

> 我们公开本研究确定样本量的方法、所有剔除数据的方法（如果有的话）、所有研究操作和所有变量测量方法。

这个公开声明虽然简洁、优美，但有局限之处：首先，它无法防止那些有"正当理由"的 p 值操纵，例如通过在研究设计中增加协变量，或者将分析局限在某个特定的被试组（如男性被试）来检验效应。其次，增加方法的透明度虽然值得表扬，但不能消除根据结果提假设的行为。可以再看看这个声明，并没有询问研究者是否在查看数据结果后修改了事先假设。最后，公开声明无法阻止对研究者自由度的无意识利用，如忘记了做过的所有分析，或者根据结果提假设的一些更微妙的方式（像格尔曼和洛肯所描述的情形）。尽管存在这些不足，公开声明依然是应对隐藏的灵活性的一种有价值的工具。

数据分享。数据整体不透明是心理学研究的一个主要问题，将会在第四章中详细讨论。这里要说的是，数据分享是某些 p 值操纵方式的天然解药，尤其是对于那些事后选择分析方法得到的显著结果，例如采用不同的方法剔除统计极端值或者只分析某一组被试。公开原始数据，其他无利益关系的研究者就可以检验采用其他分析方法能否得到一致的结果。如果检验发现作者采用的方法是众多方法中唯一能够得到 $p < 0.05$ 的方法，学术界就有理由怀疑这个研究的结论。尽管很少有研究者相互检查彼此的原始数据，但仅仅是有此可能性，就可以

阻止蓄意操纵 p 值。

终止规则。约翰 2012 年的调查说明，发生 p 值操纵的一个主要
原因是违反了终止规则。也就是持续增加被试，直到 p 值降到显著性
阈值以下。当 H_0 为真时，p 值可能是 0 到 1 之间任意的一个值，且得
到这些值的概率是相同的，因此不断增加被试，一定会碰巧得到一个
小于 0.05 的 p 值。心理学研究者经常忽略终止规则，原因在于大部分
研究者并没有很强的理由在研究开始前就选定某个固定的样本量。

固定的终止规则在心理学研究中不一定适用，原因是心理学研究
考察的效应通常很小且界定模糊。幸运的是，研究者可以通过两种方
法避免违反终止规则。第一种方法是华盛顿大学的迈克尔·施特鲁
布（Michael Strube）以及最近丹尼尔·莱肯斯（Daniël Lakens）所强
调的，允许研究者在进行虚无假设显著性检验时使用可变化的终止规
则，即根据研究者查看结果的频率来降低 α 的水平。[24] 这种对 p 值的
校正类似传统多重比较中的校正。第二种方法是用贝叶斯假设检验，
而不是虚无假设显著性检验。[25] 后者估计的是在虚无假设为真的前
提条件下，当前观测数据为真的概率；而前者估计的是，在多个相互
竞争的假设条件下，当前观察数据为真的相对概率。在第三章中我们
将看到，相比传统的虚无假设显著性检验，贝叶斯假设检验有很多优
势，包括可以直接估计 H_0 相对于 H_1 的概率。此外，贝叶斯检验允许
研究者持续增加被试，直到证据偏向于支持 H_0 或者 H_1。贝叶斯的统
计哲学就是："收集更多的数据，查看这些数据，然后再决定是否停
止收集新数据。这种做法没有错，且不需要特殊校正。"[26] 这种灵活
性是由似然性原理提供的，"在统计模型中，两个假设的似然比（即
事件发生的概率与不发生的概率的比值）包含了数据可以提供的关于

两个假设优劣的所有信息"。[27] 换句话说，得到的数据越多，你就能越准确地得出支持某个假设的结论。

研究操作的标准化。p 值操纵如此常见的一个原因是，太容易为那些随意的分析决策找到合理的借口。即使是一个简单的实验，也有几十种不同的分析方法供研究者选择。这些方法都可能在已经发表的文章中被用过，也都可以被认为是合理的。这样的不确定性使得研究者能够从统计检验得出的多种结果中挑选最想要的结果，报告"最管用"的一个，假装这种方法是他们尝试的唯一分析方法。解决这个问题的一个方法是，更严格地限定可以接受的方法，在诸如统计极端值的剔除或者协变量的使用等方面采用制度化标准。

研究者一般会抵制类似改变，尤其是在最好的做法还没有脱颖而出的时候。在脑功能成像等新兴领域中，由于方法与分析策略发展得太快，实行这些新标准也不容易。在不可能标准化却允许任意从几项备选操作中选择的情况下，应该强烈要求研究者报告所有可能的分析决策，总结所有可能的分析方案，以评估结果的稳定性。

超越道德争论。p 值操纵是一种欺诈行为吗？p 值操纵与根据结果提假设等可疑的研究操作是不是欺诈行为，或者是不是在某种程度上属于欺诈行为，一直是备受争议的问题。芝加哥大学的心理学家戴夫·努斯鲍姆（Dave Nussbaum）认为，像数据作假之类明显的欺诈行为与 p 值操纵等有问题的做法是截然不同的，因为 p 值操纵的意图是不可知的。[28] 努斯鲍姆说的没错，正如我们在这一章中看到的，p 值操纵与根据结果提假设在很多情况下可能是无意识的自欺行为。但努斯鲍姆也赞同，如果研究者为了得到统计显著性而故意操纵 p 值，这样的行为就是一种严重欺诈。

我们在后面会继续讨论此类问题，现在我们可以问的是：p 值操纵是不是一种欺诈行为，这个问题重要吗？探讨隐藏的灵活性之罪是故意为之还是自欺欺人，只会让我们偏离科研变革的目标。不管研究者心里如何想，p 值操纵的后果是显而易见的，它使文章中充斥着事后假设、虚假的发现和死胡同。解决方法同样一目了然。

不可靠之罪

这种正直，这种防止自我欺骗的谨慎，正是拜
物教科学（cargo cult science）的研究所缺乏的。

——理查德·费曼，1974

　　《自然》发布消息称，"粒子打破了光速的限制"。[1] 路透社也声称，"超光速的粒子将威胁爱因斯坦的理论"。[2]《时代》周刊就这一发现提出疑问："难道爱因斯坦的理论错了？"[3] 这是 2011 年 9 月各大媒体的头版头条，报道的是物理学研究团队发表的研究结果——中微子（亚原子粒的一种）的传播速度可能快于光速。如果这一发现属实，它将彻底颠覆现代物理学。为此，众多科学家团队立即开始重复实验。截至 2012 年 6 月，三个独立团队均未能重复出原来的结果：在他们的实验中，中微子以接近光速的速度运行，这与狭义相对论的预测一致。一个月后，原研究团队声称，他们得到的结果是仪器的光缆松动所致。

　　"中微子超光速"事件听起来像是科学走了岔路，但事实正好相反。当某个科学家团队得到异乎寻常的研究结果时，科学界的反应是试图重复实验结果。当这些尝试失败时，原先的团队会更仔细地检查他们的实验设置，发现异常结果源于技术上的失误。虽然总是存在人类犯错的可能，但科学研究能够且必须确保自身具有自我校正能力。试想一下，如果我们看到原团队的结果后就相信中微子的传播速度可以超光速，而不是去重复和挑战这个结果，物理学将会变成什么样？

　　重复研究是科学的免疫系统。其他科学家能否成功地重复某个科学发现，是辨别其真伪的途径。如果没有重复研究，我们无法知道哪些发现是真实的，哪些是由技术错误、研究者偏见、造假或随机因素造成的。进一步讲，如果我们不知道哪些结果是可靠的，我们如何获得有意义的理论？

不幸的是，正如我们前文中提到的，重复实验这一科学研究不可或缺的过程，在心理学研究中却被忽视或曲解。回想一下第一章，贝姆有关预知未来的文章迅速发表在世界知名的心理学期刊上，之后里奇和弗伦奇未能重复其关键结果，他们的文章却花了很长时间才被接收，而且一开始就被发表了贝姆的文章的期刊毫无理由地拒稿了。心理学界不重视研究的可重复性，反而奉行一种花边小报似的文化——将新奇和吸引眼球作为重中之重，将真相拒之门外。所以说，心理学犯了第三大罪行：不可靠之罪。

为何心理学研究不可靠？

科学研究通过实验证据减少不确定性，从而理解自然世界。在第一章介绍的科学方法中，假设—演绎推理模型就是通过系统检验那些从理论中衍生出来的假设来做到这一点的。一旦高质量的实验结果通过直接（或近似直接）的重复研究被证实，这些证据就可以完善相关理论，进一步产生新假设，提高我们理解和预测现实的能力（见图 3.1）。

不幸的是，心理学研究并未遵循这一原则，最直接的表现莫过于漠视重复研究，很多情况下甚至还会对这类研究有敌意。但缺乏重复研究并不是心理学面临可靠性危机的唯一原因，正如我们即将看到的，还有其他相关的问题，包括统计检验力低、未完整公开研究方法、统计谬误，以及未能撤回已发表但无法重复的研究。这些问题不仅让心理学研究的真实性大打折扣，也威胁着心理学作为一门科学学科的地位。

原因 1：无视直接重复研究

直接重复是所有科学研究的固有要求。在直接重复一项研究时，研究者试图通过尽可能准确地复制原研究的方法来检验原结果的可重复性。[④] 所有科学期刊中的实证文章都包含方法部分，这一简单的事实反映了直接重复研究的重要性。方法部分应该为研究者提供重复某个实验所需要的全部信息。

尽管直接重复研究的重要性显而易见，但我们依旧在第一章中看到，心理学的科研文化几乎不重视直接重复其他心理学家的实验方法。因为在心理学研究中，这样的工作被认为缺乏创新性，取而代之的做法是通过一个新颖的实验，采用不同的方法来检验一个与原研究相关（但不同）的问题，即所谓"概念性重复"。虽然在心理学研究中被广泛使用，但"概念性重复"这一术语在其他科学分支的研究方法中并不常见。实际上，该术语本身就具有误导性，因为概念性重复并没有真正重复以往的实验，相反，研究者只是假定（而不是检验）以往实验结果的真实性，推断其潜在的原因，然后采用一套完全不同的实验程序给这些原因寻找聚合证据。在假设—演绎推理模型的框架下，这个过程可以被看作根据一系列研究结果作出推断以改进理论和

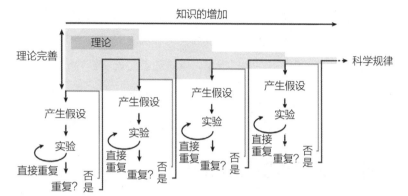

图 3.1　科学通常是稳步进步的，而不是跨越式发展的

　　根据演绎科学方法，研究假设应该在目前的理论中产生，随后设计一个实验来验证这一假设以及另一个或者多个相互竞争的假设。如果实验的结果能够达到科学界所认可的直接重复的标准，这个理论就会被完善，并进一步提出一个新假设。这一知识积累过程的终点是科学规律的产生。请注意，理论精度的提高绝不意味着原始理论模型保持原样，或必须以任何方式持续下去，即知识的累积可以导致某一理论被完全否决。无论如何，随着新证据的加入，理论框架总是变得更精确。

产生新假设的过程（见图 3.1）。这一步固然重要，但它首先取决于先前证据基础的可靠性。放弃直接重复研究而仅仅依靠推断，犹如在沙上建塔，会顷刻倒掉。

　　如果研究者认为直接重复研究毫无价值，缺乏趣味，它就会很少出现在已发表的文献中。理查德·费曼（Richard Feynman）在他 1974 年著名的演讲《拜物教科学》中回忆道，当时他建议一位学习心理学的女生在做新实验之前，先直接重复以往的研究。她非常喜欢这个新想法，并向教授咨询其可行性。教授的回答是："不行，你不能这么做。这个实验已经有人做过，你这样做纯属浪费时间。"这件事大约发生在 1947 年前后，似乎从那时起就已经形成这种风气：不要试图直接重复心理学实验，要做的是改变某些条件，看看会发生什么。⑤

出人意料的是，自 1947 年起，几乎没有人计算过心理学家部分重复同行研究的频率，更不用说去计算直接重复研究的频率。2012 年，马修·马克尔（Matthew Makel）、乔纳森·普拉克（Jonathan Plucker）以及博依·赫加蒂（Boy Hegarty）首次对心理学研究的重复频率进行了系统研究。⑥ 他们搜索了 1900—2012 年间排名前 100 的心理学学术期刊，在 321411 篇文章中，他们发现仅有 1.57% 的文章提到以"replicat*"（即"重复"的动词或名词）开头的单词。这听起来已经非常低了，但还是相对乐观。他们接着从这 1.57% 的文章中随机挑选出 500 篇文章作为子样本作出分析，结果发现，仅有 342 篇文章真正进行了某种形式的重复研究，而在这些研究中，只有 62 篇文章是直接重复先前的实验。最重要的是，在这 62 篇文章中，只有 47% 的文章是由独立于原研究团队的研究者撰写的。马克尔等人的研究发人深省：每 1000 篇已发表的心理学研究文章中，只有 2 篇直接重复先前的实验，其中只有 1 篇来自其他研究团队。

如果某个学科放弃了直接重复研究，就像心理学所做的，这个学科会怎么样呢？根据医学研究者约翰·安尼狄斯（John Ioannidis）的估计，最直接的后果就是，已发表的研究结果中近 98% 要么是未经过证实的真实发现，要么是未受质疑的谬误。⑦ 可见，缺乏直接重复研究破坏了心理学的自我校正能力：当物理学家迅速推翻并解释了观察到的中微子的传播速度超光速这一现象时，心理学家却会因从未尝试直接重复研究而遭遇失败。这种对验证工作的轻视会进一步对理论的发展产生深远的影响，让心理学中涉及理论框架的论文携带既不能被证实也无法被证伪的诅咒。用心理学家克里斯·弗格森（Chris 51

Ferguson）和莫里茨·赫尼（Moritz Heene）的话说，这让心理学文献变成"僵尸理论的坟场"，每个理论都既无法撼动又没有活力。[⑧]

为什么心理学研究者如此固执地反对直接重复研究？简单的回答是：我们也不知道。心理学研究者对直接重复研究的厌恶如此根深蒂固，以至于其中的缘由已经模糊不清。如果要详细回答，正如第一章中提到的，心理学与其他学科一样，已经形成一种激励系统，主要奖励那些用阳性、新颖又吸引眼球的结果来证实假设并提供简单解读的经验主义者。做直接重复研究会面临许多压力，这些压力来自各个方面。在供给端，资助机构不愿意将钱花在仅仅重复先前的研究上——在英国，即使是原创研究的基金申请也常因为缺乏新意而被拒绝，更别提直接重复前人研究了。与此同时，在需求端，无论能否重复以往的研究，向比较好的期刊投稿的过程往往十分痛苦。如果重复成功，审稿人会觉得这些研究不仅无聊，而且毫无价值（"我们早就知道了！""这篇文章有什么新东西吗？"），即便重复研究事实上可以让我们确切地知道前人的研究是否正确。如果重复失败，原作者还可能阻止这类结果发表，或者在发表后攻击相关研究者。

心理学界对直接重复研究的消极态度在"臭名昭著"的"重复门"事件中一览无余。2014 年 5 月，《社会心理学》(*Social Psychology*)这一期刊不同流俗，发表了一个颇具雄心的直接重复研究计划，试图直接重复 19 世纪 50 年代以来一系列有影响力的心理学发现。[⑨]尽管其中有许多未被成功重复，但大部分重复失败的研究还是得到原研究者较友好的回应。例如，芝加哥大学的尤金·卡鲁索（Eugene Caruso）博士的一个关于社会启动的研究无法被直接重复，面对这一结果，他表示："对我个人而言，这样的结果当然令人失望。但从更宏观的角度，我们显然可以从精心设计和良好执行的研究中获益。"

然而，并不是所有研究者都如此谦和。剑桥大学的西蒙娜·施纳尔（Simone Schnall）博士认为，她的社会启动研究受到不公平的对待和"诋毁"。在一份引人注目的公开声明中，施纳尔声称她遭到了那些试图（但未能成功）直接重复出自己先前结果的研究者的"霸凌"，还认为同意发表重复失败结果的编辑是不道德的。[⑩] 她写道："我觉得自己就像一个犯罪嫌疑人，没有辩护权，也没有任何取胜的办法——这些随着重复未果而来的指控可能对我的名誉造成极大的损害，但如果我质疑这些结果，我就是输不起。"

施纳尔因自己的研究未能被直接重复而作出的激烈回应在心理学界引发强烈反响。尽管许多心理学家对她的反应感到困惑，但还是有一些著名的美国心理学家支持她的立场。哈佛大学的丹·吉尔伯特（Dan Gilbert）把施纳尔的抗争比作"罗莎·帕克斯（Rosa Parks）困境"[⑪]，并将一些实施或支持直接重复研究的心理学家称为"霸凌者""重复警察""学术替补""麦卡锡主义者""圣战卫道士"[⑫]。另一些学者指责重复研究者是"纳粹""法西斯"和"黑手党"。吉尔伯特及其支持者没有将直接重复研究视为科学实践的应有成分，而是将其视作一种威胁，破坏了那些发表过不可重复研究（可能是非常优秀）的研究者的声誉，认为这种做法扼杀了他们的创造力和创新能力。[⑬]

对于一些研究者，在这种情况下声誉受损是一件很严重的事，严重到他们认为应该限制其他研究者做直接重复研究的自由。在"重复门"发生后，诺贝尔奖得主丹尼尔·卡尼曼（Daniel Kahneman）提出一条新规则，即除非做直接重复研究的研究者事先与原作者协商，否则尝试直接重复研究这一行为应该被"禁止"。[⑭] 卡尼曼认为："当作者们的研究和声誉可能因为直接重复研究而受影响时，他们有权作为顾问参与自己的研究的直接重复研究。"为什么？因为心理学期刊上发表的文章的方法部分往往过于模糊，无法给其他研究者提供直接重复该研究的完整方案。卡尼曼认为，能否成功地直接重复出原文章的效应可能取决于一些看似不相关的因素——那些只有原作者才知道的"秘方"。他说："比如，在方法部分，实验指导语通常都仅仅简述，但其措辞甚至字体都可能影响实验的结果。"

对许多心理学家来说，卡尼曼提出的这条规则比它试图解决的问题更可怕。利兹伯克特大学（曾用名为利兹大都会大学）的安德鲁·威尔逊（Andrew Wilson）立刻表示反对这一规则，他写道："如果你不支持直接重复研究，请你退出实证研究。因为发表文章意味着你认为它已经足够成熟，如果其他人无法根据你采用的方法得出相应的结果，那是你的问题，不是他们的问题。"[15] 直接重复研究在其他学科中也会被视为一种攻击行为，如施纳尔和其他人所认为的那样吗？伦敦大学学院物理学和天文学系主任乔恩·巴特沃斯（Jon Butterworth）觉得这个观点非常荒唐。他告诉我："认为别人的研究既有趣又重要，并且重要到需要去重复的地步，这对原研究者来说完全是一种恭维。"毫无疑问，对于巴特沃斯，一篇科学文章的方法部分应该足以让训练有素的研究者直接重复它，不需要从原作者那里学习"秘方"。"我认识的物理学家没有人敢说他们的结果取决于秘密'工艺'。"[16]

海伦·切尔斯基（Helen Czerski）是英国广播公司（British Broadcasting Corporation，BBC）的科学主持人、伦敦大学学院物理学家及海洋学家，她也持有相似观点。在她的领域中，为搞清楚如何直接重复一项研究而联系原作者是非常奇怪的事。她对我说："你可能与他们讨论在重复过程中遇到的困难和该研究的相关问题，但肯定不会询问他们用了什么'秘方'才得到这样的结果。"切尔斯基认为卡尼曼提出的规则有违研究伦理："（当我听到这个规则时）我的直觉反应是，如果只是为了提高直接重复研究的成功率而不是为了了解与该实验相关的更多问题，联系原作者询问类似问题近乎学术不端。在我所在的领域，大家的态度是：我们应当能自己验证一个假设，不需要原作者的任何指导。"[17]

显而易见，物理学界关于直接重复研究的观念完全不同于心理学界盛行的理解。墨尔本大学的天体物理学家凯蒂·麦克（Katie Mack）告诉我，在她们的学科领域，直接重复一个研究的结果在许多时候对于该领域的进步非常重要。"仅由一个团队或者一种工具产生的重要结果很少被认为是确定的。"她还指出，即使是那些被重复过多次的研究结果，重复实验也会受到重视，例如经常被用来描述宇宙扩张速度的哈勃常数。她说："许多研究团队已经用各种各样的方法（或者在某些情况下采用相同的方法）测量了哈勃常数，每一个新的结果都是有价值的，值得被发表。"[18]

54

新规则和对直接重复研究的限制——尤其是像卡尼曼这样的重量级人物所提出的——可能会阻拦学术期刊发表直接重复研究，但对于心理学期刊，无须煽动就可以达到这种效果。除了极少数期刊，在心理学和神经科学最好的期刊中，没有一个会常规性发表直接重复研究，即使是超级期刊《PLOS ONE》——少数几个反对过分关注研究的新颖性的期刊之一，都提醒研究者"重复或从已有工作中衍生出的结果，如果没有充分的理由，很可能被拒稿"[19]。也就是说，继续往文献库里填充错误的或未经证实的结果是可接受的，但要验证这些发现的可重复性就需要额外说明。

与物理学家相反，许多资深心理学家似乎满足于缺乏直接重复研究这一现状。2014 年，哈佛大学的贾森·米切尔（Jason Mitchell）认为："在社会心理学中，为了重复失败而苦恼基本上没有什么意义，因为失败的重复实验没有任何科学价值。"[20] 米切尔的中心论点是，一个失败的重复研究更可能是因为进行此研究的研究者的人为错误，而非原研究的结论不可靠。但就逻辑谬误而言，米切尔忽视了一种可能性——恰恰是人为错误导致了虚假的结论。[21]

心理学家沃尔夫冈·施特勒贝（Wolfgang Stroebe）和弗里茨·斯特克（Fritz Strack）也发表了激烈的言辞，为缺乏直接重复研究的现状辩解。[22] 与卡尼曼相似，他们认为，至少对于某些心理学问题，直接重复研究是不可能的，因为原研究结果取决于许多隐藏的方法与变量，这些对原研究的作者和直接重复研究的研究者来说都是不可见的。因此，他们认为，直接重复研究的失败更可能源于原研究报告的效应依赖潜在的调节变量，而非原研究结论本身不可靠。施特勒贝和斯特克并不支持直接重复研究，相反，他们认为，概念性重复研究的信息量更大，因为它检验了"潜在的理论建构"；无论是否成功，直接重复研究都是无趣的，因为它无法让我们进一步了解原研究是否"很好地检验了某一理论"。

55　　施特勒贝和斯特克的观点遭到心理学家丹·西蒙斯的强烈反对。他认为，这种观点并不科学，它使心理学粗暴地践踏了科学原则。如果直接重复研究的失败总是归结到潜在调节变量，原研究结果从原则上讲就永远不可能被证伪，在这样的世界里就永远不会有虚假的发现。这样一来，保证科学结果是对事实的再现就是不可能的任务，正

如丹·西蒙斯所写:

> 潜在调节变量可以无限多: 也许某个效应依赖月相的差异,
> 也许它依赖特定的经度和纬度, 或者只在童年吃了特别多玉米的
> 人的身上出现……也就是说, 我们无法收集到证明可靠性的所有
> 信息。相反, 所有发现, 无论是阳性的还是阴性的, 都可以归因
> 于潜在调节变量, 除非有证据证明并非如此, 但问题是我们永远
> 无法完全排除所有潜在调节变量。㉓

此外, 施特勒贝和斯特克对直接重复研究的批评同样适用于他们
喜欢的概念性重复研究。无论是否成功, 概念性重复研究都可能因潜
在调节变量或随机原因而产生不可信的结果; 而且, 概念性重复研究
采用了不同方法, 这只会使其更容易受潜在调节变量的影响。毫无疑
问, 潜在调节变量或者 (目前) 尚未解释的因素在许多心理学研究中
存在, 在其他科学研究中也存在, 对于这种变量的复杂性, 合理的解
决方案是, 先进行全面的直接重复研究, 之后再谨慎、慢慢地推进研
究。因为未观察到的 (或不能观察到的) 因素而否定直接重复研究,
无异于为魔法辩护, 虚妄离奇, 荒诞不经。

原因 2: 缺乏统计检验力

在第二章中我们看到, 隐藏的灵活性如何通过提高假阳性率来
损害科学研究的可靠性。正如乔·西蒙斯及其同事所展示的, 利用

隐藏的灵活性会对 $α$ 水平——错误地拒绝虚无假设的概率——产生深远的影响，将其从预期的 0.05 拔高到惊人的 0.60，甚至更高。这些有问题的做法当然是心理学研究中存在一些不可靠结果的主要缘由。然而，还有一个缘由经常被忽视：心理学实验漏掉**真实**效应的可能性。按照虚无假设显著性检验的逻辑，这被称为 $β$ 错误，即未能拒绝一个错误的虚无假设的概率。用法庭审案来类比，$α$ 可以被看作将无辜者判定为有罪者的概率，$β$ 则是将真正的罪犯判定为无罪者的概率。那么，正确拒绝一个错误的虚无假设——即将真正的罪犯判定为有罪——的概率是 $1-β$，这个值被称为"统计检验力"（statistical power, 也称"统计功效""统计检定力"），它告诉我们的是，如果某个效应真实存在，一个统计检验能够探测到给定效应大小的概率。

自 19 世纪 60 年代以来，研究者就已经知道心理学研究存在统计检验力过低的问题。心理学家雅各布·科恩（Jacob Cohen）最先重视检验力问题和 $β$ 错误。科恩调查了 1960 年出版的《异常与社会心理学期刊》（*Journal of Abnormal and Social Psychology*）的三期文章。他发现，平均而言，这些研究检验出中等大小效应的可能性为 48%，而检验出更小效应的可能性只有 18%。[24] 哪怕是较大的效应，在科恩调查的研究中，错失的可能性也有 17%。

科恩对统计检验力的分析具有开创性，带动了 20 世纪 60—70 年代对统计检验力的一系列研究。即便如此，这些工作对研究实践几乎没有产生任何影响。1989 年，当心理学家皮特·泽德尔迈尔（Peter Sedlmeier）和格尔德·吉杰仁泽（Gerd Gigerenzer）再次检验这一问题时，他们发现，心理学研究的平均统计检验力在 1960—1984 年间几乎没有变化。[25] 2001 年，斯科特·贝佐（Scott Bezeau）和罗杰·格雷夫斯（Roger Graves）再一次进行此研究，他们采用同样的方法分析了临床神经心理学领域 1998—1999 年间发表的 66 项研究，发现这些文献检验出中等效应量的可能性约为 50%——基本上与前两次对心理学研究的分析结果相同。[26] 也就是说，在这 40 年间，尽管心理学研究者已经广泛意识到这一问题，但他们的研究仍然维持着较低的统计检验力。2013 年，布里斯托大学的凯特·巴腾（Kate Button）及其同事在神经科学领域也发现了类似问题，在这一领域的研究中，统计检验力的中位数低至 0.21。[27]

　　为什么心理学研究者一直忽视统计检验力？心理学家克劳斯·菲德勒（Klaus Fiedler）及其同事认为，低统计检验力研究的盛行是因为心理学界存在为了追求 α 而牺牲 β 的职业文化，这会导致假阴性率（即错过真正的研究发现）升高，进而持续地阻碍新理论的产生。假阳性至少可能会被后来的研究否定（尽管因为重复率低，否定的可能性极小），未得到验证的假设却可能迫于发表阳性结果的巨大压力而被研究者迅速抛弃或遗忘。菲德勒及其同事提醒：当一个正确的假设由于假阴性而被错误地拒绝和抛弃，"即便对其余的假设进行最严格的检验，也只能创造出一种有效性的假象"。[28]

　　毫不意外，自科恩发表研究以来，众多对统计检验力的分析都有一个共同的发现，即已发表的论文极少通过先验检验力分析（即在实验开始之前进行的统计检验力分析）来确定样本量。相反，样本的大小往往根据经验决定，即大致与以前那些统计上有显著效应的实验一致。这种方法的问题在于，它忽视了重复研究的统计特性：当一个研究得到真阳性的结果，但 p 值勉强低于 0.05（如 $p = 0.049$）时，若我们以此来证实一个效应，那么采用与这个研究相同样本量（假设有

57

相同的效应量）进行精确的重复实验时，仅有 50% 的可能成功重复先前效应。[29] 若将检验力增加至 0.8 或更高，就要求研究者至少在原样本量基础上增加一倍的样本量。鉴于这种"刚好显著"的结果在心理学研究中普遍存在（见第二章），当大量研究者依据"上次产生效应的研究"确定样本量时，这个研究领域的整体统计检验力就会被压缩为 0.5 或者更低。所以，科恩和其他研究者的分析一致发现，心理学研究的统计检验力就像抛硬币一样。在决定样本量时，用直觉替代正式的先验检验力分析，无异于给提高科学研究的统计敏感度的努力设置无形障碍。

心理学研究忽视统计检验力的另一个原因是几乎不存在直接重复研究。由于没有两项研究采用完全相同的实验设计，这使得研究者可以对统计检验力的问题不屑一顾：既然没有完全相同的研究，文献库中就没有任何研究能够作为分析统计检验力的依据。当然，这个观点是错误的，原因有两个：第一，即使是概念性重复，通常也只是对以前的实验方法进行小调整，因此，可以获得对预期效应量大小的估计值，特别是在查阅大量类似研究后（因而也可以得到统计检验力的估计值）。第二，即便在极少数情况下，可能无法根据以往研究估计统计检验力，研究者也至少可以给出使用某一样本量的原因，以此探测某个特定大小的效应量（如科恩所定义的小、中和大的效应量）。[30]

很明显，低统计检验力增加了假阴性（β），从而降低了心理学研究的可靠性，但是假阳性（α）会有什么样的风险呢？统计检验力不足的研究不能敏感地探测出真实效应，因而这些研究揭示的任何效应都应该足够大，才能达到统计的显著性水平。因此，你也许会认为，低统计检验力研究中的阳性结果（$p < 0.05$）实际上要比高统计检验

力研究中得到的同样结果更有说服力，毕竟前者检测到真实效应的标准应该更高，不是吗？

尽管在低统计检验力的实验中，达到统计的显著性水平所要求的效应量确实应该更大，但这并不意味着显著结果为真的可能性一定更高。这里我们必须小心，不能混淆在虚无假设下出现当前数据的概率（p）与一个阳性的结果为真的概率。阳性结果为真的概率是无法直接从 p 值中推断出来的，只能通过阳性预测值（positive predictive value，PPV）来估计。想象一下你要穿越沙漠去寻找水源，那么 PPV 可以被看作地平线上的模糊光点是绿洲而不是海市蜃楼的可能性。从数学角度，它是真阳性（沙漠中的绿洲）的数量除以所有阳性观测值（模糊光点）的总数量，而所有阳性观测值既包括真阳性（沙漠中的绿洲）的数量，又包括假阳性（海市蜃楼）的数量：

阳性预测值 = 真阳性的数量 / 阳性观测值的总数量

为了明白 PPV 与统计检验力的关系，我们需要将这些数值替换为概率。在分子上，真阳性的数量可以由实验的统计检验力（$1-\beta$）与真阳性效应的先验概率（R）的乘积组成：

阳性预测值 = [（$1-\beta$）× R] / 阳性观测值的总数量

接着，由于已观测到的阳性结果的总数量包括真阳性和假阳性的数量，我们可以将分母替换为观测真阳性的概率 [（$1-\beta$）× R] 和观测假阳性的概率（α）之和：

阳性预测值 = [（$1-\beta$）× R] / [（$1-\beta$）× $R + \alpha$]

59

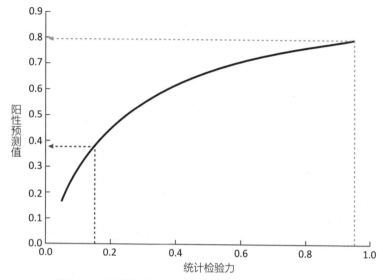

图 3.2　一个假想实验中统计检验力与阳性预测值之间的关系

一个实验的统计检验力给出其阳性预测值，即统计上显著的效应为真阳性的概率。该曲线反映了一个假想实验中统计检验力与阳性预测值之间的关系，在这个假想实验中，虚无假设为假的先验概率为 0.2（一个理论上不太可能的概率），$\alpha = 0.05$。当统计检验力仅为 0.15 时（左下的虚线处），阳性预测值也仅为 0.375；但是当统计检验力增加到 0.95 时（右边最高的虚线处），阳性预测值提高到 0.79。这条曲线在 0.8 处便停滞；为获得更高的阳性预测值，研究者要么降低 α，要么检测更合理的 H_1 假设。

如图 3.2 所示，阳性预测值和统计检验力直接相关：当统计检验力增大时，达到统计上显著的效应为真阳性的概率也会随之增加。例如，如果我们假定一个相对较低的统计检验力为 0.15，虚无假设为假的先验概率为 0.20（R），那么阳性结果为真的概率仅为 0.375（阳性预测值）。将统计检验力从 0.15 增加到 0.95 时，阳性预测值也会从 0.375 增加到 0.79。因此，较高的统计检验力不仅能够帮助我们降低假阴性率，而且能限制假阳性率——就像一个强大的实验增加了我们找到绿洲的机会，同时也减少了我们走向海市蜃楼的可能性。

除了未能认识到统计检验力的重要性，心理学家还习惯性地低估实验设计的复杂性对统计检验力的影响。圣母大学的心理学家斯科特·麦克斯韦（Scott Maxwell）认为，不重视实验设计的复杂性的代价可能是心理学研究统计检验力低的主要原因之一。即便是简单的因素设计，统计检验力也会迅速下降。例如，假设你想知道某个新的认知干预方法对男性与女性减肥效果的影响有多大，你决定使用一个 2×2 的实验设计。其中一个因素（自变量）是训练的类型，即被试是接受新的干预方法，还是被纳入控制组（即安慰剂组）。另外一个因素是被试的性别（男性或女性），每位男性或女性被试被随机分配到新训练干预组或控制组。我们进一步假定该实验设计的每个因素上都有关键的研究问题。首先，你想要知道新的干预方法是否比安慰剂更有效，这是考查干预类型跨性别的主效应。其次，你对是男性还是女性在减肥中更成功感兴趣，这是考查性别的主效应，该效应不受干预类型的影响。最后，你想知新的干预方法在某个性别的被试身上是否更有效，这是考查性别和干预类型的交互作用。根据该领域的以往研究，你将被试数量设定为 120 个，每组有 30 个被试，一共 4 组。那么，假定你要对每个主效应和交互作用检测出中等大小的效应量，你目前的实验设计的统计检验力是多少呢？麦克斯韦计算出的结果是 0.47，也就是说，超过 50% 的实验至少有一个测试的结果为假阴性。[31]

在 2002 年，密歇根大学的瑞秋·史密斯（Rachel Smith）及其同事使用计算机模拟了一系列实验设计中得到的 β 错误，这些实验包含更多的因素和更复杂的交互作用。结果令人担忧——在心理学研究常见的效应量和样本大小的条件下，假阴性率高达 84%。[32] 他们的发现清楚地发出警告：如果研究者忽视统计检验力，就会自食其果。

原因 3：未完整公开研究方法

在已发表的学术论文中，设立方法部分的主要目的是为读者提供关于研究设计和结果分析的足够信息，使其他研究者能够重复该实验。一个具有批判精神的读者在阅读方法部分时，不仅应该考察该部分报告的过程是否合理，还应该检查它是否提供了充分的、可供重复研究的细节。不幸的是，很多心理学研究不可靠的另一个原因就是，它们未系统和完整地公开准确重复所需要的细节。

在第二章中我们提到约翰及其同事对 2000 名心理学研究者开展调查，首次发现心理学研究未系统公开研究方法的证据。基于自我报告，约翰等人估计，超过 70% 的心理学研究者在文章中没有报告所有的实验条件，几乎所有心理学研究者都对实验数据有所取舍。2013年，由加拿大韦仕敦大学的心理学研究者艾蒂安·勒贝（Etienne LeBel）带领的团队试图研究这类现象的普遍程度。勒贝等人 2012 年查找曾在四本权威心理学期刊上发表过文章的研究者，随机抽取其中一半人，询问他们是否充分公开了数据筛除标准、实验条件、实验方法以及确定最终样本量的方法。[33] 一共联系了 347 位研究者，有 161位回复了消息。在这 161 位研究者中，有 11% 的人说他们未在文章中公开数据筛选标准或全部实验条件。更让人惊讶的是，有 45% 的人承认他们未公开所有测量方法。未公开这些细节的最普遍的原因是，被排除的数据"与研究问题无关"。㉞ 勒贝等人总结道，是时候要求所有心理学期刊将"公开信息声明"作为投稿的强制条件了。公开信息声明可以像乔·西蒙斯及其同事在 2012 年提出的"21 字解决方案"一样简单（见第二章），仅仅要求作者陈述："我们公开本研究确定样本量的方法、所有剔除数据的方法（如果有的话）、所有研究操作和所有变量测量方法。"㉟

正如我们先前看到的，不公开那些统计上并不显著的分析会大大提高假阳性率，不公开实验程序的细节也会妨碍其他研究者去重复研究，引发额外的争论。2012 年，巴奇和道恩对老年启动效应的争论就是一个典型事例。简单回顾一下：道恩及其同事未能重复出巴奇那个影响力巨大的研究结果，即启动与老年相关的概念会使人们走得更慢。道恩认为，巴奇得到原结果是因为在实验中实验主试知道实验的所有条件，因而无意中"启动"了被试的相关行为。当道恩等人在确保主试不知道实验内容的条件下重复原实验时，原实验效应就消失了。

巴奇的回应是，原研究中的主试对实验条件并不知情。可惜我们无法得知真相，因为巴奇原研究的方法部分写得太含糊。由于这种模糊性，巴奇和道恩争议的焦点成了原研究是如何进行的，而不是老年启动效应本身的科学效度——这种争论也在整个心理学界蔓延。但这种争论不仅不会有结果，还会引发不满：如果方法的不精确玷污了科学文献，那么任何失败的重复研究都会被归咎为没有遵循原研究中一些未发表但显然很关键的方法细节，因而受到攻击。当原研究者事后试图解释自己的研究方法时，都会被或多或少地解读为是为了挽回面子的不诚信行为。

如果不公开详细研究方法会产生许多不良影响，学术期刊为什么不要求研究者提供更多的细节呢？对这个问题的回答有很多，却没有出现令人信服的答案。（有人认为）这是因为纸质学术期刊篇幅受限，编辑会要求作者删减一些自认为多余或不必要的细节。奇怪的是，这种规则在没有篇幅限制的在线期刊（非印刷版）中依然存在。更有甚者，由于直接重复研究如此之少，作者、审稿人和编辑都默认，大部分细节无须说明，而这些细节是有利于直接重复研究的。细节的缺失使这些研究难以或者完全无法被直接重复，形成恶性循环。如此一来，方法部分已经脱离为重复研究提供信息的初心，成为审稿人和编辑检查作者是否遵循程序性规范并避免明显方法缺陷的方式。虽然这也是方法部分的必要作用，但仅仅实现此作用是远远不够的。

原因 4：统计谬误

在第二章中，我们已经看到数据分析中隐藏的灵活性，比如 p 值操纵和根据结果提假设，会导致一系列有问题的心理学研究，从而削弱心理学研究的可靠性。但在此表象下，存在对虚无假设显著性检验更深刻、更根本的误解。

在虚无假设显著性检验中最常被误读的就是 p 值本身。[36] 为了说明 p 值有多令人困惑，我们可以想象如下场景：你正在进行一个关于某种新干预手段对戒烟的有效性的实验，其中一组被试接受该新干预手段，另一组被试不接受，是控制组。你发现，与控制组相比，采用新干预手段的被试戒烟人数明显更多。统计检验结果表明 $p = 0.04$，可以在 $\alpha = 0.05$ 水平上拒绝虚无假设。

现在请你阅读下列陈述并判断正误：

A. 结果中的 p 值为 0.04，表明新干预手段无效（虚无假设）的可能性为 4%。

B. 结果中的 p 值为 0.04，表明该结果有 4% 的可能性是由随机因素而不是干预手段所致。

C. 统计上有显著差异意味着这种干预方法有效且在临床上有显著效果。

D. 结果中的 p 值表明，如果虚无假设为真，当前观测到的结果出现的可能性仅为 4%。

E. 以往研究发现，另一类似的干预方法相比控制组未能得到统计上的显著效应，$p = 0.17$。这可以表明新干预方法比前述干预方法更有前景。

F. 在你的研究发表后，另一研究团队发表了一篇文章，报告了一种不同的干预方法，与控制组相比该方法在统计上有更显著的提高效果（$p = 0.001$）。由于他们的 p 值比你的 p 值（0.04）更小，因此可以推断他们的干预方法比你的更有效。

以上哪些陈述是正确的？事实上，所有这些陈述都在不同层面上出错。陈述 A 是对虚无假设显著性检验最常见的误解，即认为 p 值表示虚无假设（或某个假设）为真的概率。这种谬误的另一种表现形式为，$p = 0.04$ 代表着这种效应有 96% 的可能性为"真"。这些误解都

64

未分清 p 值和虚无假设的后验概率。回想一下，虚无假设显著性检验估计的是给定假设为真的条件下得到当前观测数据的概率，即 p（数据 | 假设），而不是给定数据条件下某个假设的后验概率，即 p（假设 | 数据）。要得到某个假设为真的后验概率，我们需要使用贝叶斯定理（Bayes' theorem），我们将在本章的后面讨论这个问题。陈述 B 是陈述 A 的另一种形式，也是错误的。由于 p 值不能告诉我们没有效应的概率，同理，它就不能告诉我们该效应是由随机因素导致的概率。[37]

陈述 C 呢？我们是否可以推断：因为新的干预方法在统计上比控制组接受的方法更有效，所以它有显著的临床效果？答案是不可以，因为 p 值并不能告诉我们关于效应量大小的任何信息。随着统计检验力的增加，能够探测到较小效应的可能性也随之增加。因此，假如你的实验具有很高的统计检验力，$p = 0.04$ 可能代表一个在临床意义上微不足道的效应。统计上的显著性与现实世界中的显著性是相互独立的概念，不能混淆，即便人们经常搞不清二者的区别。

陈述 D 使我们离真实的 p 值定义更近了一步，但它仍然有关键错误。p 值不能告诉我们虚无假设为真时你观测到当前数据出现的可能性——它告诉我们的是，此时能够观测到当前数据或比当前数据更极端的数据的可能性。

在陈述 E 中，我们需要回答的问题是：当你的干预方法（相比控制组）在统计上有显著效应（$p = 0.04$）时，是否可以认为它比统计上效应不显著的干预方法（$p = 0.17$）更有效？尽管这种解读看起来很有说服力，而且极其常见，但它是错误的。断定两种效应的差异需要对它们的差异进行统计检验。换句话说，你需要清楚地说明，与另一种干预方法相比，你的干预方法带来显著更大的改善。通常，这种情况下我们需要检验交互作用，只有交互作用达到统计上的显著时，我们才能推断这两个效应存在量上的差异。2011 年，心理学家桑德·纽恩侯斯（Sander Nieuwenhuis）、别特·福斯特曼（Birte Forstmann）和瓦根梅克分析了在神经科学领域最具影响力的四大期刊上发表的 157 篇文章，以检验这种谬误的普遍程度。令人咋舌的是，在没有检验关键的交互作用的情况下，有 50% 的文章假定统计上的显著效应与统计上不显著的效应之间有重要的不同。[38]

　最后，让我们来看一下陈述 F。它描述的情况与陈述 E 相似，只是两个 p 值都达到统计上的显著。这种陈述也是错误的，因为它没有对两种干预方法的效应量进行比较。记住，p 值本身无法告诉我们任何关于所观察效应大小的信息，它反映的只是在假定虚无假设为真时，出现当前效应或者更大效应令我们惊讶的程度。有一种情况极有可能出现，即当一个较大的效应得到 $p = 0.04$，而一个较小的效应因大样本却得到 $p = 0.001$ 时，较大的效应反而更具有理论或应用上的意义。基于 p 值大小来推断效应量大小的倾向反映的是与陈述 A 中相同的统计谬误，即我们倾向于将 p 值解释为研究假设为真的可能性，越小的 p 值越会让我们有信心认为自己是"正确的"。然而，这种想法在虚无假设显著性检验中是无法实现的，因为 p 值永远不能告诉我们假设为真的概率。许多心理学研究者（以及相关领域的研究者）都陷入一种误区，即将 p 值与另一个确实能够告诉我们两个假设的似然性比值的统计指标——贝叶斯因子（Bayes factors）混淆起来。在本章的后面，我们将详细叙述这一方法。

第三章　不可靠之罪

83

原因 5：未能撤回

科学论文的发表在很大程度上是一个信任问题。当某篇文章被发现存在重大错误时，迅速将其撤回是非常重要的。从无心之过，如技术错误或无法重复结果，到学术不端和造假行为等，文章会由于多种原因而被撤稿。[39] 如果说重复研究是科学的免疫系统，撤稿就可以视为科学最后的防线，就像在手术中切除病灶那样。

暂且不说学术造假，在许多科学领域，因为技术错误或未知原因导致某个研究结果无法被重复，就足以使原文章被撤稿。[40] 在物理学、化学以及生物学的某些领域中，研究结果的阳性或阴性往往十分明确，所以重复失败就表明原研究或重复研究中存在关键错误。在心理学领域，仅仅因为重复失败就撤回的文章少之又少。2013 年，研究者张敏华（音译）和迈克尔·格列内森（Michael Grieneisen）发现，包括心理学在内的社会科学因"无法信任数据或对数据的解读"而撤回文章的数量比其他科学低了好几倍。[41] 在更早的一项研究中，他们发现，心理学文章的撤稿率仅为其他 200 多个研究领域平均撤稿率的 27%。[42]

心理学界对撤稿的抵制如此强烈，以至于研究者之间出现了滑稽的互动。近期，丹·西蒙斯指出的事件再次与耶鲁大学心理学家巴奇的研究有关。[43] 2012 年，巴奇及其同事艾地·沙莱夫（Idit Shalev）发表了一项热水澡研究，宣称较孤独的人喜欢更温暖的泡澡或淋浴，以通过身体的温暖补偿其缺失的"社会温暖"。[44] 2014 年，心理学家布伦特·唐纳兰（Brent Donnellan）等人发现，他们未能重复该结果——不单在单个实验中重复失败，而且在包括 3000 名被试（超过原研究样本量的 30 倍）的 9 个实验中均未重复出该结果。[45] 尽管原结果未能被重复，且原始数据中存在无法解释的异常结果，但巴奇和沙莱夫仍然拒绝撤回他们的文章。在许多其他科学领域，这种程度的错误一经发现，该研究就会被科学文献库自动剔除。但在心理学领域，这样的不可靠结果却如家常便饭。

某个特定科学领域的撤稿率如何说明该领域科学研究的质量呢？一方面，你也许会（乐观地）认为，撤稿少是一个好现象，这表明很少有研究结果需要被撤回。但从更现实的角度，较低的撤稿率首先说明该领域的科学家对自己采用的方法没有太强的信心，其次也说明论文发表的门槛比较低。以实验物理学为例，该领域的研究往往有较高的统计检验力、明确的实验方法和预注册制度，因此，未能重复出某个已发表的结果会引起较大的关注。但在一个较"软"的学科中，不严谨的统计标准和可疑的研究实践是常态，对已发表结果的重复研究也往往不会成功，撤稿率低就不足为奇了。降低发表的门槛必然要提高撤稿的标准。严格执行"结果不可靠即撤回"的政策可能瓦解心理学的研究脉络，将绝大部分文章扫进垃圾堆。

67

解决不可靠之罪的方法

如果我们无法相信科学研究所讲的东西，其存在还有什么意义？缺乏可靠性无疑是心理学面临的严峻挑战之一，但我们还有理由保持希望。在本章余下部分，我们将探讨如何解决以上五个问题，即无视直接重复研究、缺乏统计检验力、未完整公开研究方法、统计谬误及未能撤回。

直接重复研究和检验力。如果说现在的问题是缺乏直接重复研究以及统计检验力低下，解决办法当然是进行更多有高统计检验力的研究，并且像其他科学领域一样，将直接重复研究作为科学发现的基石，把这种文化逐步根植于心理学研究中。但当前的职业文化是毫不重视直接重复研究，依据高影响力论文的数量而非研究可靠性来分配职位和基金资助，如何在这种职业文化中完成上述改革是我们面临的挑战。因此，重视能够被独立直接重复的研究是解决方案的主要部分。美国肯塔基大学的心理学家威尔·热尔维（Will Gervais）已经说明了直接重复研究政策将如何自动地使进行高统计检验力研究的研究者得利。[46] 在当下体系中，相比那些发表过数量较少但具有高统计检验力研究的同行（可称为"大象博士"；每个实验的被试为 $n = 300$），发表过很多低统计检验力研究的研究者（可称为"蜉蝣博士"；每个实验的被试为 $n = 40$）会拥有巨大的职业优势。热尔维采用简单的统计模型进行相关研究后发现，在未来 6 年时间里，蜉蝣博士发表的论文数量将是大象博士的两倍。然而，一旦发表时要求研究者的实验被直接重复一次，形势就会逆转。此时两种研究者发表的论文数量都会下降，但蜉蝣博士会将大量的时间和资源浪费在追寻错误的研究线索上，大象博士发表的论文数将是蜉蝣博士的两倍。也就是说，当数量激励与可直接重复性激励相结合时，谨慎的科学家将比轻率的科学家得到更多回报。

说完了理论，在实践中我们应如何鼓励研究者进行直接重复研究呢？瓦根梅克和福斯特曼提出一个新颖的方案：由期刊编辑公开召集研究者直接重复那些特别有意义或重量级的研究，不同的科学团队去

68

竞标，而负责招募工作的期刊保证竞标成功的团队能够将直接重复研究的结果发表在该期刊上。[47] 最近，《心理科学展望》就开展了类似的"注册重复研究报告"（Registered Replication Report）计划。在这个计划中，不同的科学家团队共同努力，直接重复一些具有特别重要意义的研究结果，并保证无论结果如何，预注册的方案都将被发表。桑贾伊·斯里瓦斯塔瓦（Sanjay Srivastava）则更进一步，呼吁研究者遵守"陶仓原则"（在陶瓷商店，弄碎陶器的顾客必须买下损坏的商品），即发表了原文章的期刊必须发表其直接重复研究，无论结果如何。[48] 虽然斯里瓦斯塔瓦的这个想法很难实施，但它会激励期刊编辑只发表他们认为可信的文章。这样的政策也基于实证证据：（只有）当直接重复研究与原文章发表在同一期刊上时，该直接重复研究才能产生最大的影响。[49]

期刊的发表政策也必须在对直接重复研究的鼓励、奖赏以及常规化发表方面发挥关键作用。2013 年创刊的《生物医学中心：心理学》（BMC Psychology）是少数几个明确接受这个艰巨任务的期刊之一。该期刊在其作者指南中指出，将"发表那些同行评审人认为能够对科学知识进行清晰、合理的补充的研究，当该研究能够对所在领域作出有益贡献时，趣味性将退居其次"。编辑基思·洛斯（Keith Laws）指出，这一发表政策明确欢迎阴性结果和直接重复研究。[50]

贝叶斯假设检验。 传统统计检验最奇怪的一点是，它实际上并没有告诉我们需要知道的信息。我们做完实验后，想知道的是自己感兴趣的假设为正确的概率，或者这个实验的结果在多大程度上是真实的效应，而不是由随机因素所致，但虚无假设显著性检验的框架并不允许我们进行这样的解读——p 值仅仅告诉我们：当虚无假设为真时，

我们对实验结果和更极端结果的意外程度。p 值（数据 | 假设）的这种反直觉的推理导致许多科学家始终对其定义有误解。

更符合直觉的方法是采用与其相反的逻辑来考虑 p 值（假设 | 数据），即基于已有数据来看问题中假设为真的概率。但要做到这一点，我们需要越过虚无假设显著性检验这个相对较新的发明，回到 18 世纪的数学定律——贝叶斯定理上。

贝叶斯定理阐述了一个简单的法则，在给定证据集（数据）和我们先验信念的条件下，可以计算出某个特定信念（假设）为真的条件概率。具体来说，它通过整合观测数据与我们的先验期望来估计某个命题的后验概率。贝叶斯定理可以正式表达为：

$$P(H|D) = \frac{P(D|H)P(H)}{P(D)}$$

这里的 $P(H|D)$ 是在给定数据条件下，某个假设为真的后验概率，$P(H)$ 是该假设的先验概率，$P(D|H)$ 是在该假设条件下，数据为真的概率，$P(D)$ 为数据本身的概率。

贝叶斯定理最简明的应用场景之一是医学诊断。假如你是一位医生，怀疑一个前来就诊的人患有阿尔茨海默病。为检验这种可能性，你对他进行了 15 分钟的轻度认知功能障碍（mild cognitive impairment）行为测验。测验结果为阳性，这是患有阿尔茨海默病的征兆。此时，他真的患有阿尔茨海默病的可能性有多高？我们可以将这个概率看作 $P(H|D)$，即当测试结果为阳性时该人患有阿尔茨海默病的后验概率。使用贝叶斯定理，假如有其他三个信息，我们就可以估算这个概率。这三个信息是：测验的敏感性 $P(D|H)$，即一位阿尔茨海默病患者在测试中得到阳性结果的概率；$P(H)$，即该人原本就

患有该病的先验概率；以及 $P(D)$，即无论该人是否真正患有该病，他在测试中得到阳性结果的概率。我们进一步假设这个测验的敏感性为 80%，也就是说，已患病的人进行该测试，有 80% 的可能性得到阳性结果，即 $P(D|H)=0.80$。同时假定在某个特定的人群中，阿尔茨海默病的患病率为 1%[$P(H)=0.01$]。要得到完整的信息，我们还需要知道：不管该人是否真的患有该病，测验的结果为阳性的概率。为此，我们可以根据全概率公式（law of total probability）来展开 $P(D)$，即某事件发生（在本例中指轻度认知功能障碍行为测验的结果为阳性）的全概率是所有条件下该事件发生的概率之和：

$$P(D)=P(D|H)\times P(H)+P(D|\sim H)\times P(\sim H)$$

其中 $P(D|H)$ 和 $P(H)$ 的含义如前所述，而 $P(D|\sim H)$ 指该人未患该病时测验结果为阳性的概率（即测验的假阳性率），$P(\sim H)$ 指该人无该病症的总体概率[其计算为 $1-P(H)=0.99$]。假设本案例中测验有 5% 的假阳性率，即 $P(D|\sim H)=0.05$，测验为阳性结果的全概率 $P(D)$ 可以计算为：

$$P(D)=0.80\times 0.01+0.05\times 0.99=0.0575。$$

现在我们可以将 $P(D)$ 带入贝叶斯定理中，去估计该人真正患有阿尔茨海默病的概率：

$$P(H|D)=\frac{0.80\times 0.01}{0.0575}=0.139$$

你是否对这个结果感到惊讶？尽管该测验有 80% 的敏感性且仅有 5% 的假阳性率，但贝叶斯定理告诉我们，当检测结果为阳性时，该人

第三章　不可靠之罪

89

仅有 **13.9%** 的可能性患有阿尔茨海默病。[51] 这种结果违反了人类共同的直觉；在类似情境中，即使是医生，也经常高估这种诊断测试的准确性。[52]

贝叶斯定理能够消除对概率的错误直觉，因而在医学筛查中颇具价值，但是仅仅计算 $P(H|D)$ 在心理学中不太有用。在大部分实验情境下，我们想知道的不仅仅是在给定数据下特定假设成立的绝对概率，我们还需要知道的是，在手头已有数据的条件下，相比另一个（基线）假设，实验假设（H_1）为真的可能性如何。这个基线可以任意选择，但通常采取虚无假设（H_0）的形式，即在研究的群体中，我们感兴趣的效应的大小为 0 或不存在。通过计算 H_1 和 H_0 两个假设下的 $P(D|H)$ 以及它们的比值，贝叶斯定理可以帮助我们确定哪一个假设更能得到当前数据的支持。这样计算的结果即为贝叶斯因子 B，它代表相对于 H_0，更支持 H_1 假设的权重。

要计算贝叶斯因子 B，我们需要知道每个假设的后验概率 $P(H|D)$ 以及它们的先验概率 $P(H)$。要计算 H_1 与 H_0 后验概率的比值，我们将其对应的两个贝叶斯公式相除即可，即：

$$\frac{P(H_1|D)}{P(H_0|D)} = \frac{\left(\dfrac{P(D|H_1)P(H_1)}{P(D)}\right)}{\left(\dfrac{P(D|H_0)P(H_0)}{P(D)}\right)}$$

这个复杂的等式也可以写成：

$$\frac{P(H_1|D)}{P(H_0|D)} = \frac{P(D|H_1)}{P(D|H_0)} \times \frac{P(H_1)}{P(H_0)} \times \frac{P(D)}{P(D)}$$

请注意，$P(D)$ 可以抵消为 1，因此，该等式最后可以写成：

$$\frac{P(H_1|D)}{P(H_0|D)} = \frac{P(D|H_1)}{P(D|H_0)} \times \frac{P(H_1)}{P(H_0)}$$

进一步，变换等式可以计算出贝叶斯因子 B：

$$B = \frac{P(D|H_1)}{P(D|H_0)} = \frac{P(H_1|D)}{P(H_0|D)} \div \frac{P(H_1)}{P(H_0)}$$

换句话说，贝叶斯因子（B）可以被认为是后验概率 $P(H|D)$ 的比值除以先验概率 $P(H)$ 的比值。这样就可以在给定的证据下简单地估计一个假设相比另一假设更成立的可能性有多高，以及基于此，一个理性的观察者会在多大程度上基于数据相应地调整自己的看法。具体来讲，当 $B = 1$ 时，是完全模糊的状态，应该不改变看法；当 $B > 1$，表示证据支持 H_1；当 $B < 1$，表示证据支持 H_0。根据 20 世纪统计学家哈罗德·杰弗里斯（Harold Jeffreys）的开创性工作，B 值在 1—3 之间，说明 H_1 优于 H_0 的证据是微弱的；$B > 3$，则表明有"实质性或中度支持的证据"（支持 H_1 假设）；$B > 10$，表示有"较强的证据"；$B > 30$，表示有"非常强的证据"；$B > 100$，表示有"决定性证据"。这些比值的倒数表示支持 H_0 而非 H_1 假设的程度，并且提供相同的证据标准，即 $B < 0.33$，$B < 0.1$，$B < 0.033$，$B < 0.01$ 分别代表着有实质性的、较强的、非常强的以及决定性的证据支持 H_0。

贝叶斯假设检验的原理非常符合直觉，但它究竟如何增加心理学研究的可靠性呢？回想一下第二章的内容，在虚无假设显著性检验的框架下，p 值操纵的一个关键来源是违反了停止数据收集的规则：如果我们不断地增加被试，直到 $p < 0.05$，我们也就在增加 p 值因偶然因素下降到 0.05 之下的概率，从而导致 I 型错误。但贝叶斯假设检验

不受这种操作的影响：根据似然性法则，数据越多，我们对现实的估计就越准确。研究人员可以不断地增加数据，直到证据清楚地更支持 H_1 或 H_0。这种方法不仅让违背停止数据收集的规则不再是误导信息的来源，还让有限的科学资源得到最有效的分配。

与虚无假设显著性检验相比，贝叶斯假设检验的第二个主要优点是，它可以直接估计 H_0 相对于 H_1 的概率。回想一下，一个不显著的 p 值只能告诉研究者，当前数据无法拒绝 H_0，但它不能提供接受 H_0 或估计 H_0 为真的可能性。这一推断的内在偏向是导致发表偏见的主要原因之一，因为在虚无假设显著性检验框架下的任何阴性结果（$p > 0.05$），从本质上来讲都是不确定的，这种不确定性继而使得作者和期刊编辑感觉仅报告阳性的结果是合理的。然而，贝叶斯假设检验对 H_0 并未有特殊对待，而是允许在给定证据下对任意提前确定假设的相对概率进行推断。也就是说，虚无假设显著性检验只能得到"没有证据表明有"的结论，而贝叶斯假设检验可以说明"有证据表明没有"。第三，贝叶斯假设检验要求研究者透明地指定和论证先验假设，让学术界得以了解该研究是否有良好基础，并提出必要的质疑。第四，贝叶斯因子可在新证据出现后实现组合和更新。[53] 因此，贝叶斯假设检验鼓励研究者从事重复研究，通过不断重复研究和积累证据使结果趋近真相，而非像虚无假设显著性检验那样成为"快照式科学"——在这种科学中，一个结果为 $p < 0.05$ 的研究是不可能被推翻的。

必须强调的是，贝叶斯假设检验并不是保障研究可靠性的万能灵药，它依旧可能通过其他的研究者自由度，例如选择性地排除统计异常值或报告因变量，进行"B 值操纵"。没有一种统计推断系统能

73

够完全避免挑选数据、偏见或造假，但结合其他举措，包括研究预注册，贝叶斯假设检验成为解决问题的重要方法。[54]

对抗合作。在心理学及其他科学领域，有太多的时候自我欲望战胜了理性，从而降低了研究结果的可靠性和可信度。在这个竞逐名声的世界里，赢得争论往往比发现真理更重要。解决这一问题的方案是去广泛地推行"对抗合作"，即两个或多个有对立想法的研究者（或研究团队）联合起来，共同制定一个研究方案，以决定谁是"赢家"。典型的对抗合作包括一个相信某一效应为真的研究团队（支持者）和另一个认为不存在该效应的对立研究团队（怀疑者）。当双方对最优设计方案达成共识后就可以共同进行实验，最后将结果结合起来去评断这两个互相竞争的假设。该方法的优点是，通过事先商定参与规则（并据此预先注册其假设和分析计划），迫使双方都接受最后的结果：在得到结果之后，任何一方都没有余地声称不理想的结果是由于对方采用了次等或有缺陷的方法。[55]

提高报告标准。提高心理学研究可靠性的一个显而易见的办法是，保障所发表的方法和分析更容易被其他独立的研究者所重复。最近，一些期刊已经提出更严格的发表标准。2013年，《自然·神经科学》引入新的方法清单以提高研究的透明度，同时取消了对文章的方法部分的字数限制。[56]2014年，《心理科学》规定作者在提交稿件时必须填写一份简单的公开声明：

（1）请确认在方法部分已经报告所有被排除观测值的数量及排除的原因。如果没有排除任何观测值，请勾选这里。（ ）

（2）请确认方法部分已经报告了所有的自变量和实验操纵，

无论该操纵是否成功。如果没有自变量或实验操纵，比如相关研究，请勾选这里。（　　）

（3）请确认方法部分已经报告了依据本文目标而分析的所有因变量或测量。（　　）

（4）请确认方法部分已经报告了样本量是如何确定的和停止收集数据的规则，并提供此信息在您稿件中的页码。（　　）[57]

同时，由美国弗吉尼亚大学心理学家布赖恩·诺塞克（Brian Nosek）领导的开放科学中心（Center for Open Science）发起一个倡议，为那些坚持透明研究实践的研究者提供徽章，这类实践包含分享原始研究资料、实验材料以及研究预注册。[58]尽管这些新标准能否被广泛接受和遵守仍有待观察，但这些举措无疑是非常积极且重要的，它们凸显了提高心理学研究的可靠性和可信度的急迫程度。

助推职业激励。我们如何才能鼓励研究者关注可重复性呢？一种方法是建立可重复性的量化指标，并计入职业发展评估中。也就是建立一个系统，其中研究者的分数会随着其研究结果被独立重复的次数而提高。2013 年，亚当·马科斯（Adam Marcus）和伊万·奥兰斯基（Ivan Oransky）针对期刊提出这样的指标。[59]我们将在第八章讨论这种可能性并考虑其具体机制，使其可以在心理学研究中发挥作用。

第四章

数据囤积之罪

没有代码和数据的工作等于不存在的工作。

——佚名

要是外星人路过地球时，粗略地扫一眼人类的科学，他们可能会以为数据共享是一项标准的、全球的实践活动。浏览一眼美国国立卫生研究院（National Institutes of Health，NIH，是美国主要科研资助机构之一）的政策，外星人会看到该机构"要求（数据）资源生产者发布原始的数据，以及对主要数据的初始解释……一旦该数据得到验证，就将立即收录到相应的公共数据库中。所有数据将存入公共数据库……这些预发表数据可被所有人使用"。[①] 再看看《科学》杂志——这个星球上最负盛名的同行评议期刊之一，他们会发现，数据"必须存放在一个被认可的数据库中，且已发表的文章中必须包含数据库的访问号或者特定的访问地址"。[②] 他们会赞许地点点头，然后去逛别的星球。

但也许我们的客人应该再深挖一下。假如他们更仔细地了解美国国立卫生研究院以及《科学》杂志的政策，就会发现，这些规定仅适用于一些特定的科学信息，比如 DNA 和蛋白质序列、分子结构以及气候数据。心理学研究并不受此类要求的约束；相反，心理学研究者的常规操作是对数据保密，除非出于自我利益考量，或被上级机构要求共享（但这种情况很少出现）。不同于基因组学或气候学等领域，许多心理学家实际上宣称数据为个人所有。而大多数情况下，这些数据是在公共资金和资源的支持下由志愿者提供的。

许多心理学家只会在有利于事业发展的情况下才考虑分享数据，例如以合作作者身份发表论文时。正如美国麻省理工学院神经科学家厄尔·米勒（Earl Miller）所说：“我支持共享原始数据，但仅在有合作的情况下。数据不是一个公共喷泉。”③ 许多心理学家和神经科学家都赞同米勒的观点。他们担心，不受限制地获取数据意味着将知识产权交给竞争对手，这不仅会让那些不够格的竞争对手从自己的辛勤工作中获益，还会引来批评家不友好的关注。有问题的研究实践的普遍存在进一步减弱了研究者分享数据的动机。毕竟，在竞争激烈的科研圈，谁愿意让自己的错误或没把握的决策暴露在竞争对手或专业的统计学家（这更糟糕）的面前呢？于是乎，通过将数据视为个人财产并采取相应的防御措施，心理学家犯下第四桩“罪行”——数据囤积之罪。

数据共享的巨大好处

为什么有些科学领域能享有公开、透明的科学环境，而另一些领域，比如心理学，会如此封闭呢？是心理学家比其他科学家更自私吗？或者他们对竞争或批判更敏感？又或者其实很简单，心理学家只是还没有意识到数据共享可以给科学以及科学家带来好处？

毫不夸张地说，数据共享可以给科学带来巨大的好处。最直接的好处就是科学家可以独立地重复原作者报告的数据分析，以验证原作者的操作和报告是否合理。这种不偏不倚的观点可以有效地纠正错误和确保科学记录的稳健性。此外，共享研究材料（如代码和实验刺激材料）以及数据可以帮助其他科学家重复实验，促成必不可少的直接重复研究。

数据共享也更容易发现那些有问题的研究实践。如果我对一个数据集进行 100 种统计测试，但只报告唯一具有显著性的分析结果（ *p* 值操纵的一种极端形式），对那些使用了其他 99 种方法分析同样数据的人来说，显而易见是不可能获得显著结果的。除了可以发现操作的灰色地带，数据共享还可以检测数据是否造假。[④]2013 年，心理学家西蒙松发表了一种简单的统计分析方法，用来探测数据造假。接下来我们会看到，西蒙松运用此方法检测了众多已发表文章的原始数据，揭露了多个数据伪造的案例。他的努力最终导致大学启动（对造假研究者的）调查以及知名学者的引咎辞职。

长远来看，在发表文章时共享数据和实验材料可以防止信息永久丢失。随着时间的推移，电脑会损坏；科学家会更换研究机构以及联系方式，最终会去世，那些未公开的数据就不可避免地随之消失。[⑤]荷兰阿姆斯特丹大学的心理学家杰尔特·维切特（Jelte Wicherts）和马尔将·巴克勒（Marjan Bakker）分享的轶事中所描绘的场景是心理学人非常熟悉的："我们中有一人曾向一位很要好的同事索要数据，那位同事说：'我肯定会把数据发给你，但是数据保存在很久不用的电脑里，请给我些时间把它们找出来。'"[⑥]

数据共享的最后一个好处是，不管是在现在还是在未来，科学家可以独立地分析原作者从未想过也从未有兴趣去探索的东西。复杂的数据可能隐藏着"璞玉"，研究者也可以对多个研究汇总的数据进行元分析。[⑦]

对于上述数据共享的好处，某位批判家也许会说："的确，任何人都可以看到数据共享有利于科学发展，可对研究者个人来说，他能得到什么？"且不提所有获得公共资助的科学家都有尽可能使研究公开和透明的道德责任，他们能从数据共享中得到的最自私的好处之一是引用率的提高。一项对超过 10000 份基因表达微阵列研究的分析发现，在控制一系列无关因素后，那些共享数据的研究的被引用量比没有共享数据的研究高出 30%。[⑧] 而在癌症研究领域，这种相关性更强：公开数据关联着高达 69% 的引用量增加。[⑨] 因此，数据共享对研究者职业生涯的潜在好处是巨大的。

少之又少的数据共享

有这么多理由支持研究透明化，但又有几位心理学家真的公开了自己的数据？毫无疑问，在心理学领域，公开储存的数据少之又少，几乎没有研究者向其研究团队以外的人分享自己的数据。所有主要的心理学期刊都要求作者保留数据长达数年，并在读者索要时分享原始数据。话虽如此，又有多少心理学家遵从这些要求并在读者有需要时分享了数据？

2006 年，维切特及其同事决定测试这项政策的实施情况，他们收集了发表在美国心理学会（American Psychological Association，APA）旗下 4 个主要期刊上的 249 篇文章，向其通讯作者发送（索要）数据请求，但结果不如人意：

> 6 个月中，我们发送了超过 400 封电子邮件，向通讯作

者详细地描述我们的研究目的，提供学术伦理委员会的证明，签署数据保密协议，甚至还附上我们完整的简历。不幸的是，我们只得到 38 个积极回应以及 64 个研究的真实数据（占 249 项研究的 25.7%）。这意味着 73% 的作者并没有共享他们的数据。[⑩]

这 73% 的未共享数据的作者要么没有回复邮件（18%），要么拒绝共享数据（35%），要么答应共享数据但并未发送（20%）。尽管所有研究均在 18 个月内发表，尽管美国心理学会有明确的数据共享要求，规定作者要保留数据并将其提供给感兴趣的读者，但这些研究者并未真正做到这一点。[⑪] 在对维切特单独的访谈中，他告诉我，拒绝共享数据的众多理由包括："我正在申请终身职位，没有时间做这些。""（整理数据并分享给你的）工作量多到可以把人做傻。对不起，我帮不了你。""这项研究还在进行中。""恐怕你的请求不太可能实现。"[⑫]

为了解决这一问题，维切特及其同事呼吁将公开数据作为发表文章的强制条件。但十年后，美国心理学会仍没有按照他们的建议采取行动，只有少数几家主流心理学期刊发布了要求数据公开储存的笼统规则。

心理学家拒绝共享数据的原因之一可能在于，他们担心研究结果会因为其可疑或草率的研究方法而受到质疑。如果真是这样的话，那么统计错误，特别是那些支持阳性结果的统计数据，应该在不共享数据的研究中更为普遍。为了搞清楚这个问题，2011 年，维切特及其同事找到在美国心理学会的两个期刊 [《人格与社会心理学期刊》

（*Journal of Personality and Social Psychology*）以及《实验心理学：学习、记忆及认知》（*Journal of Experimental Psychology: Learning, Memory, and Cognition*）] 上发表的 49 项研究，向研究者发送了提供原始数据的请求。[13] 其结果与先前的调查结果一致，他们发现，不到一半的作者（43%）愿意并且的确分享了部分数据。他们还发现，那些作者不提供数据的研究错误报告 p 值的频率是提供数据的研究的两倍多。虽然大部分错误明显却无伤大雅，但令人担忧的是，当根据文章里的细节计算正确 p 值时，有 10 个研究原来统计上显著的结果不再显著。而在这 10 个研究中，有 7 个研究的作者无法或者不愿意提供用于支持他们结论的数据。

80　　　在这些证据面前，你可能会想，美国心理学会至少会谴责一下那些不分享数据的作者，甚至撤回其有问题的文章吧？然而，美国心理学会没有这样做。尽管维切特及其同事记录的这些研究违反了美国心理学会的行为规范，但它们均未受到任何形式的官方惩罚或批评。维切特说："美国心理学会没有因为不分享数据而追究任何人的责任。我也没有听说过心理学领域有任何人因为没有共享数据而被调查或惩罚。实际上，如果哪位作者拒绝共享数据，你拿他毫无办法。在过去 8 年里，美国心理学会从未为提高其旗下 50 多个期刊中任何一个刊物的数据可共享性作出努力。"[14]

　　　所以，尽管美国心理学会的准则表面上是支持数据共享的，但它显然没有为此付出任何努力。很少有心理学家，尤其是美国心理学会的那些心理学家，会在乎研究者是否共享了数据。

禁言令：秘密共享

即使心理学家被迫共享自己的数据，其他研究者利用这些数据所做的工作也十分有限。比如我们在第三章中提到的巴奇和沙莱夫在2012 年所做的研究，[⑮] 在那篇著名的文章中，他们声称孤独的人喜欢更温暖的泡澡或淋浴。他们对于这种奇怪的相关给出的解释是，孤独的人感受到较少的社会温暖，因而希望通过增加身体的温暖来弥补缺失的社会温暖。[⑯]2014 年，唐纳兰及其同事试图在更大的样本中重复巴奇和沙莱夫的研究，但他们没有发现这种关联。为了理解巴奇和沙莱夫的论点，他们请求这两位研究者提供发表在美国心理学会旗下期刊《情绪》(*Emotion*)上的原研究的原始数据，这符合美国心理学会制定的行为准则中的以下条款：

> 在实验结果发表之后，心理学家不得向其他有能力的、尝试通过重新分析数据来审查其重要结论的专业人员隐藏获取结果所依据的数据。[⑰]

根据这一条款，巴奇和沙莱夫理应将该数据共享给同行。唐纳兰描述了巴奇是如何在极其特殊的数据使用限制下将数据共享给他的同事乔伊·奇萨里奥 (Joe Cesario) 的：

> 巴奇允许奇萨里奥查看他的数据，但他禁止我们谈论奇萨里奥的观察结果。也就是说，巴奇下达了禁言令。我认为这太荒谬了。他没有理由对原始数据保密。如果研究者不允许别人查看用

来支持他公开发表的结论的基础数据，我们怎么可能拥有一个开放和透明的科学环境呢？[18]

曾在重复老年启动任务失败后公开反对过巴奇的心理学家丹·西蒙斯（见第一章），也表达了对这些限制的忧虑：

> 当一个科学家禁止同行公开讨论其所发表研究依据的数据时，当他大肆攻击无法重复其研究结果的同行时，或者删除对其观点的公开批评时，我们应该为这个领域（的发展）感到担忧。没有正当理由和解释的保密要求，与在科研中处于关键位置的开放原则完全背道而驰。开放是寻求真相所必需的，对已发表结果所依据的数据的保密则令局外人始终在迷雾中探索。[19]

巴奇对使用其数据的约束不可能有法律效力。不过，出于专业素养，唐纳德及其同事仍然尊重了巴奇的禁言令。在一个将数据视为收集者的个人财产的文化之中，研究者认为自己享有保密特权的做法虽然惹人反感，却并不令人意外。

不共享数据如何掩盖不当行为？

即使是最肆无忌惮的"研究者"，即伪造者，也有绝对理由对共享数据保持警惕。在 2011 年和 2012 年，西蒙松进行了一项引人注目的调查。在调查中，他仅仅通过统计方法就揭发了两例严重的数据造假事件。也正是因为这两例事件，他被称为"数据侦探"。[20]
事件的导火线是发表在《实验社会心理学》(*Journal of Experimental Social Psychology*)期刊上的一篇关于社会具身化的文章，作者是来自美国密歇根大学的劳伦斯·桑纳(Lawrence Sanna)。桑纳声称，当人身处较高的位置(如自动扶梯的顶部)时，对陌生人会表现得比处在较低位置时更慷慨。桑纳认为，这与道德和高度之间的关系理论相一致(正如我们常说的"道德制高点")。根据三个研究的结果，桑纳认为，身处较高位置的人会花更多时间帮助他人，更具同情心，表现得更慷慨。

当西蒙松注意到结果中奇怪的数据模式时，他产生了怀疑。虽然每个研究报告的平均值在不同高度的条件下有很大差异，但标准差几乎是相同的。比如，在实验中，桑纳记录被试喂给陌生人辣椒酱的量(辣椒酱的量是衡量被试对陌生人有多少同情心的常用指标)。在不同条件下，桑纳报告的辣椒酱的量的均值为："位置高"实验组为 39.74克，"位置低"实验组为 85.74 克，以及控制组为 65.73 克。每个条件下的标准差却基本相同，分别为 25.09、24.58 和 25.65。也就是说，当某一条件下的均值是另一条件下的两倍多时，这些均值的标准差的变化仅是均值变化的 1/50。这使得西蒙松怀疑该数据过于干净，不可能是随机抽样的结果。

当然，仅仅因为数据看起来好到失真并不能说明数据是伪造的，必须先排除所有比较温和的解释，比如一些有问题的研究操作——作者可能只报告了一部分结果最明显的实验，也可能没有报告其使用的(合理的)数据排除标准。在此类情况下，作者可能完全没有责任。由于期刊强烈倾向于发表干净且引人注目的结果(见第一章)，这篇文章或许只是成千上万篇碰巧"走运"的文章之一，即所谓的"赢家诅咒"（winner's curse，指尽管文章被发表，但文章的质量不高，可能由于处理上的原因使得结果并不可信。——译者注）。

为了检验这些可能性，西蒙松考察了该作者的其他文章以及其他研究者应用同样实验范式的文章，其中的数据模式也令人担忧。桑纳的许多文章中的数据标准差都有上述相似性，这种相似性远远超过同一领域里其他作者类似文章中的表现。西蒙松随后请求桑纳提供原始数据。令人意外的是，桑纳提供了数据。西蒙松根据该数据的实际分布做了模拟，发现得到这种数据模式的概率是几十亿分之一。基于此，西蒙松向相关大学和机构提出异议，随后，桑纳主动撤回文章并辞职。

采用相同的方法，西蒙松还揭露了荷兰伊拉斯谟大学德克·斯密斯特（Dirk Smeesters）的数据造假事件。除了不可能从随机抽样中获得的标准差以外，斯密斯特还留下另一处明显的伪造痕迹，即来源于小数定律的人类偏见。当人们要生成一个短序列（假设取值在1—10之间）的随机数时，他们通常高估随机产生数据的分散程度。比如，生成1—10之间的12个数字，一个典型的人造序列可能由1、3、4、4、5、6、7、7、7、8、9、10组成。然而，真正的随机序列常常包含一些似乎不太会出现的重复，比如1、2、3、4、4、4、4、4、6、7、8、8。人们伪造数据时，通常会遵守小数定律并高估分散的程度，这可以通过对最常出现的数字的频率，即众数的频率来检测。在上述人造序列里，众数是7，其频率是3，而在随机序列里，众数是4，其频率是5。基于此，西蒙松对斯密斯特提供的原始数据做了模拟，发现众数的频率实在太低了。在10万个模拟实验中，这种模式只出

83

现了 21 次。这不可能是随机抽样产生的结果，更像人为生成的。在随后的由相关大学组织的调查中，斯密斯特的众多文章均被撤回，他本人在调查未结束之前就引咎辞职了。

这些案例最明显的特点就是，期刊论文中的描述性数据只能使我们对不可靠结果产生初步怀疑，只有对多个原始数据集进行系统分析才能提供伪造数据的确凿证据。正如 J. B. S. 霍尔丹（J. B. S. Haldane）所说："人类是有序的动物，他们很难去模仿大自然的无序性。"[21] 只有仔细检查原始数据，我们才会发现这种模仿模式。只有把数据共享变成规范并将其引入心理学研究中，我们才能有效检测到这些造假事件并将相关研究者驱逐出去。

让数据共享成为规范

强制性数据共享是理想状态，改变的道路是曲折的，正如 PLOS 系列期刊所遭遇的。自 2014 年 3 月起，PLOS 的所有期刊全都"要求作者公开文章中所得结果的所有数据（除了极少数情况），不得有任何限制和隐瞒……根据政策，拒绝共享数据、相关元数据以及方法的作者，其文章不予接收"。[22]PLOS 的所有期刊可接受的数据共享方式包括：将数据保存在公共数据库中；通过第三方提供可用的数据；将数据作为附件，由期刊负责存储和公布。当意识到要求作者按规定共享数据这一政策并未起作用后，PLOS 迈出大胆的一步——将数据共享作为发表文章的强制条件。

科学界的角角落落迅速传来尖锐的反应。知名科学博主药猴

（DrugMonkey）宣称："PLOS 这样做等同于让疯人管理疯人院，这会杀死他们的。"[23] 药猴的众多反对理由包括：准备共享的数据会使研究者浪费更多时间；强制共享数据会导致"数据原教旨主义"，对数据保存强加僵化和不切实际的标准；公开原始数据集可能会助长科学诋毁主义者的吹毛求疵之风。其他人还批评说，上传超大数据（如 TB 级别的视频文件）不太可行，认为在任何情况下，数据共享都可能无法阻止或发现最复杂的欺诈行为。[24] 一些研究者则更担心对公共数据库中的数据重复检验可能会增加假阳性，以及共享数据会有损人类被试的隐私，或者会鼓励"截胡"行为，即竞争对手在数据发布者获得应有利益之前抢先清理、挖掘数据并发表新发现。更有甚者，认为强制共享数据会令第三世界国家的研究者被迫将他们最珍贵的东西（数据）分享给那些狡猾的处在第一世界实验室中的人，使第三世界国家蒙受损失。[25] 在持续的批评之下，PLOS 的数据共享政策很快在推特上被贴上耻辱的标签：#PLOS 败北吧 #。

对 PLOS 政策的强烈批评反而激起开放科学的有力反击。美国罕布什尔大学的基因学家马修·麦克马内斯（Matthew MacManes）在博文中指责了药猴和那些"目光短浅且可笑"的博主："如果你在美国学术界工作，你的工作就很可能是由纳税人资助的。"他继续说："你的数据之所以存在也是因为纳税人出了钱……在发表的时候，理所应当无条件共享数据，这难道是一个很难理解的观念吗？"[26] 麦克马内斯认为，在大多数情况下，数据共享很容易实现，需要担忧数据共享的坏处的只有"边角案例"（corner cases），无法代表在 PLOS 所有期刊上发表的绝大部分科学研究。他留给读者一个挑战："去看看上个月的任意一家 PLOS 子刊，上面有多少论文包含超级特殊或者复杂到无法上传的数据？"

单独地看，这些反对 PLOS 政策的意见似乎都没有给数据共享制造障碍。比如对于担忧对在线存档数据进行"数据捕捞"会增加假阳性，我们能够轻松解决这一问题：可以强调数据来源，谨慎地将对已有数据的分析作为一种生成假设、催化新假设检验的行为，而不将其作为假设检验本身。对于数据保密性，在大多数情况下，只需要对数据进行细致的匿名处理就可以解决此问题。至于"截胡"，只要对存档数据集设定一个解禁日期[27]，这一问题也不足为虑。这些受保护的存档数据集可以让原作者在起跑线上领先他们的竞争者数月甚至数年。

尽管在对 PLOS 共享数据政策的批评中有许多问题是可以应对的，但一些批评还是凸显精简现有的数据开放机制的必要性。在这些令人头疼的问题中，有一些仅仅是技术上的问题。许多免费的数据存档服务商，如图享（Figshare）、禅研（Zenodo）以及数据诗（Dataverse），它们不限制上载的数据的总大小，却限制上传单个文件的最大体积。[28]一些心理学研究需要使用非常大的文件，如视频或者神经成像的数据库，任何对文件大小的限制都会成为分享数据不必要的阻碍。但即便消除了这些阻碍，我们也无法回避一个事实：要将数据存档并编码成其他人可以理解的形式，研究者要花更多的时间。而在科学研究所需的所有资源中，研究者的时间是最昂贵的，因此，要完成数据共享的承诺，就需要得到资助者和学术机构的认可和支持。

PLOS 共享数据政策出台初期并不成熟，其中的一个关键问题是：到底什么算原始数据，以及如何在这个巨型期刊的复杂架构中维持共享策略？一些质疑之声也有合乎情理之处。在写这本书的时候，我从

86

2014 年 11 月 1 日到 2015 年 5 月 1 日发表在 PLOS 期刊上且采用脑成像方法的文章中随机抽取 50 篇，其中分享数据的文章出乎意料地稀少。[29] 尽管该政策几个月前就已经生效，但在我的样本中只有 38% 的文章将原始的功能性磁共振成像数据存档，以便其他人受限或不受限制地访问数据。未能共享数据的作者总是以法律或伦理限制为借口，但豁免的口径很不一致：同一个国家里，有些作者宣称他们不能和任何人共享数据，有些作者则不受限制地共享类似数据。

法律和伦理限制是一方面——有些情况下它们是合理的，但在我选取的这些 PLOS 期刊文章样本中，最令人担心的趋势是作者经常回避数据共享这一政策。在 25% 的文章中（即 50 篇中的 13 篇），作者声称所有研究数据已经在文章或补充材料中呈现，但事实并非如此。文章正文或补充材料里并没有数据，取而代之的是对数据的总结，如数据汇总图表。虽然不知道这些研究是怎么做到这一点的，但它们的确通过了同行评审，也被学术编辑认可符合 PLOS 的数据共享政策。

2015 年 6 月，我向 PLOS 的执行编辑达米安·帕丁森（Damian Pattinson）提出这些问题。在一项内部调查结束后，他告知我，截至 2015 年 12 月，13 篇文章中的大部分研究已经共享至少部分数据，期刊也一直在完善标准，避免未来再发生类似情况：

自 PLOS 引入数据授权后，共享完整底层数据的作者的数量快速增加。工作人员根据我们的数据要求，对提交的研究做了大量检查。学术编辑就数据集是否完整，以及是否与文章中报告的结果足够相关提供相应的意见。如果学术编辑发现任何问题，我们都会给予支持。但我们得承认，我们并没有完全遵守这一准则。

在文章发表时，如果我们发现数据并未完全分享，我们会继续跟进，要求作者上传数据。我们已经有所行动，目前 13 项研
究中的 10 项已经提供数据，这些信息也已通过评论提供给读者。我们正在跟进剩下的 3 篇文章。我们会继续跟进那些没有遵循政策要求的文章，为作者制定更多适合特定领域的准则，以便明确在文章发表过程中需要哪些数据以及应如何保存这些数据。[30]

与 PLOS 相比，心理学的专业期刊在承担开放数据的责任上已经落后了。在现有的数十种期刊中，将数据共享作为出版条件的期刊屈指可数。尽管如此，开放数据工作依旧在缓慢但持续地发展着。近几年，《认知》(*Cognition*)、《实验心理学》(*Experimental Psychology*) 以及新建立的美国心理学会期刊《科学心理学档案》(*Archives of Scientific Psychology*) 都提出数据共享的政策。[31] 除了《认知》和《实验心理学》允许出于法律、伦理或实际原因有所豁免外，这些期刊都要求在发表文章时提供数据。《科学心理学档案》提出更有力的政策，它要求所有文章无一例外地共享数据，同时规定"（数据的）下一个使用者同意在接下来发表的论文中为原作者提供作者身份"。[32] 仅仅提供数据是否足以成为共同作者仍然存在争议，这种强制合作的政策如何执行还有待观察。无论如何，鼓励数据共享者和使用者相互合作激励了众多作者身体力行地遵守数据开放准则。

除了强制共享，也有证据表明，所谓"助推"激励会增加数据共享行为。2014 年以来，英文的《心理科学》杂志颁布被称为"徽章"的开放数据标志，用于标记那些将数据存放于可免费获取平台的

文章。[33] 自从实行开放数据徽章行动，分享数据的文章的比率已经从 2013 年的不到 5% 稳步增长到 2014 年的 25%，再到 2015 年的 38%。2015 年 6 月，《科学》杂志又迈进一步，发表《透明度和开放促进准则》（ Transparency and Openness Promotion，TOP 准则 ）。该准则和徽章行动一样，来自开放科学中心的诺塞克及其同事的想法，[34] 我也在其中出了一份力。TOP 准则要求期刊定期审查其遵守各种开放准则的情况，包括数据共享标准。尽管 TOP 准则没有强制要求遵守透明准则，但它提高了公众对期刊遵守该准则的认识。到撰写这本书时，已经有超过 750 个期刊以及 60 多个主要机构签署了这一准则。很明显，其中并不包括美国心理学会。[35]

自上而下的改革并不仅仅由期刊主导。在英国，主要的研究理事会正在增加投入，以确保数据的公开性和长期保存。经济与社会研究委员会（ Economic and Social Research Council，ESRC ），这个资助英国心理学研究最多的机构，现在要求受资助的研究者将数据永久存档。[36] 和 PLOS 的数据共享政策相比，该委员会的要求没有受到任何人的反对。这似乎表明，心理学家已经明白不能跟"金主"对着干。

草根、胡萝卜和大棒

政策的变更无疑能有效地改变实践，但要让实践成型可能需要漫长的时间。期刊和基金之类的把关机构往往由复杂和保守的官僚机构管理着，它们本能地（有时甚至是盲目地）希望维持现状。英国卡迪夫大学的心理学家理查德·莫瑞（Richard Morey）提出另外一个较激进的推动改革的方式，即应用"草根级"守门人的权力——同行评审。

科学研究非常依赖数以千计的同行评审员的无偿服务：在绝大多数情况下，这些评审员贡献自己的时间，免费评判其他研究者想要发表的研究成果。评审员作为一个整体，对科学研究以及研究者个人的职业发展有较大的控制权：他们通过评估一项研究要解决的科学问题是否充分和合理，方法是否有效，以及结论是否有证据支撑，决定哪些文章达到发表的标准。2014年，理查德·莫瑞及其同事（包括我）发起一个倡议，即"同行评审开放"（Peer Reviewers' Openness，PRO）倡议，邀请众多评审员在审核文章时增加一项标准——文章的作者应将数据保存在公共数据档案中，否则就要提供不共享的理由。[37] 自2017年1月1日以来，PRO倡议的签署方承诺，若作者在拒绝共享数据的同时还拒绝说明理由，其文章将不予评审。如此一来，签署方可以拒绝评审，就如同任何审稿人都会拒绝一篇缺少关键内容（如研究方法或结论）的文章一样。

PRO倡议试图以一种独特且非常有（潜）力的方式改变规范。比起游说期刊和资助人去改变政策，PRO倡议利用了科学界人人保留的学术自由，即在条件允许的情况下，每一位研究者都可以作出自己的选择，使数据共享成为科学进展中不可或缺的一部分。随着越来越多的评审员同意PRO倡议，研究者接受开放数据的动机也会越来越强烈。那些选择不共享数据或者拒绝提供不共享理由的作者，将很难找到评审员去评审他们的文章，从而延缓这些文章的发表流程；与那些共享数据或能够提供合理理由不共享数据的研究者相比，他们也会在

89

职业竞争中处于劣势。与此同时，鉴于同行评审系统几乎超负荷，期刊编辑将面对如山的压力，去实施开放数据政策以确保有稳定和足够多的评审员。PRO 倡议为评审员带来直接的好处：在心理学研究中，数据很少被妥善存档（到可共享的程度），因而参与 PRO 倡议的评审员的评审工作会大幅度减少，至少短期内如此。

PRO 倡议于 2014 年 11 月发起时 [现在更名为"开放研究议程"（Agenda for Open Research）]，心理学界对此既抱有热情，又心怀恐惧。在国际社会认知网络（International Social Cognition Network，ISCON）的脸书群里，该倡议受到一些心理学家的批评，他们认为这个倡议粗暴且具有分裂性。在一场激烈的辩论中，一位资深心理学家警告大家，虽然该倡议"是绝妙的一步，但具有强制性并（将问题）政治化"。他说："我对发起这个倡议的缘由深有共鸣，但我对这种为了让整个学界让步而发起的大规模'停工'行为忧心忡忡……学术抵制是一件非常危险的事情，我们曾经为本领域内不存在这种现象而庆幸，可现在……我们是否准备好要沿着这条路走到底了？"另一位研究者将这一倡议比作学术上的抵制运动，呼吁采取"一系列不那么强制的方法"。他补充道："我们可以就数据共享的好处举办座谈会，也可以写关于该主题的文章和书籍。办法有千千万万……我理想中的开放科学是说服人的科学，而不是强人所难的科学。"

理查德·莫瑞对这些议论作了回应，他认为该倡议并没有强迫作者共享他们的数据，（如果拒绝共享）只须说出拒绝原因就可以了。他说："你只需要遵循该倡议的要求，明确说明为什么你的数据不能共享，评审员会相信你说的原因。我无法理解为什么有这么多人对此有异议。你需要做的只是解释你的数据开放程度的合理性，这有什么不合理的地方吗？"

显然，对此问题的回答是，作者决定拒绝共享数据的真正原因，90 往小的说让人尴尬，往大的说会危害职业生涯。如果心理学家诚实地回答，事实就是（开玩笑的）：

- "我不共享我的数据，是因为我懒得把这些数据整理成别人看得懂的样子。其实，当我 6 个月后回顾这些数据时，我可能也看不懂了。"

- "我最不需要的就是一群学术替补人梳理我的原始数据，找出分析中的'错误'。说实话，一旦找到我想要的结论，我就很少花时间重新检查我的分析，所以我的分析里肯定会有一些错误！"

- "数据共享？因为结果不符合我的预期，我战略性地去掉了三个因变量，这种事我该怎么解释呢？我还用了五种方法来分析数据，它们虽然都站得住脚，但产生了完全不同的结果，对此我又该怎么解释呢？"

- "（公开）我的数据的重要性远远比不上（建立）我杰出的学术声誉的重要性。如果我共享了数据，成群结队的竞争对手会像秃鹫一样蜂拥而至，利用我的付出来发表文章，剥夺我快到手的十几篇将发在《自然》和《科学》上的论文。我是科学家，不是慈善家。"

- "你只是想要我公开研究材料和代码，好从我辛辛苦苦做的研究中获益。要我说，去写你自己的代码吧！"（握紧拳头）

- "我是不可能共享我的数据的，一来它不用被评价，二来它上不了台面并且没有任何意义，三来它仓促获得而且很可能漏掉了什么。"

• "共享我的实验材料只会使其他科学家更无法重复我的结果。现在的情况是，当有人试图根据我措辞模糊的研究方法来重复我的研究时，我还可以搪塞过去。比如他们的能力不足，或者我们研究中的一些内容虽然未在论文中陈述，但（显然）具有很重要的差别。一旦我共享了实验材料，未能重复出结果就可能说明我的研究不具有可重复性！"

• "我不会共享我的数据，因为工作量太大了，而且没有任何即时奖励。整个'透明运动'已经让我很难去编些故事发表在《有难以置信结果的顶尖期刊》上了。我们无论做什么，都不会去鼓励这群开放科学的革命军！"

揭秘黑匣子

多年以前，作为一位初来乍到的期刊编辑，在处理我的第一份稿件时，我亲眼见证了不开放的做法是如何阻碍科学的进步的。我处理的一份稿件得到两位审稿人的虽有批评但总体上是积极的审稿意见。其中一位审稿人向作者透露了自己的身份，因为作者在文稿中声称该审稿人一篇早期研究的结果与自己在稿件中报告的结果有冲突，如果采用不同于原文的方法重新分析，原结果可能是站不住脚的。基于对自己数据的熟悉，审稿人作出回应，认为情况并非如此，并要求该作者修改自己的说法。而作者在回复中要求审稿人提供相关数据，这样

91

116

他们就可以自行分析这些数据。神奇的是——基于我们对心理学研究中常规操作的理解，可能也并不神奇——这位审稿人拒绝分享数据，因为"我一般不把实验的原始数据分享给跟我没有任何合作关系的研究者"，这就让该作者（以及身为编辑的我）陷入困境。我们看到的是，一位审稿人要求作者修改根据其特有的信息得出的结论，却拒绝分享支撑这一要求的原始数据。鉴于这位审稿人拒绝了透明原则，我采取了我认为唯一合理的做法：无视这位审稿人的意见。至今，没有人知道如果独立地重新分析审稿人的数据能揭示什么结果。我不知道谁能从这种僵局中获益，但肯定不是科学本身。

多年之后，尽管这样的故事在心理学研究中仍普遍存在，但一系列行动正将其带向正确的方向。在期刊和基金方都在增强数据共享的政策力度（尽管 PLOS 在初期遇到了一些问题）时，TOP 准则也在为不断提升这些政策的重要性添砖加瓦，并引发热烈的讨论。与此同时，PRO 倡议作为一个整体的组成部分，在学界鼓励开放研究实践。该领域中有越来越多的研究者不计回报地以身作则，接纳开放研究实践，哪怕他们已身处奖惩机制之外。我们不禁要问：在现行的系统中，为什么依旧有心理学家格格不入地选择倡导开放科学？从这种明显的利他行为中，我们能学到什么？ 92

为此，我邀请来自英国埃克塞特大学的心理学家弗雷德里克·维尔布鲁根（Frederick Verbruggen），依据他自己对开放数据的经验以及观点来回答这个问题。与维切特相似，维尔布鲁根是少数几个致力于数据分享的心理学家之一。自 2013 年，维尔布鲁根实验室出版的所有研究成果都会将数据存放在免费的公共档案中。为什么维尔布鲁根会迈出支持开放研究实践这一步呢？他告诉我这是一个渐进的演变过程，但被一个小意外催化和推进了。有一次，他尝试重新分析一些他多年以前的研究数据："以前没有一个像样的数据管理计划，这让我现在想找一批合适的数据都很困难（并且花费了很多时间）。这种情况不是第一次发生了，最后我意识到，我必须改变我的数据存储方式。"[38]维尔布鲁根和数据工作人员米瑞姆·梅顿斯（Myriam Merstens）开始在实验室中制定一系列数据管理和共享准则。"一旦我开始实践这一准则，我意识到对单项研究共享数据是极其简单、直接的，这可以让审稿人在需要的时候检查数据或分析过程。一旦文章发表，其他研究者也可以自由查看和使用我们的数据。"

　　维尔布鲁根承认，从封闭到开放的转变是困难的，但这种困难并非不能克服。"一开始我必须改变储存数据的方式，这需要一些努力。但一旦建立适当机制，数据存储会变得非常简单。如果你从开始编写实验程序的那一刻起就考虑如何共享数据，你就可以采取几个小步骤，使其变得非常容易。这里面包含几件小事，例如添加一个文档，简要描述实验过程以及在数据文件中可以找到什么。"他已经在自己的研究中开始如此做，也相信这种做法除了会使其他科学家获益，也能给自己带来好处。"我将自己的数据分析完全开放，我希望人们因而能够更信任我的研究。"他的实验室将数据分析脚本发布在（免费）统计软件包 R 中，使读者可以追溯每个分析步骤。他认为，这样做"也许可以增加研究的引用量和关注程度"。他也认为，分享数据还能赢得同事的赞扬。"目前为止，许多审稿人对我们的数据共享方法给予积极评价。我不认为这影响了审稿人对我们文章的总体评分，但我很高兴看到我们额外的努力得到赞赏。我还会在自己的演讲的最后提供获得数据的链接，这也得到一些人的积极反馈。"

维尔布鲁根对于数据共享充满热情。"我向大家强烈推荐",他说。与此同时,他相信认可作者共享数据的行为很重要:"其他人当然可以免费使用这些数据,但我也确实希望他们能够引用这些数据的来源。比如,我们将所有东西上传到所属机构的数据储存库,后者为数据提供了标识。在每个研究中我们都会加一句:'我们授权研究者可以不受限制地使用数据,但请注明来源并包含数据库的标识。'对我来说,这是一个科学诚信问题。"

维尔布鲁根如何看待数据共享政策(如 PLOS 的政策)引发的批评风暴呢?虽然维尔布鲁根强烈支持发表文章时共享数据,但他也强调,当共享可能不合伦理或不现实的时候,有一个可选择的退出机制非常重要。"我首先承认,数据共享对纯行为研究来说相当容易,但对拥有大量数据的神经科学研究来说就没那么简单、直接了。即便是这类研究,至少共享部分数据也是有可能的。"他也认同那些害怕结果被抢先发表,或倾向于用共享数据换取作者身份的研究者的担忧:"一些研究要花很长时间才能得到大批的、多方面的数据。的确,在一些子领域,从这种数据中提炼出多篇文章也非常常见且完全可以接受。所以我能理解在这种情况下,研究者想成为第一发现人,或者至少是共同作者的心情。"难道在这种情况下,解决方法就是不去共享数据吗?不是的!维尔布鲁根主张给数据集设定保护期(或所谓"未解锁数据")。"研究者可以实施数据保护,在指定的日期之后才公开数据。另一个选项就是未解锁数据的所有者给每个申请获得数据的人单独授权。这样做的好处是,数据仍然可以长期保存,所有者则保留重复使用数据的控制权。"

有一点是很清晰的:即使是在最坚定的拥护者的眼中,心理学领域的数据共享也绝不是一个非黑即白的问题。毕晓普已经警告过，大型多元数据集的公开使用可能会煽动 p 值操纵行为：研究者可以筛查存档数据，寻找支持特定结论的模式。在某些情况下，这样的分析甚至可能被当作武器，攻击原研究（或原研究者）以达到政治目的。毕晓普还强调（引发）发表偏见的危险："假设某位研究者对节食影响儿童认知发展的可能性感兴趣，有大量的公共数据集可以用来分析这个问题。如果发现了两者的显著关联，这个结果将会被报告；而如果没有发现，研究者可能会寻找其他主题——除非他们开始分析的目的就是反驳这种关联。"[39] 为了解决这个问题，毕晓普建议具有明确假设的二次分析应保持透明，去预注册，而未注册的分析应视为探索性分析。

维尔布鲁根强调，他永远不会不计后果地推行强制或无差别共享数据的政策。相反，他求诸人性善的一面，仅仅去"强烈鼓励研究者在一切合情、合理的情况下共享自己的数据。这对大多数认知心理学和基础科学研究领域的研究者来说，都是可以做到的。"在心理学领域，似乎难就难在如何让不同研究者对什么是合理和可能地共享他们手中的"硬通货"达成共识。当被直接问到时，大多数研究者都认为保持透明和数据共享是很棒的（甚至是最棒的）专业行为，但由于缺少对共享数据的激励——以及存在对不共享的激励——改革之路也许会很漫长。要想在心理学领域成功实现数据共享，就需要让心理学界的每个人都能看到它的好处。就像推特用户葛雷格·黑尔（Greg Hale）所写的："我随时都会用我的 2TB（兆字节）去交换整个世界的几 EB！（1EB = 2^{20}TB）"[40]

预防坏习惯

维尔布鲁根成功地在自己的实验室中完成了改革，但在这些措施广泛实施前，如何防止出现不太理想的实践呢？心理学家坎迪斯·莫瑞（Candice Morey）和理查德·莫瑞（Richard Morey）提出一个创新的"数据伙伴方案"：不同实验室的年轻科学家结为一组交换数据，制定一个 5 年的数据管理计划，并在存档之前相互检验数据是否清晰、易懂。这个方案的总体目标是引导年轻科学家从一开始就践行开放原则，逐步灌输对开放原则重要性的认识和必需技能：

> 对很多科学家来说，他们受困于多年来形成的习惯所带来的本不必要的现实问题，开放科学因而成为一件困难之事。在他们看来，开放科学值得赞扬，但它并非真正的自由选择。下一代科学家不必如此。老一辈科学家要扮演的重要角色是帮助他们的学生养成良好习惯和形成科学思维原则。数据伙伴方案，这个五年计划，以及提交前的检查，都可以帮助这些学生建立良好的实验室研究实践，有利于他们为更开放的科学实践作好准备。[41]

其他科学领域的发展已经告诉我们，当我们走到这条路的尽头时我们会得到什么。在结晶学领域，关于什么是合理和可能的数据共享已经达成一致，研究者都已接受这种研究的透明度。英国伦敦帝国理工学院的结构生物学教授史蒂芬·凯瑞（Stephen Curry）认为，数据积累提高了该领域科学研究的质量。"现在，（论文）发表要求将所发表结构的坐标上传到蛋白质数据库中，我认为这个结构所依据的 X 射线衍射数据也应该保存下来。这有助于鼓励人们对数据分析持有更科学、健康的态度，当更好的软件工具出现时，也会推进未来的深入分析。结晶学界对这方面的开放性普遍感到自豪。"[42] 只要足够努力，再加上一点点运气，心理学家总有一天也能够说同样的话。

第五章

易腐蚀之罪

原本都在正轨，我却失去耐心，
野心吞噬了我，不计后果。

——德里克·斯塔佩尔（Diederik Stapel），2012

时间已经很晚了，其他人都已经回家，你也累了一天。经过一周的辛苦工作，你终于收集完最新实验的所有数据。这个实验非常关键，审稿人要求你用它来佐证论文里的四个原创实验。如果实验结果不错，你的工作成果很可能会发表在《自然》杂志上，这将是你"职业生涯的里程碑"——每次提到这一点，你导师的眼睛都会闪烁着光芒。但是如果结果不好或者没有意义，那将坐实审稿人对你们研究的价值的质疑，这篇文章极可能被拒稿，数月的努力将付诸东流。如果你有了这篇发表在《自然》杂志上的文章傍身，青年基金立即变得触手可及，随之而来的便是独立的研究和一份有保障的工作，更不用说这些成就带来的声望和同龄人的羡慕、妒忌。

你分析完数据，统计结果是 $p = 0.08$。天哪，这么接近，但是对《自然》杂志来说，差之毫厘即失之千里。怎么办？你开始思考解决方案。要不再收集一些数据，看看 p 值能不能下降到 0.05 以下？这是同事们的标准做法，但是这很耗时间（已经快到编辑部规定的截止期限了），况且，无论怎样，再收集数据也不一定能保证 p 值只下降而不上升。而且你曾经读到过，这种收集数据直到 $p < 0.05$ 的做法让统计学家很反感。你还记得曾向导师问及此事，但是他对此不屑一顾：没有人会真的在乎那些统计"专家"的看法。

另外一个解决方案出现在你脑中：或许你可以调整分析方法。是的，将剔除极端值的标准从 3 个标准差改为 2 个标准差！调整剔除极端值的标准是合理的，不是吗？难点在于向审稿人解释为什么这个实验分析中剔除数据的标准和原文章中的标准不一样，但审稿人可能会认可这种更保守的做法，毕竟有很多文献都采用 2 个标准差的标准。你试着重复了一次分析过程，这次 p = 0.067！虽然更接近但仍然不显著。一怒之下，你试了将标准差改为 2.5，2.25，1.75 以及 4，结果都没有达到显著水平，p 值岿然不动。

突然，你灵光一闪——不如换一种截然不同的分析方法！对，这在很大程度上是合理的。你点击几次鼠标，得到 p = 0.057。极其接近了，但仍未超过 "p = 0.05" 这个公认的阈值。一定有什么"大家伙"在影响结果，你查看每个数据。在 10 个被试的数据里，有 5 个能使你获得想要的效应，有 3 个什么效应也无法获得，另 2 个能获得与你的假设相反的效应，其中一个数据的作用最大。果然，这就是问题所在，肯定有什么地方弄错了，才得到这个具有巨大相反效应的数据。也许是被试做错了任务？或者是他猜出研究的假设？再或者是他没有遵循指导语？总之，这是个坏的实验对象。你开始想，如果剔除这个数据，将会发生什么？——你肯定可以找到合适的理由来解释为什么要剔除这个数据，如果有必要这么做的话。剔除后的结果是 p = 0.052，几乎就要过线了！很好，假如把这个被试的结果翻转一下呢？把条件 A 变成条件 B，把条件 B 变成条件 A。毕竟，只有这一个数据，你只是想看看结果会不会和预期的一致。p = 0.001，太神奇了！不是在显著的边缘徘徊，而是无可争议的显著，是所有科学家都知道这代表了什么的显著。

然而，现实给你当头一棒——你篡改了数据，你越过了学术伦理的红线。你点击撤回，回到那个无聊的 p 值，那个即使进行所有可疑（但合法）操作后仍岿然不动的 p 值，那个永远都不可能像 0.001 那样令人震撼的 p 值。《自然》……没戏了。

　　但现在很晚了，你身边没有任何人。没有其他人见过这些数据，也没有其他人比你在这个实验上"下注"更多——是输是赢，完全掌握在你的手中。如果你只是在一种条件下翻转一个被试的数据，又有谁会知道呢？的确，这将不是**真相**，但是你原来的四个实验是真实的，它们都表明你补充的这个实验**应该**有效应。再说了，真相的概念是主观的，对吧？修改这个数据，就可以助推你的其他实验结果发表到明星期刊上。然后你将得到一份教职，为科学事业作出重要贡献。如果不抓住这个机会，那你就太傻了。你从来没有篡改过数据，也向自己保证不再做第二次。你一直非常努力地工作，一篇发表在《自然》上的文章是你应得的。"没有人会知道，"你开始为自己开脱，**"不会有人知道的。"**

　　有多少科学家曾面临这种困境，并屈从于造假的诱惑？有多少教授凭借早年的造假行为获得如今的地位？又有多少科学家的行为从可疑的灰色行为升级到部分或全部数据集的造假？不幸的是，最近的一些事件表明，心理学领域中的这种造假行为并不像我们希望的那样稀少。对于那些不论因何原因失去职业操守和使命感的科学家，数据造假提供了一个低风险、高回报的职业策略。像许多其他科学分支一样，心理学研究建立在诚信体系之上，缺乏预防或发现造假的能力。最可怕之处在于，当造假行为被揭发时，这些研究人员和机构往往只承担极小的后果，举报人反而可能备受非难。对造假及其后果视而不见，是心理学犯下的第五宗"罪行"——易腐蚀之罪。

99

为何造假？

德里克·斯塔佩尔非常好胜。他自述从年轻起就喜欢竞争，乐于做一些挑战智力的事情，如学习哲学、政治、文学和戏剧。[①] 在剧院追求事业失败后，他进入心理学领域，发现在这里可以收获名气和粉丝。斯塔佩尔声称自己在荷兰阿姆斯特丹大学诚实地开始心理学学术生涯，[②] 试图（通过他的博士研究）整合地理解许多社会心理"现象"，而这些"现象"本身来源于一些只有脆弱证据支持的模糊理论。

> 我做了很多实验，但并不是全都奏效。有时候没有得到期望的结果，有时候根本什么都没有获得。遇到后面这种情况时，最好的做法是及时止损，然后放手；如果实验没有结果，没关系，开始下一个想法。但是当我真正相信某些想法（是真的）时，当我真切地希望我想到的或者从文献中推断出来的想法是正确的时候，我发现我很难放弃，往往会再试一次。如果一个想法看起来是符合逻辑的，那它一定是真的。[③]

很明显，即使在职业生涯的早期，斯塔佩尔也远非科学家的理想典范。像许多心理学家一样，他希望得到阳性结果，不止如此，他还想得到自己预期的结果。与所有研究者一样，他奋力实现自己的目标，但在心理学研究的职业文化中，低统计检验力让大部分结果处于不确定状态；无数阴性结果或被发表偏见埋葬，或通过操纵 p 值转变成阳性结果；重复失败或不一致的结果总被归结为方法上的差异；而几乎所有发表的研究结果都被（错误地）认定为真实的阳性结果。正如我们已经看到的，这种有偏见、不严格的经验主义造成的后果混乱且错综复杂——实验变成一门"艺术"。斯塔佩尔敏锐地意识到这个问题。

> 每件事都依赖很多关键因素，最终结果可能取决于成千上万件小事。这门学科有模棱两可的模型和理论，这些模型和理论被不断完善，以确定在什么情况下，在什么条件下，在什么时候，使用什么测量方法可以检测到某些效果。没有什么是永远真实的，每一个效应都基于某种条件，并且总会有例外。而对于每一个"法则"，都会有一些限定，都会有一些"但是""也许""有时候行，有时候不行"。④

在这种环境中，我们很难认定某一结论是错误的——就像弗格森和赫尼所说，心理学文献库就是"僵尸理论的坟场"，里面的理论既不能被证实也不能被驳倒。⑤斯塔佩尔写道，在职业生涯早期（他还保持诚实的时候），一些同行认为他提出的理论解释过于复杂。为了避免徒劳地解释所观察到的混乱现象，他总是将理论建立在冗长的文献总结之上，而同行们似乎能够对数据作出更简单、优雅的解释。

> 我总是听到一些传言，一位资深的荷兰研究者常在课堂上嘲笑我的理论是"弹球心理学"，说这些理论需要大量非常荒谬的前提作为支撑才能成立。一位著名的美国心理学家——我的偶像之一——把我称为"研磨机"，说我把所有相关的、可靠的和稳健的效应与所有的边界和例外案例，全部放到一个罐子里，研磨

成没有特色、难以理解的理论糨糊。他认为我的理论和模型太细致，复杂到无法理解……我的研究不够优雅，结果不让人兴奋，所以没法发表在顶级期刊上。我付出最大的努力，却被认为平庸无奇。无聊、无趣，无创新，太复杂，总之，我还不够出色。⑥

101　　面对自己的不足，斯塔佩尔有三种选择。第一个选择最具有挑战性，即为其理论的复杂性辩护，将其作为一种理解当前数据的最理性的尝试。他可以针对社会心理学中的弱证据标准，进行规模更大、证明力更强的研究（以降低产出为代价），甚至尝试提高研究的稳定性和透明度。第二个选择是，他可以忍气吞声，在现有的基础上开拓自己受人尊敬的学术生涯。但出于"发表或出局"的整体研究文化及其研究的明显局限性，这种做法仍会是一场斗争。这将使他与许多心理学家处于同一水平，即进行可疑的研究操作，从数据中生产可发表的故事，构建稳定而平凡的职业生涯。最后一个选择，也就是他最终选择的方法，是将自己置身于这个他认定必须赢的游戏之中，进行一种外表看起来严谨、光彩，实际上却充满谎言的表演。斯塔佩尔似乎接受了一种科学上的虚无主义，他不再认为可以从心理学领域获得任何真理，而是把精力集中在如何在顶级期刊上发表论文、得到科研基金和赢得他人赞赏上。在斯塔佩尔的世界里，科研成为一种把戏：尽管有时是仔细阅读文献后得到的巧妙想法，但实际操作上都是些花招，而不是试着认真地理解人类的心理与行为。

　　多年游走在边缘后，我的灰色地带变得越来越暗，直到完全变黑——我从边缘跌到了深渊。我几次在实验中遇到问题，哪怕我使用各种各样的灰色方法来"改进"数据，也得不到我想要的结果。我忍不住再往前走一步。我太想要（好的结果）了，我想要向前走，我想要"得分"。我真的非常想做得极其好。我想把我的研究发表在最好的期刊上，想在开学术会议时在最大的会议厅做报告。我希望在演讲结束后，在喝咖啡或吃午饭时，人们告诉我，他们记住了我的每一句话。[7]

伪造数据并非斯塔佩尔的最初选择。他承认，在这一步之前，他通常采取更温和的手段来曲解数据，如采用各式操纵 p 值的手段得到可以发表的结果——用他的话来说，就是采用"那些让原本平庸的结果大放光彩的技术"。[8]他会剔除或合并因变量，剔除无效应的整个被试组，还会创造性地剔除那些与研究假设相反的"统计极端值"。

我知道这些行为在可接受范围的边缘，甚至在某些情况下已经越界，但是……我太想得到（好）结果了。一项早期的研究报告过这个效应，结果真的几乎是正确的，这种效应肯定真的存在，因为它如此合乎逻辑，它（背后）的想法是如此优秀，而且我肯定我不是唯一这样做的人。我的行为并不是"白色"的，但也不是"黑色"的。它只是"灰色"的，每个人都在做，不然那些研究者是如何获得漂亮的成果的？[9]

但这些"灰色"行为不足以满足斯塔佩尔的野心，最终他开始伪造数据。他会全面分析文献，之后设计一个完整（通常是精巧的）的研究，同时伪造整个实验数据，这样，数据就再也不会违反假设了。

斯塔佩尔描述了他在荷兰格罗宁根大学的办公室里第一次伪造实验数据的过程。

> 我看着整个数据集，点击了几下鼠标，对其进行统计分析。这个世界重新变得符合逻辑——我看到了自己想象过的结果。我如释重负，却又心情沉重。这个结果非常好，却又极其错误。[10]

很快，他开始达成自己的目标：在接下来几年里，他在会议上做了主题报告，在《科学》等著名期刊上发表影响巨大的论文，学术地位提高了，也获得了专业奖项，成为总能让实验有效的学术明星。

对于斯塔佩尔，身处一个（在他看来）追求真理毫无意义的领域，当缺乏安全感却又渴望认可时，造假就是理性的选择——一种高回报、低风险的策略，既能实现自己的野心，也不会引起他人的怀疑。伪造数据使混乱（的学科）走向有序，也助推了斯塔佩尔的职业生涯发展。讽刺的是，斯塔佩尔在荷兰蒂尔堡大学获得晋升，拥有高级职称，其职责包括讲授研究伦理，他还提出一个新型管理模型，旨在帮助研究者对抗"发表或出局"的文化。[11] 一路走来，他看到其他研究者成功地重复出自己的假结果，这助长了一种错觉，即"看起来合乎逻辑的都是真的，只要我能将它伪造出来"。[12] 十几年来，斯塔佩尔成功地掩盖了其伪造行为，过着双面生活：白天是一位魅力四射、高高在上的院长；晚上是一个焦躁不安、在餐桌上编造数据的造假者。

到 2011 年 8 月，斯塔佩尔已经伪造了 50 多篇论文的数据，最终赢得他长久以来梦寐以求的赫赫声名——只是并非他所期待的那种。接下来有三名年轻研究人员——其中至少有一位是斯塔佩尔的博士生——以牺牲自己职业前途的方式，揭发了斯塔佩尔的伪造行为。[13]
在蒂尔堡大学公布关于该事件的中期认定报告后，[14]斯塔佩尔很快承
认了自己的罪行。"我没有保持一位科学家、一位研究者该有的样子，"
他说，"我修改过研究数据，伪造过研究结果。不止一次，是很多次；
不是短期行为，而是在很长一段时期内都如此。我为此感到羞愧，深
感抱歉。"[15]但在这份谴责性的中期认定报告的一项声明中，他否认这
些造假行为是以牺牲学生和教员的职业生涯为代价而为自己牟取私利。
"我必须强调，我犯下这些错误并不是为了牟取私利。我和那种利用年
轻研究者来牟取私利的人不一样。我确实犯了错，但无论是过去还是现
在，我都真诚地对待社会心理学这门学科以及年轻的研究者和其他同
事。"后来，斯塔佩尔被蒂尔堡大学开除，遭到媒体的轰炸，还在荷兰
被起诉（虽然罪名较轻）；再后来，他撤回自己在阿姆斯特丹大学获得
的博士学位。

　　斯塔佩尔的大量学术不端行为在心理学界史无前例，也是科学界
发现的数据造假最严重的案例之一——在此之前从未有如此资深且知
名的心理学家作为如此高产的数据造假者被曝光。截至撰写这本书
时，斯塔佩尔被撤稿的文章已多达 58 篇，在整个科学界的个人撤稿
量排名榜上排名第三。他的几位博士生无意地在自己的博士论文中纳
入他伪造的数据，尽管官方调查的结论是，可以保留这些博士的学
位，但他们发表的很多同行评审文章都被撤稿了。[16]他的大部分学生
要么离开学术圈，要么在不知名的机构任职，斯塔佩尔却仍然在教育
系统中拥有一席之地。2014 年，他在荷兰的一所高等教育机构——范
蒂斯创意产业学院讲授社会哲学。在这段时间里，人们对他过往高调
的忏悔行为是否真诚产生怀疑，因为他被指控在网络上使用马甲为自

己辩护，而这本身是一种不诚实的网络行为。为了回应人们对他重返教学岗位的担忧，斯塔佩尔伪装成一个名为"保罗"的用户，在"撤稿观察"（Retraction Watch）网站上写道：

> 也许，斯塔佩尔可以为学生们提供一些其他人不愿意教给他们但有价值的内容和见解，毕竟没有人愿意为这个每周两小时的临时工作花太多时间，何况这个工作没有多少报酬，甚至可能根本没有报酬。没错，他是一个失败者，但他是为数不多的几个承认自己错误的人，是协助调查自己造假行为的人……况且，也没有明文规定失败者不可以成为伟大的老师。也许他会告诉学生一些心理科学中其他不为人知的假造、失败和荒谬错误。这是非常棒的（而且并非不可能）。有这种可能吧？斯塔佩尔可能会有些有趣的东西要讲述、教导和评论，难道不是吗？[17]

尽管涉嫌使用马甲，但斯塔佩尔从一些看似不可能的地方得到了支持。心理学家维切特认为，既然斯塔佩尔已经为自己的行为不端付出了代价，他就有权追寻自己的教学事业。"他失去了科学事业，"维切特在"撤稿观察"上写道，"也放弃了自己的博士学位……据我所知，他没有威胁要起诉任何人。他做了120个小时的社区服务。只要他不在无人监督的情况下再次开展研究，我觉得他在范蒂斯创意产业学院教课没有什么问题。"[18]

针对斯塔佩尔的最终报告总结了一系列对学术风气的尖锐批评，谴责了斯塔佩尔在蒂尔堡大学无可撼动的地位，资深学者先前未严肃对待对他伪造数据指控的两次失职，告密者面临的阻碍和危险，掩饰可疑造假研究的风气，以及科学评判者对其造假行为的后知后觉。[19]
在一长串提高研究透明度的建议中，该委员会呼吁要调查社会心理学
的研究标准。但在写这本书的时候，许多建议还没有执行——这种迟
缓的反应并不奇怪。斯塔佩尔的造假行为很极端，使其被归结为概率
只有百万分之一的反常行为，而不是心理学研究文化下的必然产物。
这种文化，用斯塔佩尔自己的话说，奖励"挖掘和发表"，而不是
"挖掘和发现"。[20]

很多心理学家对这一事件的本能反应是，相信这种造假行为是罕
见的，因为斯塔佩尔不但操纵数据，还以一种其他科学家难以想象的
方式利用了学术体制。然而，证据表明，这种信念虽然能给人安慰，
但未免太天真了。斯塔佩尔事件是已知的规模最大的学术不端事件之
一，但其中的造假行为绝不像许多人认为的那么少见或微不足道。法
内利 2009 年的一项元分析的结论是，大约有 2% 的科学家（包括心
理学以外的其他领域的科学家）承认参与了不同形式的数据伪造。[21]
2012 年，约翰及其同事进一步估计，将近 40% 的心理学家至少伪造
过一次数据。[22] 如果统计的结果可靠，心理学领域肯定有大量未发现
的造假行为正在进行，甚至可能比斯塔佩尔的造假规模更大。真正的
问题不在于斯塔佩尔事件是不是学术造假事件的冰山一角，而在于为
什么会出现这种事，以及我们能够做些什么。

狭窄的灰色地带

毫无疑问，斯塔佩尔事件是所有被曝光的学术不端案件中最极端

的案件之一，但我们该如何区分"黑色"的造假行为和合法却有问题的"灰色"行为呢？这些"灰色"行为形成科研中的"文化问题"。[23] 我们用下面的场景说明这一困境。你认为下列哪一种是学术造假行为？

（1）一位科学家在某一实验中收集了 100 个观测数据，然后删除了 80 个与假设不符的观测数据。

（2）一位科学家分析了 10 个实验的数据，在撰写文章时选出 2 个符合假设的阳性实验结果。

大部分人认为第一种场景中的行为是造假行为，而我们中的很多人（可能是大部分人）会认为第二种场景中的行为也是造假行为，或至少是一定程度上的学术不端行为。从数据分析的角度，这两种行为性质相同：无论研究者放弃 80% 的数据还是 80% 的实验，他们都在做同样的事情——利用有偏的证据。在道德层面上，这两种行为亦相同。毕竟，基于假设选择性地报告实验结果，怎么可能比基于同样理由在实验中挑选数据更诚实呢？再来看第三个场景：

（3）某期刊评审了 10 篇相同主题的文章，选择性地刊发了 2 篇在统计上有显著效应的文章。

这时情况变得有些复杂了。我们瞬间从个体的不诚实行为上升为发表偏见这个"文化问题"。在这种情况下，我们会认定这一偏见不是个体（如期刊编辑）的责任，但我们忽略了正是第三个场景中的激励结构（"我们只发表有阳性结果的文章"）驱动了第二个场景中的行为（"我只在文章中写有显著结果的实验"），最终鼓励了第一个场景中的行为（"我需要这些实验的结果为阳性"）。所以，除非我们（仅仅）将科学造假定义为像斯塔佩尔这样极端的数据造假行为，否则，去区分最严重的造假行为和那些在个体和集体层面上都无法割断的不诚实行为将是极其困难的，甚至是不可能的。例如，使用 100 种方法分析数据但只报告结果显著的那些，或者通过挑选、剔除极端值把 p 值降到 0.05 以下，这些算造假行为吗？如果答案是"不算"，那么这个回答到底是基于理性的推理，还是纯粹因为这些做法太常见而"法不责众"？你周围的人是否认同这个答案？

斯塔佩尔承认，自己的数据造假之旅是渐进式的，从第二个场景中那种可疑却常见的"灰色"行为（从第一章到第三章都有讨论）开始，逐步升级到第一个场景中的行为，甚至更极端的行为，而所有这些行为都受到第三个场景中发表偏见的"激励"。这提示我们，故意使用有问题的研究行为可能是通向造假行为的大门，由此产生一个棘手的问题：有意识地利用那些有问题的研究行为，是否也应该视为学术不端？我们在第四章中介绍的斯密斯特事件就提供了一个很好的例子：这些有问题的行为本身就被认定为学术不端，促使斯密斯特撤回文章并辞职。

我们可以再简单回顾一下这件事：斯密斯特的论文结果完美得不真实，因此被西蒙松揭发。在荷兰伊拉斯姆斯大学 2012 年的官方调查报告中，斯密斯特承认自己选择性地删除了那些与自己的假设不符的数据：

斯密斯特承认自己在三篇文章中"美化"（改动）了数据……以获得统计上的显著，他也没有好好保存原始数据，使原始数据丢失。他使用"蓝点技术"（blue dot technique）美化数据，这一技术可以识别出那些未正确理解指导语的被试——美化数据从分析所有被试开始；如果结果不够理想，就去掉那些没有恰当阅读指导语的被试的数据，再重新分析数据。斯密斯特说，采用蓝点技术美化数据这种方法在学界很常见，他只是其中一员。他同意委员会的意见：这种文化是值得商榷的，但这并不能掩盖他挑选数据却未在文章中说明这一事实。[24]

这个案例的一个特别值得注意的地方是，调查报告中没有足够证据证明斯密斯特伪造数据，最多只能下结论说，他蓄意利用了许多心理学研究者都在使用的做法，且未妥善记录和保存数据。这足以使斯密斯特在大学的调查有结论之前就辞职吗？主持这项调查的荷兰伊拉斯姆斯大学的心理学家斯旺认为，这足以使他辞职。"他辞职是明智的，"斯旺告诉我，"我怀疑他是担心进一步调查会发现更多的问题。我认为他的行为不可原谅。"[25] 同时，斯旺也承认，委员会没有充足的证据证明斯密斯特像斯塔佩尔那样伪造数据。[26]"我认为我们无法证明他伪造了数据，"他解释道，"我不代表（委员会的）其他人，但我确实怀疑他伪造数据。我们能够说的是：这些结果太过完美，不像真实数据，加上丢失了原始数据，我们认为这些文章应该被撤稿。"截至撰写本书之时，斯密斯特发表在同行评审期刊上的文章中有 7 篇要么已经被撤回，要么确定将被撤回。[27]

斯密斯特声称他的操纵数据行为非常常见，这一说法后来被心理学家约翰及其同事在 2012 年对美国心理学家的调查中所证实。斯旺也同意这一点。"在我看来，这是真实的，"他说，"不得不承认，在成为调查委员会成员之前，我对斯密斯特的研究领域完全不熟悉……当我开始了解更多时，我惊呆了。在和斯密斯特第二次谈话时，他把一堆文章扔在桌子上说：'这些人正做着完全一样的事。'"在之后的记者采访中，斯密斯特声称他的行为是受发表偏见的影响："期刊几乎只发表有统计显著性结果的文章，这肯定会引导你去修饰自己的数据。"他也否认自己辞职与这一学术不端事件有关，而是因为他"累垮了"。㉘ "我绝不会怀念学术圈的（生活），"他说，"坦白讲，脱离这个圈子让我松了一口气……回头看看，我当初选择这个工作是因为我想做研究。但回想起来，我最开心的时刻是上完一堂漂亮的课，学生给我一阵掌声。"㉙ 至少在这一点上，斯密斯特与斯塔佩尔有共同的特点——渴望取悦听众。

斯密斯特的案子产生了一个有意思的判例：故意进行可疑的研究行为——许多心理学家（匿名）承认的常规操作——被认定为学术不端，并导致终身教授辞职。但这一标准并未被一致执行。几个月之后，德国心理学家彦斯·福斯特（Jens Förster）的案例表明，即使研究者承认自己选择性地报告支持研究假设的结果，也可以通过坚决否认造假行为来避免被解雇。

福斯特的传奇故事始于 2012 年，一位匿名举报者指出，福斯特有三篇论文的结果过于完美，不像真实数据。这些受质疑的论文在 40 多个实验中检验了不同类型的知觉训练（称为"归纳推理"）对所谓创造性思维和分析性思维的影响。每一篇文章都声称，训练人们专注于感知"局部"对象（即更微观的尺度）会引发更多批判、分析性思维，而训练他们将注意力集中在"全局"对象（即更宏观尺度）上时，会引发更有创意、更开放的思维。比如，当看到一个由许多小的 F 组成的大号字母 H 时，要求对大号字母 H 作出反应便是训练全局思维。举报者注意到，这些实验结果围绕着中性控制条件的变化过于对称，这导致结果模式太线性，不像可以通过随机取样得到的（见图 5.1，从福斯特某篇文章中选出的一个例子）。

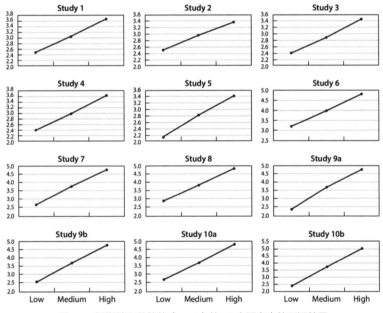

图 5.1　福斯特和丹兹莱（2012）的 12 个研究中的可疑结果

这些结果均表现出局部（"低"）、控制组（"中等"）和全局（"高"）条件之间异常的线性效应模式。相关文章因操纵数据已被撤回，此图转载自阿姆斯特丹大学的内部报告。

统计分析表明，在三篇文章中均发现如此完美的线性结果的可能性仅为 501 万亿分之一——[30]——这比两个完全没有关系的人拥有同样 DNA 图谱的可能性还要小约 50000 倍，或者相当于连续几次买中彩票头奖的概率。[31] 该举报者最初还指出这些实验在其他方面的一些不同寻常的特征，包括大到难以置信的效应量，与所招募的大学生人口结构不符合的性别分布，拥有超过 2000 名被试却（难以置信地）仅有 1 人缺席，以及福斯特后来声称原始数据被"抛弃"的事实。在对此事进行内部调查之后，阿姆斯特丹大学的一位执行董事建议对这三篇期刊文章增加关注通告（expression of concern）以提醒读者。但这位举报者说，董事会并未将此事件裁决为学术不端，理由是，原始数据已被破坏，没有充足的证据证明该结果是造假而得，只能将其认定为有问题的研究实践。[32] 我们可以对比一下蒂尔堡大学对斯密斯特的调查结果，以及阿姆斯特丹大学对福斯特的裁决：在斯密斯特事件中，蒂尔堡大学认为，蓄意利用可疑研究实践属于学术不端（需要撤稿并最终使当事人离职）；阿姆斯特丹大学则认为，福斯特的与斯密斯特完全类似的做法不算学术不端。

福斯特一案的举报者并不认可阿姆斯特丹大学的结论，并上诉至荷兰国家研究诚信委员会（Dutch National Board of Research Integrity/Landelijk Orgaan Wetenschappelijke Integriteit，LOWI）。在匿名的情况下，他告诉我他将事情推向更高层的原因："我认为（阿姆斯特丹大学的）这种行为并不明智，因为文章中的数据根本不现实，加上原始数据丢失，唯一合理的结果就是撤回这些文章。"2014 年，该案例终于公之于众，荷兰国家研究诚信委员会作出比阿姆斯特丹大学更严厉的裁决。在征询其他专家后，委员会认为已经有充足的证据证明这种行为就是学术不端。"根据委员会的判断，操纵研究数据的事实是毋庸置疑的，"该机构陈述，"我们发现对照组分数的变异性非常小，已经无法用不严格的做法或有问题的研究操作来解释。"[33] 委员会认为，责任肯定在福斯特身上，并且排除了"参与实验数据收集的多位研究助手造成这种特殊统计关系的可能性"。

而福斯特极力否认自己有过学术不端行为或有问题的研究实践。他在 2014 年的个人博客中指责荷兰国家研究诚信委员会对自己有"可怕的误判"和"迫害"。

> 我觉得自己是斯塔佩尔事件后对心理学家进行难以置信的猎巫行动的受害者。三年前，我们知道了斯塔佩尔伪造数据，这引发不可思议的歇斯底里。可想而知，这种歇斯底里在荷兰尤为明显。从那时起，每个人都在怀疑其他人。
>
> 我在这里清楚地声明：我从未操纵过数据，也从未怂恿过同事操纵数据！ 2012 年论文的共同作者马库斯·丹兹莱（Markus Denzler），他与数据收集或数据分析没有任何关系。我邀请他作为该文章的共同作者是因为他广泛参与了这个项目。[34]

福斯特如何解释自己数据中几乎不可能出现的线性趋势呢？没有任何清楚的答案，他认为这种线性趋势本身可能是真实现象，但也不排除协助收集数据的 150 位研究助理中，有人假造数据。"我再说一遍，我从未操纵过数据，"他说，"但是，我也不能排除有人在收集数据或处理的过程中动手脚的可能性。"[35] 关键之处是，他本人承认有前面提到的第二个场景中的行为，即选择报告那些支持自己研究假设的实验。"一起工作的人先分析数据，报告每个研究的数据是否好到可以发表，"他在邮件中写道，"如果这些数据没有证实研究假设，我会与实验室的人一起讨论下一步怎么做，大家来一场头脑风暴，想想需要做什么改变并实施这些新做法，准备新的研究并重新进行实验。"

那么，这些选择出来的"好"实验能否产生那三篇文章中超乎寻常的结果呢？它们仅仅是他抽屉中大量未发表结果中的一小部分吗？虽然委员会认为，这种做法加上其他有问题的研究实践可能导致这一结果，但那位匿名举报者并不同意此说法。即使在数百或数千项实验中有选择地发表 40 个实验，他"发表的数据是真实效应"的可能性也只有"几百万分之一"。"此外，它还需要大量的精力、实验以及无数实验助手。"即使可以这样解释其结果，福斯特的文章依然应该被撤稿，因为这些文章里的数据存在严重的偏倚。有趣的是，选择性发表支持理想假设的实验——福斯特自己承认的——似乎不足以让他辞职，但在数据层面做同样的事已足以让斯密斯特销声匿迹。

112

与斯密斯特不同，在写本书时福斯特依然活跃在学术界，任职于德国鲁尔大学。2015 年，他退还了亚历山大·冯·洪堡基金会（Alexander Von Humbolt Foundation）在荷兰国家研究诚信委员会调查期间资助他的 500 万欧元，并在博客上写文章说，在这场"冲突"过后，"组织一个包括 50 位同事在内的 500 万欧元的项目已经不可能了"。[36] 福斯特声称自己在徒步登山的时候有所感悟。"我的余生将是'成为'，而非'拥有'，"他在博文中写道，"因此，我将离开科研中的物质主义和那种没有灵魂的'制作'方式。我想对十年残酷的岁月说再见，在这十年里，我的生活几乎完全由别人决定。现在我可以做我想做的事，走自己的路了。"同年，其他研究者对福斯特和丹兹莱

2012 年被撤稿的研究的独立重复实验全部失败。作者马克·德雷斯勒（Marc Dressler）认为："未能重复，加上已经暴露的问题，认定福斯特没有造嫌疑并不妥当。"[37]

当年轻科学家误入歧途

明星教授的学术不端行为总会引起轰动。斯塔佩尔、斯密斯特及福斯特都是在著名学术机构中有较高学术地位的成功研究者，他们跌落神坛的事件会被广泛报道、讨论甚至渲染。[38] 如果是更年轻的研究员有不为人知的造假行为呢？这类事件可能不会成为新闻报道，但它们揭示出学术不端的风气是如何渗透到学术体系的各个层面的，展现了这种风气对那些处于职业生涯初期、面临不确定的未来和激烈竞争的年轻科学家来说，具有多么强的诱惑力。

比利时鲁汶大学的博士生瓦尔特·布雷特（Wouter Braet）的例子极佳地说明了年轻研究者面临的道德险境。2013 年，当实验室的同事重新分析布雷特的一篇已发表的脑成像论文的数据并发现严重错误后，布雷特成为学术不端调查的对象。这篇有问题的文章于 2012 年发表在顶级期刊《大脑皮层》上，但随后被撤回。撤稿通知上写道："经证实，第一作者布雷特对原始数据的分析中包含几个难以被重复的操作，这些操作与共同作者所认同的分析方法以及文中的描述不完全相符。因此，我们不再认为这些结果真实、可信。"[39] 不久，他的另一篇发表在《神经影像》（NeuroImage）上的论文被认定有同样的问题，也被撤稿。[40]

113

乍一看，布雷特的案例似乎属于"诚实的"错误，或者是一系列失误，而非有预谋的学术不端。然而，根据实验室负责人汉斯·奥帝贝克（Hans Op de Beeck）所说（并经鲁汶大学官方调查证实），虽然布雷特的行为始于对数据的诚实探索，但他发现分析过程中的错误会带来非常漂亮的结果后，并未及时纠正错误，而是任其存在，这种探索就变成学术不端。[41]"他从来没有明确地选择操纵数据，比如在某一天开始工作时对自己说：'从现在起，我要操纵数据了。'"奥帝贝克推测："这更像一种偏离正当轨道的做法。一开始这种偏离只在对数据的探索中偶尔出现，后来变得更系统。当他发现只有如此分析才能有结果时，便有意保留这种方法，然后对我和实验室的其他人有所隐瞒。"[42]

像其他许多年轻科学家一样，布雷特雄心勃勃，力求在著名期刊上尽可能多地发表论文。奥帝贝克认为，这种让布雷特觉得需要得到"正确结果"的压力，加上他远大的职业抱负，诱使他从一开始在数据探索过程中微小的偏离逐渐升级为后来彻头彻尾的欺骗。"在他作出这个最糟糕的决定时，他正在修改一篇审核中的要发表在高影响因子期刊上的文章，他要处理其中一个控制实验的数据，"奥帝贝克回忆道，"如果他在分析过程中不操纵这些数据，他的文章根本无法修改到符合要求。但这篇论文对他的职业发展来说太重要了。他想在大学找到教职——我是支持这种抱负的——但他对想去的大学非常挑剔，我试图让他降低期望，因为他的期望不太现实。"

布雷特本人则说，他走上假造之路是迫于"发表或出局"的科研文化。在接受比利时《标准报》（De Standaard）的采访时，他说："发表文章的压力太大了。如果我发表的文章不够多，我的学术生涯就毫无前途。这种压力让我犯了错。"[43]奥帝贝克相信，对像布雷特这样的青年科学家来说，假造有巨大的诱惑，而导师面临是否掩盖学生造假事实的选择时，同样有巨大的压力，尤其是在导师本人的职业生涯也尚不确定时。"想象一下，假如在发现他的错误时，我正面临与他一样的职业压力，"奥帝贝克解释道，"如果我还没有拿到终身教职，只有一份临时合同，需要到处求职，要作出现在的决定（去汇报布雷特事件）会困难得多。"奥帝贝克坚持认为，避免利益冲突对于维护研究伦理至关重要："重要的决策越是由那些利益牵涉更小的人作出，就越好。"

布雷特的造假行为与其他青年科学家的学术不端案例有很多共同之处。发生布雷特事件的同一年，在美国华盛顿大学托德·布雷弗（Todd Braver）的认知控制与心理病理学实验室，一位博士生亚当·萨未内（Adam Savine）被发现造假，他伪造了三篇文章和六个会议报告的结果。[44]就在萨未内博士答辩前，布雷弗发现他的数据文件中存在许多不一致之处，萨未内因此被揭发。与布雷特一样，萨未内很快就承认自己伪造了研究结果。他的博士答辩被取消，同时因违反学术伦理而被布雷弗通报。[45]

布雷特和萨未内都离开了学术圈，他们的行为对其导师奥帝贝克和布雷弗有什么样的影响呢？奥帝贝克说并没有感觉到这个事件对自己的职业生涯有任何不良影响。"比较了解这个事件的人都相信我只是做了自己该做的事情，甚至有人觉得它是一个积极行为，像这样的行为应该经常发生，"他说道，"大学的内部调查并未责难我本人或者我的实验室，教职评审工作委员会或其他委员会也没有消极看待此事。"然而，在布雷特事件之后，他改变了自己实验室的行为准则，更强调集体责任。"现在我们更清楚地知道，数据属于实验室，并不属于某个人。我们通过重新分析数据发现了早先的错误，所以很显然，数据可在事后接受检查。现在我们有了更系统的备份以及数据储存系统，同事们知道我和实验室管理员都可以访问这些数据。"他还督促改变实验室中执行研究规划和数据分析的习惯。"我们实验室现在更清楚，什么样的决策不能由一个人在孤立的环境中作出，而应该在团队中讨论，或者至少由主要研究者和我本人一起讨论。比如说需要（使用磁共振）扫描多少个被试，是否排除某个被试的数据，是采取 A 分析方法还是 B 分析方法，这些决定都很困难，也容易受各种偏见的影响。在布雷特事件之前，我们讨论过这样的问题，但现在我们更有意识、更系统地去做这件事。"

115

对奥帝贝克来说，他的经历证明，当资历最浅的学生在自己眼皮子底下作出不诚实行为时，资深研究者是多么无能为力。"这个事件告诉我，我们所做的一切都是基于信任，"他解释道，"我，或者其他像我这样的实验室负责人，虽然能够发现诚实的错误，但我们也很容易被愚弄。"虽然奥帝贝克认为研究实践中更高的透明度有助于避免造假，例如让已有的数据更容易被重新分析，但他也担心对造假行为的过度反应可能导致科学界实施严厉而无效的监管。"即使采取非常严格的规则，也无法阻止那些真想造假的人，但对于大部分诚实的科学家，这些监管是非常麻烦的，"他说，"我始终相信我们需要在一开始时保持信任，尽可能采取一些举措，帮助大多数值得信赖的科学家更好、更有效地完成工作，不要让他们受困于官僚主义。"

对于布雷弗，萨未内的造假行为带来更深远的影响。2013 年事件最初公布时，[46] 他公开宣布，他正致力于在实验室实施能更快发现和阻止学术不端行为的措施。[47] 两年后，我询问布雷弗实行了哪些改革，他告诉我："最主要的改变就是更标准化、集中化，使每个项目的记录和存档更透明化；另一个我们正在努力推动、积极过渡的变化是在项目中使用'开放科学框架'这一网站及其原则。"布雷弗热衷于开放科学实践，特别是数据分享。"我本人十分鼓励实验室的每个人都将开放科学框架作为原始数据和分析文件的储存库，这样我们可以在文章发表时将其公开。虽然对于神经成像以及其他有大量复杂数据的认知神经科学实验，这仍然有一些困难，但我们正在寻求多种解决方法。"[48]

116　　就像奥帝贝克一样，布雷弗同样不觉得（在不知情的情况下）招收过一位造假的研究者给他的职业生涯带来任何负面的影响，但在萨末内事件曝光后，神经科学协会暂时中止了他的会员资格，原因是：尽管美国研究诚信办公室认为他与不端行为没有任何关系，但他要承担数据造假的共同责任。该协会的伦理政策声明，它"保留（对会员）实施制裁和／或采取纠正措施的权利，无论在机构调查中是否（发现会员）有主观意图"。[49] 该政策没有说明惩罚无辜的实验室负责人或共同作者在伦理上的具体理由，这有点像集体惩罚，而这样的政策可能会让实验室负责人更不愿意曝光实验室成员的造假行为。[50]

　　布雷特和萨末内的事件提醒我们，造假行为并不仅仅存在于最资深的教授当中。事实上，对于那些面临职业发展中激烈竞争的青年研究者，造假的诱惑力即使比不上资深教授，至少也一样强烈。如果布雷特和萨末内躲过了调查，可以预见，他们会步斯塔佩尔和斯密斯特的后尘。他们的行为被及早发现终归是有益的。与此同时，对于布雷弗和奥帝贝克，在自己的实验室里发现造假行为是他们学术生涯中承受过的最严重的背叛。在 2013 年发现萨末内的造假行为后，布雷弗描述自己的感受是"震惊、气愤和极度失望……，是对我的信任、所投入的时间以及对萨末内的教导最严重的背叛。从某种角度来说，研究生的导师有点类似于父母，所以这件事就像发现自己的孩子洗劫了自己家和邻居家后逃走了"。[51] 奥帝贝克也表达了相似的情感："在我最后决定撤稿以及（不可避免地）公开这件事的那一天，我非常懊恼，甚至在停车场出了驾驶事故。车上的划痕和凹痕那么明显，虽然车还可以行驶——这就像对这个事件无比恰当的比喻。"好在布雷弗和奥帝贝克对所发生的事件迅速、透明的回应使他们的职业生涯免受持续影响，这种经历也让他们改变了实验室的工作规则，这不仅减少了出现造假行为的可能性，而且减少了研究中的各种偏见。

凯特的故事：揭发和挑战造假行为的巨大风险

在布雷弗和奥帝贝克的案例中，在自己的团队中发现的造假行为虽然给他们的职业生涯带来短暂的影响，但幸运的是，他们的研究生涯没有受损。但如果权力关系反转，也就是年轻的科学家揭发导师或资深研究者的不端行为，后果就更严重。正如我们之前提到过，举报斯塔佩尔的三位年轻研究者，他们的职业生涯随着斯塔佩尔的倒下而被压得粉碎：要么离开学术圈，要么去不知名的机构工作。在另一些案例中，资历尚浅的举报者面临着被驱逐出学术界的"待遇"，而他们举报的资深科学家几乎毫发无损，免于任何处罚。

凯特的故事很好地说明了青年科学家在勇于揭发和挑战资深科学

家的不当行为时所面临的风险。我们使用凯特这个假名是为了保护当事人的身份。她向我讲述了被卷入顶头上司的学术造假调查之后的遭遇，同时分享了此事对她个人的生活和职业生涯带来的深刻影响。以下皆出自凯特的描述。⑤²

当时，凯特是一位博士后研究员，在某知名大学心理学系的一位实验室负责人（principal investigator, PI）手下工作。她和PI合作的研究主要关注大脑损伤人群的行为变化。他们签订了三年的合同，第一年进展顺利。⑤³凯特告诉我："最初，他是一个非常友善的人，也非常厉害。"但第二年开始出现各种问题。PI在对某位有特殊脑损伤的患者进行个案研究，凯特没有直接参与，不过PI在课题组里招募了几位年轻的成员，其中包括三位比凯特更年轻、更缺乏经验的实验助手。

第一位助手和PI一起对病人进行测试，使用的是一套定制的设备，这些设备需要放置在特定的方位才能得到比较可靠的结果。但测试结束后，她发现设备并未按照测试要求设置好，也就是说，PI得到的结果（正好完全符合他的研究假设）没有任何意义。随后，在根据这些结果写论文时，PI却单独指导第二位助手准备该设备的位置效果图。第二位助手忠实地展示了该设备在实验中的实际方位（即错误的放置角度），但PI见到后，指示她按照设备应该放置的角度重新作图，以保证测试结果有意义。凯特说，当这两位助手指出PI的错误时，他置之不理。

事情到这一步时，三位助手觉得有些可疑，她们陆续向凯特寻求建议。"她们每个人都单独找我，说她们觉得PI的行为不太对劲，"凯特说，"我分别对她们说，她们需要碰一下头，这样才能了解整个事件的来龙去脉。随后，她们三人多次碰面，之后再与我一起讨论，事实变得非常清晰：PI 确实有欺骗行为。我们从未碰到过类似事情，对这种行为非常气愤。我天真地认为，如果将这件事向 PI 的上级反映，事情就会被妥善处理。于是，我建议她们去找系主任。"凯特现在怀疑这个建议的正确性："回过头来看，这个建议实在太蠢了。后来发生的一切告诉我，当时的建议应该是：放弃，辞职，置身事外。"

当三位助手去找系主任时，系主任说，如果她们要详细解释该事件，他就必须向更高一级的部门汇报。"此后，她们三人回来告诉我，系主任已经知道了此事，"凯特回忆道，"但系主任也问她们，是否确定要继续举报。他未给她们任何建议，只是让她们作出选择。这三位助手选择继续举报。此后，系主任做了他的分内之事：将此事上报给校级领导。"三位助手一起向校方提交了一份报告，其中记录了她们认为可能存在的问题。在凯特的帮助下，她们从数据中得到额外的证据，证明设备确实没有被正确放置。很快，PI 被告知，他因学术不端被正式调查。

尽管不是正式检举人，但此后凯特与 PI 的关系急剧恶化。"他把所有怒火发泄到我身上，指责我策划了这场针对他的'运动'，鼓动助手举报他。他决定终止与我的合同，将我的工作交给一位新人。"凯特确信 PI 一直不让她参与这个实验，就是为了更容易伪造结果而不被发现。"我参与了好几个实验，我确定他将我排斥在这个实验之外是因为他知道如果我参与其中，他就无法伪造任何结果。他只让经验更少的人参与——那些他可以轻易操纵的人。即便如此，他也非常谨慎，只让每个人看到整个项目非常少的一部分，这样更方便他扮演权威。但他还是低估了年轻人，也没有预料到她们会来找我。"

119

凯特回忆说，在处理举报时，校领导对这些年轻的实验助手下了禁言令。"他告诉这些年轻人，该事件已开启法律程序，禁止她们向任何人谈及此事，私下谈也不行。我曾半开玩笑地说，他没有对我提过这个特别要求。当然，我仍然保持了沉默，因为我不想损害整个系的名声。我知道如果把这件事说出去，与此事无关的人也会受影响。我们相信一切都会好起来，因为按照程序，自有人主持正义。我们会守口如瓶，作为回报，学校会阻止他（PI）继续这样做。"

　　但凯特对整个系统的信任终究错付。最终校方认为，PI的行为不足以判定为学术不端，认为他只是进行了"不严谨的研究实践"。PI没有受到正式处罚，学校没有公开这次调查及调查的结果，校方只要求他重复这个有争议的实验。"我们极其震惊和惶恐，"凯特说，"彼时那几位年轻的实验助手已经离开了，走上不同的岗位和职业。涉事者中只剩下PI和我还在学校，直到他将我开除。"随着年轻团队的离开，PI选择一个人重新做这个实验。"在我们已经提供证据的情况下，校方依然允许他这样做，这让我非常惊讶，"凯特说，"没有人监督他对病人说了什么话，没有人审查研究数据。"重复实验的结果完全证实了PI的假设，论文也迅速被一家知名期刊接收，留存至今。

　　在第二年的最后几个月里，凯特觉得自己不断受到攻击。"我遭受大量来自PI的欺凌，也承受许多令人不齿的行为。他不让我完成实验，不想让我回到实验室。他觉得自己没有做错任何事情——他完全是正派的、无辜的。他对我的报复仅仅是他维护'正义'的方式。"PI在第二年年底开除了凯特，系里也无法给她提供工作。由于很少有实验室做类似研究，工作的机会很少，所以她面临着艰难的抉择。"这件事让我付出巨大代价，情感上和职业发展上均如此。我要么带着一篇论文落荒而逃，要么咬牙继续坚持，试着收获更多的成果。我决定走下去，能走多久就走多久。但很明显，这对我来说真的非常艰难。"

在一位同事的帮助下，她在附近的一所小学校里找到一份临时的研究工作，继续自己的研究。同时，她多次申请原来那个系的教职，但没有一次成功过。最终，在屡次尝试之后，她听说新系主任一再驳回她的申请。对此凯特倒是很看得开："虽然当时觉得难以接受，但回头想想我还是可以理解的。毕竟，作为系主任，你肯定要尽可能让一切看起来很好。现在看来，我一直申请要回去的做法实在是太天真了。"

经历七年多断断续续的短期合同以及事业上的停滞不前后，凯特终于得到另一所大学的教职，将职业生涯拉回正轨。几年后，她转到一个更大的机构，并在那里获得终身教职。"我花了十年才回到原来的位置，"她说，"即使这样，与可能更坏的结果相比，我还算比较幸运，因为在与 PI 一起工作时我发表了几篇论文，这意味着我职业生涯中的这段时间并没有完全荒废。我也幸运地认识了足够多的资深研究者，他们给我写了工作推荐信，让我在这一点上不用依靠那位 PI。"

关于那位 PI，凯特后来了解到，系里希望他能跳槽，并不动声色地将他推到离职的边缘——将他的终身职位变成临时职位。调查结束后不到两年，他离开原来的大学，去国外工作，至今仍在一所重要机构担任高级教授。在随后的几年里，凯特开始相信 PI 当时的行为并非巧合。虽然凯特承认自己没有确凿证据，但她确信他是个惯犯。"我强烈怀疑他发表在《通才科学期刊》(*Generalist Science Journal*)上的文章是捏造数据得来的。后来他和另一位研究者合作写过一篇文章，这位研究者碰巧是我的好朋友，这篇文章的数据也十分奇怪。当我的好朋友发现这一点时，文章已经投稿且正在审稿。随后，期刊编辑决定让他们重新做实验。果不其然，PI 做了一个完美的实验，得到相同的数据结果。但我的好朋友没有参与收集这批数据，虽然她参与该项目的每一个环节，却不知道是谁重新做了这个实验——就好像凭空冒出来的。我建议她不要管这件事，她照做了，因为她的合同也快到期了。"

对于那些身处不平等权力关系中的年轻研究者，当他们怀疑资深研究者有不端行为时，凯特的建议是什么呢？她说："我会告诉他们，辞职，走人，忘记这些事。如果可以回到过去再来一次，我会完成自己的实验，之后辞职，再找一份工作。"同时，她也坚持认为资深研究者的不端行为必须被揭发。"揭发与跟进这种事情存在很大差别。关键在于揭发者——年轻的研究者——应该辞职。他们必须辞职。"福斯特事件中的举报人也表达了相似的意见。对他来说，整个事件的处理过程造成了巨大的个人伤害，他并不推荐其他人这么做。"事后看来，如果你已经收集到关于不当行为的清楚证据，你就可以去揭发这种行为。但如果你认为数据是假的，却没有确凿证据，在目前的这个系统中，举报纯粹是浪费时间。"

尽管亲身经历之后，举报造假行为的方式有所改变，但凯特依旧相信，要真正地解决这个问题，心理学界还有很长的路要走："虽然在阻止假造行为上有不少改进，但对于卷入其中的每个人，举报依然有巨大的风险。只要举报人无法得到充分保护，只要机构没有完全透明，有权势的人就会继续逃脱惩罚。要阻止他们，只能靠那些有更大权力的人——他们的直属上司和大学的最高领导。"她也相信，要想让年轻科学家避免陷入她经历过的苦难，最好的方法是，在假造者职业发展的早期就剔除他们，就像处分布雷特和萨米内那样。"我们需要在这些人还年轻，在他们拥有权力之前，在揭露其造假行为不会附带巨大损害之时，找出他们的造假行为。我们要培训资深研究者，在研究生阶段就甄别出有假造倾向的人，将其清除出学术圈。我们在写推荐信的时候也要诚实。这将需要整整一代人的时间，也需要风气的重大转变。"

肮脏十二条：如何安全地造假

如果让那些造过假的心理学家编写一本如何在当下的系统中钻空子的秘籍，这本书会是什么样的？我们收集了十几条"顶级秘诀"，供"有志之士"参考。

（1）花时间阅读文献。文献里的材料可以让你得到巧妙的假设，编造出充分可信又足够惊人的假数据，这些将帮助你取悦期刊编辑和审稿人。

（2）调换不同条件下的原始数据以得到你想要的结果。假如你想得到的结果是条件 A 显著地超过条件 B，你需要做的就是把那些表现出相反模式的数据对调一下。对调数据比编造数据更妙，因为它保留着原始数据的结构，造假痕迹轻微。但不要把每个与假设相反的被试数据都调换过来（见第 3 点），否则结果看起来就不那么可信了。

（3）编造或调换数据时，切勿让结果过于完美。只需要让它们变得明确地支持你的假设，让 p 值小到可以通过严格的多重比较矫正就行（这样还能给其他研究者造成一种假象：你是一个严谨、值得信任并且懂统计的研究者）。记住，无可挑剔的数据一看就是被操纵过的，也会引起"数据侦探"们的注意；但"足够好"的数据看起来更真实，通常也不会引人注意。

（4）在使用伪造的数据之前，一定要先用西蒙松及其同事开发的造假探测工具检查一下。切记不要在人类基本的统计谬误上栽跟头，如小数定律。记得检查一下与研究假设无关的次要条件（如男性和女性的数据或年轻人和老年人的数据）是否有不平常的趋势，避免它们暴露出数据操纵的痕迹——这一点很容易在匆忙中被忽略。

（5）严密控制数据的访问。除非迫不得已，不要将数据分享给任何人。只在合作者特别要求时才把数据发给他，但也要附加使用限制。不管合作者是谁，只发给他绝对必要的数据，除此之外的任何数据都不要分享——不要忘了，许多造假行为都是由比较亲密的同事或学生揭发的。

（6）完全伪造数据的次数不要太多——记住，最好的谎言都是几乎真实的。只有在伪造结果可能让你锁定高影响因子论文或获得基金时才这么做，贪心或自大会令造假者暴露。如有其他诚实的研究证伪了造假的研究，将其归咎为隐藏变量，或者，更好的做法是，让这样的研究永远躺在它该在的地方——抽屉里。

（7）如有可能，避免伪造那些容易成为重复研究目标的结果。幸运的是，重复研究比较少，所以这个问题不太常见。尽管

123

156

如此，还是要注意，结果未能被其他课题组重复出来可能带来负面的关注和曝光的风险。有时候如果需要，你必须伪造数据来发表有高影响力的文章，请确保你的结果是研究者都能预料到的，但要以聪明的方式呈现——一种人人都会相信你的结果，却不想试着重复的方式。

（8）论文的方法部分在细节处保持模糊，对同行提出的具体操作问题仅给予含糊的回应，或者忽略他们的邮件。保持技术上的模糊性会增加其他研究者重复你的研究结果的难度，同时在其他人未能独立重复出你伪造的结果时，给你提供非常好的掩护。如果他们的结果与你的研究结果矛盾，你就总能指出他们使用的方法在一些关键的细节上——即使你从未在文章中明确说明过——与你的方法不完全相同，或者比你的方法更差，让别人无法完全相信他们的结果。此外，礼貌地拒绝任何要与你合作的重复研究者，尤其要关注那些已经预注册方法部分的对抗合作式项目，这是极其危险的。你只需要说自己太忙，无法参与这种项目。还要记下那些成功地重复出你先前伪造结果的研究（不管是直接重复还是概念重复，后者更有可能）。如果你的发现非常有影响力，也是其他人想要看到的，其他研究者的证实偏见将保证你伪造出来的结果至少有部分能够被重复出来。

124

（9）雇佣大量实习生或无酬劳的研究助理，将他们的工作分开，保证每个人了解到的实验细节都不足以发现任何造假行为。这些人的身份和他们在你的实验室工作的时间，都尽量不要留下记录。这样的话，如果有人质疑你的数据，你就可以把责任归咎为实验室的前工作人员。同时，由于没有留下记录，你不用说出某个具体的名字。

（10）为了进一步制造烟雾，可以偶尔写一些关于研究实践的文章，同时，面临晋升时，可以担任一些在诚信领域有重要影响力的职位，如学术伦理和方法论方面的职位。但不要在这上面花太多时间（记住，这些只是幌子），在这样严肃的话题上建立自己的声誉能帮助你打造出你不太可能造假的人设，这反过来可以防止那些潜在的举报者检举你。也一定要反对提高研究实践的透明度，理由就是科学研究已经这样运行几百年了，一切良好，不劳挂心。记住，提高研究透明度会使你饭碗不保。

（11）如果被人举报，立即删除原始数据以干扰调查，并谴责那些告密者的行为和动机。如果你所属机构决定公开调查，可能的话，威胁机构负责人，告诉他们你要诉诸法律手段；威胁所有年轻举报者，让他们闭嘴。可以说一些上纲上线的话，如"政治迫害""嫉妒"或"黑暗势力"，来赢得上级和其他人的同情。指出你的工作已经被很多研究者多次成功重复，但不要给出任何具体的例子以免被人反驳。只要尽量让大学或研究机构拿你和你的原始数据没办法，它们就更可能帮你减轻或掩盖这些指控。不管发生了什么，都不要承认。一旦承认，你制造学术垃圾的职业生涯就到此为止了。

（12）当你怀疑自己为什么要做这一切的时候，记住了，科学研究不过是一群讲故事的人为了地位而进行的竞争。你只不过在做这个体系让你做的事情，何况，你听说其他人做过比你更坏的事情。毕竟，你做的事情并不会真的伤害任何人。你的某个具体研究结果是真是假，这真的重要吗？谁会真正关心呢？所有结果在某种程度上都是错误的——正如一位同事曾经写的：我们期望的最好的结果不过是"有趣的错误"。从长远来看，科学研究总会自我纠正。

如果心理学研究者作为一个共同体下定决心要与造假行为作斗争，我们是可以成功的。但现在仅仅提及造假行为都近乎禁忌，更不用说去处理它们了。一方面，我们将造假看作少数"坏人"的行为——这些人威胁了科学研究的公众形象；另一方面，虽然我们从一个基于信任的诚实体系中受益，却未能够建立检测造假行为的机制，无法在造假者带来的恶性竞争中保护那些可靠和诚实的研究者。

怎样才能控制造假行为呢？在第八章中，我们将讨论一些解决方案，包括按照标准开放数据，由独立机构随机审查数据，以及处罚已查明的造假行为。我们也将会再次讨论根除科学中所有错误行为——包括造假行为——的终极方法：由独立研究者开展直接重复研究。

第六章

成果封锁之罪

发表意味着"让公众知晓"。

——麦克·泰勒（Mike Taylor），2012

　　科学家们因彼此乐于分享新想法而自豪，因为大家都知道，如果没有丰富的交流与碰撞，科学就不复存在。但在第四章中我们还是看到，有一些心理学家违背了这一理念的核心：他们拒绝公开数据以供学术核查或再次利用。与"囤积数据之罪"交织的是学术圈的封闭之风，两者同样令人忧心，但后者更盘根错节。不仅难以获得论文的实验数据，就连心理学家发表在同行评审学术期刊上的论文——报告他们自己的研究结论和洞察的论文——的公开，也会受到付费墙（paywalls）的限制。这堵付费墙意味着，即使纳税人已经为研究的开展提供了资金，但如果想阅读这些论文，他们需要再付一次钱：要么至少掏 30 美元来阅读一篇文章，要么付更多钱来订阅期刊。

　　长期以来，心理学界对这种有付费门槛的发表体系颇为满意，并不执着于把研究成果公之于众。在西方国家，大多数心理学家都依靠大学图书馆的期刊订阅（其实也相当于纳税人付费）来解决访问限制的问题。这样一来，学者们的确可以阅读彼此的文章了，但公众仍然没有途径去阅读。甚至，下文中我们将会看到，并非所有高校都有资金为师生订阅期刊。最重要的是，公开发表本是让公众知晓研究成果的一种手段，有付费门槛的发表体系却将之削弱为学者间专享的沟通，好像象牙塔之间通过窗户连通的电报线。

　　虽然有付费门槛的发表体系并非心理学界独有（它也主宰了其他

许多科学领域），但心理学界至少有更多的理由反对这种陈旧的传播方式：心理学的研究成果能引起公众的极大兴趣，与政策制定相关并高度依赖公共基金。正是因为这种将公众和非学术用户拒之门外的风气，心理学被冠以第六宗罪——成果封锁之罪。

开放获取出版的基本原则

"布达佩斯开放获取倡议"（Budapest Open Access Initiative）对开放获取（open access, OA）出版下了定义：可在公共互联网上免费获取，允许所有用户阅读、下载、复制、传播、打印、检索，以及为论文全文设置超链接，为之建立索引，将其作为数据输入软件，或用作其他合法用途。[①] 这一计划旨在使研究民主化，使研究成果对于纳税支持科研的公众更透明。开放获取出版有利于许多社会群体：从需要获取即时原始科学文献的记者和科普人士，到以最新科研成果为创新驱动力的企业，再到需要学习并应用知识的学生和专业机构（如医疗从业者），以及需要将科学发现转化为公共政策的政治家。实施开放获取的时候，通常遵循两种主要路径——完全开放获取和混合开放获取。

完全开放获取（Full OA）。最简单、易行的开放获取模式是这样的：在知识共享许可协议（Creative Commons Attribution License, CC-BY）下，某期刊发表的所有文章都可免费获取，允许读者"复制、传播、展示、放映该作品。只要按作者或许可方的说明，以引用等方式注明出处，读者便可以基于这些研究做衍生工作"。[②] 大多数完全开放获取的期刊采用以下两种运作模式之一：为作者和读者提供完全免费获取服务（通常由大学或图书馆等机构资助）；以论文加工费（article processing charges, APCs）的形式向作者收取出版费用，即所谓"金色 OA"模式。在这两种模式中，发行成本从读者身上转移，转为由作者承担。③ 收费的 OA 期刊包括《PLOS ONE》和《PeerJ》，在心理学领域有《科学心理学档案》（*Archives of Scientific Psychology*）和《生物医学中心：心理学》（*BMC Psychology*）等。④

混合开放获取（Hybrid OA）。实施混合开放获取的期刊采用的是传统订阅模式，但其中部分文章可以开放获取，其余文章需要付费订阅。这类期刊中的论文有多种方法实现开放获取。对于一些期刊，如《神经科学期刊》（*Journal of Neuroscience*）和《美国国家科学院院刊》（*Proceedings of the National Academy of Sciences USA*, PNAS），文章最初受付费的限制，但在一段"封禁期"（如 12 个月）后，读者就可免费阅读，作者也无须额外付费。另一种选择是，论文被接收后，作者可以选择向出版商额外付费，使文章即刻公开，这种方式类似于完全开放获取的期刊向作者收取的论文加工费。尽管出版商还要收取订阅费用，这种论文加工费却仍然比完全开放获取的期刊收取的费用多出至少 50%。最后，一些出版商允许作者在公共存储库中自由存档已接收的论文，即所谓"绿色 OA"模式，不过，大多数出版商只允许存档后印本（postprint，即经过审稿决定接收，但未经期刊编辑的编辑、排版的文稿，如由文字处理软件加工的草稿。——译者注），而不是正式发表在期刊上的论文。

心理学期刊对这些 OA 模式有多支持呢？目前，大多数比较著名的心理学期刊，也就是心理学家向往的、有利于职业发展的期刊，都支持混合 OA 模式，包括绿色 OA 和金色 OA 模式。例如，由美国心理学会和实验心理学研究者协会（Psychonomic Society）出版的期刊提供金色 OA 模式，在多数情形下，也允许未经过编辑加工的后印本即刻以绿色 OA 模式存入公共存储库。其他出版商，如爱思维尔（Elsevier），会提供金色 OA 模式和限制更强的绿色 OA 模式，即要求作者的后印本必须在一个机构数据库中封存至少 12 个月（如《皮层》期刊），才能被公开获取。[⑤] 关键是，几乎没有心理学出版商采用完全 OA 模式，而在最著名、最有声誉的心理学期刊中，没有一家向作者和读者提供即时、永久免费的获取模式。[⑥]

为什么心理学家支持有壁垒的发表体系？

心理学界对付费出版这一体系的容忍度是非常惊人的。[⑦] 相比之下，在物理学界，将预印本（preprints，未经同行评审的版本）和已被接收的后印本在免费资源库 arXiv.org（物理学、数学和计算科学等领域的预印本系统）中存档才是标准做法。这种模式已运行了 25 年，每个月都会提交成千上万篇论文。[⑧] 虽然许多物理学家也支持同行评议的期刊，并在这些期刊上发表论文（其中许多期刊都属于学术团体），但这些期刊的出版政策和版权许可都是围绕 arXiv.org 制定的，充分满足大众的需求，使得出版物更透明，更易于获取。然而，在心理学界，即使出版商的政策完全允许，将预印本和后印本都存档的做法还是很少见的。为什么心理学界如此不情愿接受更开放的出版模式呢？

事实上，几乎所有出版商都允许将预印本公开存档，但心理学研究者很少主动这样做，其中一个原因可能来自第一章到第三章提到的问题——心理学研究信度较低。在心理学界，审稿人和期刊编辑常常鼓励（甚至要求）作者根据预料之外的结果改变研究假设，并且——为了把故事讲得更清晰、缜密——在引言部分就提出修正后的"假设"，就好像自己最初就是这么预测的。虽然在心理学界常见，但这种有待商榷的根据结果提假设的行为（见第一章）是不应被允许的。假如某篇论文有预印本，只要对比预印本和被接收的文章中的假设，即刻就能发现审稿过程中的根据结果提假设的行为，也难怪少有心理学研究者愿意冒险公开预印本。

要解释为什么采用完全 OA 模式的心理学期刊如此稀少则更加困难，但这也许与评估研究质量的文化常态有关。心理学研究者在评价已发表的研究时，非常重视期刊的等级和声望，而少数基于订阅的知名期刊在这方面几乎占据垄断地位。这种用期刊等级来评估研究质量的直觉并不一定正确，因为期刊排名与单篇文章的价值最多只有较弱到中度相关，[⑨] 但科学界在这个问题上就变得不那么科学了：研究的真实质量要让位于感觉到的质量。

在心理学界，这样的体系阻碍了 OA 模式的发展，因为排名高的期刊几乎都未采用完全 OA 模式。例如，在认知神经科学和认知心理学方向，最受认可的期刊包括《自然》《科学》《自然·神经科学》（*Nature Neuroscience*）、《神经元》（*Neuron*）、《美国国家科学院院刊》《当代生物学》（*Current Biology*）、《神经科学期刊》《心理科学》《认知心理学》（*Cognitive Psychology*）和《实验心理学》系列期刊（*Journal of Experimental Psychology* group）。只要快速浏览一下顶尖心理学家的简历，很容易发现他们在这些期刊上发表了一系列论文。然而，这些期刊中有多少家采用完全 OA 模式？答案是，没有

131 一家。对于《自然》杂志，作者甚至无法选择自费以让自己的论文被免费获取。

期刊等级的产生并非偶然。有时排名是根据历史与信誉演变而来，如《实验心理学》系列期刊就是心理学领域历史最悠久的期刊，几十年来一直以细致的同行评审和编辑而备受赞誉。其他主流出版物则利用"吸睛因素"，通过选择性地发表新颖而抓人眼球的结果（发表偏见）来增加声誉。拒绝 90% 以上的投稿在排名靠前的期刊中犹如家常便饭，拒绝的稿件越多，期刊就越有声望，越被追捧。文章被拒绝不一定是因为有科学性瑕疵，而是因为这些研究结果被认为缺乏新意、枯燥、乏味，或者难以清晰地讲出一个"好"故事。

部分 OA 模式的支持者主张大规模抵制这些期刊，并呼吁科学家（包括心理学家）将他们的研究成果投向《PLOS ONE》《PeerJ》或其他几个新兴（但排名较低的）的采用 OA 模式的期刊。[10] 这确实有一定吸引力，毕竟，如果所有心理学研究者都这样做，成果封锁之罪很快就不复存在。但如果缺少有力的激励政策，大规模草根运动不会自然发生。心理学研究者如果放弃传统订阅期刊，就相当于放弃了事业上的追求。这意味着他们要为了开放获取事业牺牲职业发展机会、晋升、基金和研究奖金。在采用完全 OA 模式的期刊上发表论文甚至会让科学家丢了工作。在英国部分大学中出现了一种趋势：教职工的续聘一定程度上取决于他们在"高质量期刊"上发表的论文数量。[11] 订阅期刊，而非采用完全 OA 模式的期刊，几乎垄断了"高质量期刊"排行榜，心理学研究者如果只以 OA 模式发表论文，就会面临诸多不

利因素。

对于没有永久学术职位保障的年轻研究者，晋升和就业带来的忧虑尤其强烈。同时，尽管许多资深心理学家有更多自由和资源，可以选择在不太知名的 OA 模式期刊上发表论文，但在现实生活中，他们中的许多人会选择继续强化成果封锁的现状，这不仅仅是为了维持自身的学术影响力，也是为了保护他们年轻弟子的职业生涯。为了解释其原因，请想象你是一位心理学教授，正在指导一位很有前途的博士生，你相信他有一天会成为一位学术领袖。该生极其努力，完成一系列开创性工作，并将论文投向《PLOS：生物学》（*PLOS Biology*），这是你所在领域中唯一一个采用完全 OA 模式的高水平期刊。然而，司空见惯的是，即使这项研究十分优异，论文还是被拒绝了。接下来怎么办？抱着这一杰作能被认可的希望，你会把这篇文章重新投向一个排名较低的采用 OA 模式的期刊吗？就算这个期刊被许多科学家忽视，甚至瞧不起，也在所不惜？或者，你会把它投向一个付费订阅的知名期刊？这一主流期刊既能吸引读者，又能获得学界的尊重，这篇论文将在这里实现最大价值。哪一个更重要呢？是推动科研的公开化、透明化，还是为这位被你掌握前途的年轻科学家的事业助力？

对科学负责，还是对科学家负责？这二者的冲突是管理研究团队的资深心理学家每天都要面对的现实困境。每位在此"幸运"职位上的人早已一次又一次地领教到，应聘委员会、基金评审员和基金会都会一股脑地被发表在知名订阅期刊上的文章所吸引。因此，从博士生到教授，所有级别的心理学家都不愿为了完全 OA 模式而牺牲自己和学生的生计，这种现象真是不足为奇。

混合开放获取：既是解决方法，也是问题本身

如何改变学术界的激励模式，去奖励那些支持开放获取的心理学家，而不是惩罚他们？过去十年间出现了许多倡议，推动心理学向更开放的方向发展。自 2005 年，英国最大的非政府科学研究基金会——韦尔科姆信托基金（Wellcome Trust）率先要求受资助者在 CC-BY 许可下，采用完全 OA 或混合 OA 模式发表论文。该基金会还鼓励作者将草稿发布在欧洲生物医学发表中心（Europe PubMed Central, Europe PMC）在线数据库中，在这个数据库中发表的生物医学论文可以完全免费获取。在最初的 7 年里，这项政策未被强制执行。不出所料，遵守这一规则的受资助者很少，超过一半受资助者仍将论文发表在有付费门槛的期刊上。[12] 到 2012 年，基金会采取严格的管制来贯彻这一政策：不遵守该项规定的作者会失去 10% 的基金，这一处罚金额从每笔几万到几十万英镑不等。[13] 2013—2014 的年度合规审查表明，尽管有些许改观，但仅有 61% 的受资助者完全履行了所有协议。荒唐的是，基金会还为最终并未在欧洲生物医学发表中心公开发表的论文支付了近 50 万欧元的论文加工费。[14] 之后，2015 年的一份分析报告稍稍乐观：基金会最初针对 134 例违规行为扣留了资金，最终只有 20 例未纠正，真正受到处罚。[15] 该基金会的数字服务主管罗伯特·基利（Robert Kiley）将大量作者不遵守该规则的现象归咎于出版商复杂且不透明的政策，尤其是传统订阅期刊，它们繁杂的混合开放获取模式最令作者困惑。"这些问题在提供混合开放获取模式的出版商中尤其普遍……大幅增加了遵守开放获取政策的成本（多承担 64% 的费用），"他写道，"基金会仍在致力于推动我们的开放获

取政策，但最终要想成功地将所有资助项目都变成开放获取项目，我们必须解决整个出版系统中显而易见的冲突。"

2012 年，英国政府意识到开放获取的重要性，同时也认识到它面临的诸多阻碍和遏制因素，于是开展了一项关于学术出版未来发展的官方调查。由女爵珍妮特·芬奇（Dame Janet Finch）教授主导的报告明确支持开放获取的理念，在最初就表示"公共资助的科研成果应在公共领域内自由获取，这一原则理所应当且无可辩驳"。[⑯] 但值得注意的是，这份报告并没有呼吁大家逐步接受开放获取，以贯彻这一"无可辩驳"的原则，而是主张采取"一套平衡的措施，以拓宽查阅学术论文的途径，加速向开放获取出版过渡"。[⑰] 具体来说，芬奇呼吁广泛采取一种由作者付费的金色 OA 模式，而不是绿色 OA 模式（自存档），并指出，我们需要"一个清晰的政策方向……致力于鼓励将论文，尤其是公共资助的研究论文，发表在收取论文加工费的采用金色 OA 或混合 OA 模式的期刊上，并将其作为发表论文的主要途径"。[⑱] 为什么要关注金色 OA 模式？据芬奇所说，"这是因为无论是营利出版商还是非营利出版商，都希望维持高质量的服务，也就需要相应的经费支持"。[⑲] 虽然出版商在限制公众获取论文的权利，但该报告明确表态支持这种行为背后的商业诉求：

134

> 当基金会和学术机构开始制定政策来推动开放获取，尤其是通过开放存档查阅论文时，那些出版订阅期刊的营利出版商和学术团体出版商都会将这种开放获取当作威胁。如果经过较短的封闭期后，已发表的文章就可以通过机构或某学科平台的存档来获取（绿色 OA 模式），也就是说，当开放存档使获取论文变得更

快捷和免费，出版商的销售额必将下降，这会被许多出版商视为对其收入，甚至其期刊生存的威胁。学术团体同样感受到开放获取对其出版收入的威胁，这些收入维持了它们的慈善学术活动和面向公众的活动。同时，由于部分会员是被期刊出版的会员福利吸引而来的，这些学术团体就认为推行绿色 OA 模式会威胁期刊的会费收入。[20]

"布达佩斯开放获取倡议"的最初签署人之一史蒂文·哈纳德（Stevan Harnad）严厉批评了芬奇的报告，认为它是"出版商游说的成功案例，目的是保护出版方自身的利益，却牺牲了研究和资助研究的公众的利益"。他认为，该报告建议将重点放在价格不菲的金色 OA 模式而不是免费的绿色 OA 模式上，就是一个代价高昂的错误：

> 芬奇的报告……意指绿色 OA 模式不完善且效率低下，还可能毁掉科学出版和同行评审制度，因此提议将其从英国政策议程中剔除（在绿色 OA 模式下，作者自行归档恰恰是资助基金会和学术机构所要求的）。取而代之的是，按出版商的节奏和利益向金色 OA 模式缓慢演进。[21]

长期以来，哈纳德一直提倡绿色 OA 模式。在出版商双向收费的混合模式下，他完全有理由呼吁实行该模式，但全部依赖它会蚕食收取文章处理费的完全 OA 模式期刊正在增长的市场，如 PLOS 和生物医学中心（BioMed Central, BMC）旗下的系列期刊。所以，短期内哈纳德将重点放在绿色 OA 模式上的提议并不让人满意，因为它将权力交还给传统订阅期刊出版商。此外，哈纳德的解决方案还需要作者同意出版商的要求，暂时封存采用绿色 OA 模式出版的论文，也就是说，学术论文发表之后，要过 6—12 个月，公众和非学术用户才能获取它们。长远来看，社会压力也许会使封存期限缩短或完全消除，这应该也是哈纳德的长期目标。但从反面考虑，由于绿色 OA 模式实际上是由订阅收入补贴的，一旦订阅量有任何减少，出版商都可能采取更严格的封存限制，以保护自己的收入来源。

与此同时，芬奇报告中依赖金色 OA 模式的提议同样让人不满意，因为它不仅要应用于采用完全 OA 模式的期刊，也要应用于采用混合 OA 模式的期刊。为什么金色 OA 模式在混合模式下会有问题呢？回想一下，对于采用完全 OA 模式的期刊，作者只需支付一笔论文加工费，就可以在 CC-BY 许可下发表自己的文章。该协议本质上允许重复使用论文，前提是原始工作所有权属于作者。但在采用混合 OA 模式期刊的金色 OA 模式下，发表文章的平均成本要高出 60%，这将使得用于论文发表的公共支出比当下的水平增加 2 倍甚至 3 倍。我们可以想象一下，在心理学或神经科学领域，采用混合 OA 模式的期刊可能发生的费用：首先，一所大学每年要向出版商支付巨额订阅费，可能高达每年每本期刊数万美元，而期刊套餐的订阅费高达数百万美元。有些心理学或神经科学类期刊还会收取额外费用，如投稿费用［举个例子，当前（本书撰写时），《神经科学期刊》的收费是 140 美元］、彩色图表的费用（可以高达每幅图 200 美元），以及每页的版面费［例如，《神经生理学期刊》（*Journal of Neurophysiology*）的每页版面费为 85 美元］。在这些费用的基础之上，芬奇的报告提出向出版商支付一笔金色 OA 模式的费用，让文章在发表后可被公开获取——仅这一项费用就高达每篇文章数千美元。与其他科学领域相似，心理学和神经科学领域执行同行评审的编辑和审稿人只有很少的报酬，甚至没有报酬，如果我们再考虑这一因素，这一模式就显得更加荒谬。除了期刊出版商，世界上还有哪个行业拿着几乎完全由他人完成的产品来获取三次报酬？[22] 显而易见，出版商会对芬奇的报告很满意，但我们既看不出这份报告提供了什么可持续的长程解决方案，也看不到对公共资金的合理使用。除了出版商，恐怕没有人会把芬奇的提议当作能让公众获取研究成果的可靠做法。

2013 年，协调英国全部六个主要研究理事会（其中包括支持心理学研究的）的中央机构，即英国研究理事会（Research Councils United Kingdom, RCUK），向受资助者发布新规定，解决了芬奇报告中的一些争议和矛盾。从 2013 年 4 月起，受英国研究理事会资助的研究的出版方必须采用绿色 OA 模式或金色 OA 模式。[23] 英国研究理事会向作者提供自存档和支付论文加工费两种选择，绕过哈纳德和芬奇分别提倡的纯粹绿色 OA 模式或纯粹金色 OA 模式的限制。虽然这一新提议相对更平衡，但凭其一己之力是无法使心理学研究完全开放的。首先，它只针对英国研究理事会资助的学术研究，而这些只占全球研究总产出的一小部分。哪怕在英国国内，许多心理学研究就由大学（而不是通过基金）或其他不强制要求 OA 模式的基金会资助。尽管存在这些局限，但毫无疑问，英国研究理事会的模式以及美国国立卫生研究院、荷兰科学研究组织（Netherlands Organisation for scientifc Research）[24]、英格兰高等教育基金委员会（Higher Education Funding Council for England）[25] 和欧洲研究理事会（European Research Council）[26] 等机构推出的类似政策，正在向普遍

OA 模式的方向推进着。

游击队员出击

改变开放获取出版的政策至关重要，但自上而下的改革总是过于缓慢和官僚主义，无法为消费者带来即时利益。讽刺的是，受影响最大的消费者正是研究人员。即便在西方的一所知名大学工作，我偶尔也发现学校图书馆没有订阅的某份期刊上正好有我感兴趣的文章，要么是因为期刊不太出名，要么是我想要的文章（pdf 格式）来自很老旧的一期，只能通过扩展订阅下载，而我们图书馆没有购买这种模式。因此，我要么联系作者以求原文（这种方法能否奏效全凭运气，因为作者可能已经去世了），要么求助于在更富裕的机构里就职的朋友，请他们在自己的图书馆系统中下载文章并发给我。更令人难以接受的是，在部分资金没那么充足的机构，研究者连自己发表的文章都无法查阅，这种情况并不罕见。我在 2003 年时就碰到过这种情况，作为一位年轻的博士后研究员，我不得不自费下载我的第一篇学术论文的电子版，这篇论文发表在《实验心理学期刊：人类知觉与表现》（*Journal of Experimental Psychology: Human Perception and Performance*）上。

下载同行评议文章时的受挫体验让研究者发起一场颇具规模的反对主流出版商的运动。2011 年，心理学家安德里亚·库祖斯基（Andrea Kuszewski）在推特上发起一场名为 #icanhazpdf（我要 pdf）的运动，使用众包（crowd sourcing）模式获得 pdf 格式的文章，发推特时只要打上 #icanhazpdf 标签，就能在短期内收到其他研究者发来的原本需要付费下载的文章。[27] 2014 年的一项分析显示，#icanhazpdf 运动越来越受欢迎，尤其是在生命和社会科学（包括心理学）领域，每年都会收到 3000 多个请求。[28]

在新兴的开放获取游击运动中，一些科学家把民间反抗上升到更激进的程度。在库祖斯基发起 #icanhazpdf 运动的同一年，一位哈萨克斯坦的研究员，亚历山德拉·艾尔巴金（Alexandra Elbakyan），创立"科学之枢"（Sci-Hub）网站。[29] 该网站的服务器位于圣彼得堡，它提供一款学术搜索引擎和包含 4000 多万篇经过同行评审的学术论文的免费数据库，采用各种技术绕过出版商的付费墙，如获取（可能是用黑客技术）学术机构的访问权限。尽管这个网站的合法性存在争议，但艾尔巴金坚持认为，存在非法行为的是出版商，他们拒绝免费开放学术论文，违反了《联合国人权宣言》（United Nations Declaration on Human Rights）的第 27 条。[30] 艾尔巴金与"科学之枢"网站的目标很简单——"收集所有已发表的研究论文，并向公众免费提供"，还特别强调要让印度、伊朗、印度尼西亚等缺少资金支付订阅费用的发展中国家能够获取研究论文。[31]

这些反抗运动可能是推动开放获取事业发展的便利且强劲的催化剂，但它们也可能招致诉讼甚至刑事制裁。#icanhazpdf 标签的合法性尚不清楚，由于它没有将受版权保护的论文直接发布到公共空间（只是在公共空间发布了对此类材料的一些申请），因此不涉及明显的违法或能被起诉的行为。虽然该标签的合法性有待商榷，但近期内它是安全的。#icanhazpdf 标签相对较小的用户基数对于主流出版商每年可达数十亿美元的收入尚构不成威胁。[32] 但另一方面，艾尔巴金的"科学之枢"网站给学术出版业带来显而易见的真实威胁。这个网站免费发布了数百万篇经过同行评议的论文，让普通人和机构都可以不再付费订阅。为了消除这种威胁，2015 年，爱思维尔根据《美国版权法》（US Copyright Law）和《美国计算机欺诈和滥用法》（US Computer Fraud and Abuse Act），向法院申请对"科学之枢"网站及其附属公司发出禁令，指控其从事盗版活动，并"对出版某些期刊的爱思维尔及其出版合作伙伴（包括学术团体）已经造成且将继续造成不可挽回的损失"。㉝ 四个月后，纽约一家地方法院批准了爱思维尔的禁令。在这之后，"科学之枢"网站及其合作网站被关闭。㉞ 但在几周内，该网站就以另一个域名出现了。㉟

有时候，开放获取游击队不仅会引发民事诉讼，还会面临刑事指控。2011 年，著名活动家、哈佛大学研究员艾伦·斯沃茨（Aaron Swartz）因从期刊存储库（Journal Store, JSTOR，存储付费学术期刊的在线存储库）中下载了数百万篇文章而被美国特勤局逮捕。斯沃茨用藏在麻省理工学院的配线柜里的笔记本电脑，通过他所在大学的 JSTOR 账户下载了这些文章。经过几个月的州政府和联邦政府的调查，他被指控犯有电信欺诈、计算机欺诈、非法从所谓"受保护"计算机中获取信息，以及损害"受保护"计算机的罪行。2012 年，公诉人在斯沃茨的起诉书中又增加了 9 项重罪指控，导致他面临最高 50 年的监禁和 100 万美元的罚款。斯沃茨拒不认罪，但他永远看不到判决书了。㊱ 2013 年 1 月 11 日，即首次被捕两年后，他在布鲁克林的公寓里自缢身亡。

反方观点

尽管有自上而下的压力和广泛的草根运动来推动开放获取出版的发展，但是与许多科学领域一样，在心理学界，开放获取出版仍然是少数派选择。之前我们已经了解到，在心理学界，主要障碍之一是那些最负盛名的期刊很少有采用完全 OA 模式的，这让努力支持学生的职业生涯的资深科学家不得不面对困境。这一限制因素和传统订阅期刊中采用金色 OA 模式所产生的高昂成本，都成为许多学者的拦路虎。为了充分理解为什么心理学界对 OA 模式的支持度这么低，我们需要在这些因素之外，再考虑一些反对开放获取运动的常见理由。

反对观点 1：我可以获取，哪里有问题？

在繁忙的学术生活中，一些研究者很容易忽略他人无法获取已发表论文的问题。在经费最充足、最有影响力的大学（大多数在主流西方国家），图书馆有丰富的订阅资源供本校师生享用，这一定程度上令他们对开放获取运动无动于衷。如果有影响力的研究者可以读到其他有影响力的研究者的论文，这不就完全化解了对 OA 模式的需求？

这个观点至少存在三个问题。第一个问题是，它依靠特权，却忽略了一个事实：在经费不充足的大学里，研究者往往缺乏获取他们需要的论文的途径。[37] 我做博士后时，曾经接待过一位来自俄罗斯重要机构的研究员。我们花了两天时间进行学术探讨，还聊了聊她在苏联时期的工作情况，随后，她扭转话题，悄悄问我们能否帮忙下载一些主流心理学期刊的论文，存满她的移动硬盘。这是为什么呢？原来她的大学没有订阅任何期刊。我震惊了，她究竟是怎样进行学术研究的？她是如何打造自己成功的心理学家生涯的？她的解决办法就是通过自己的坚定和勤奋克服障碍：用电话或电子邮件一个个地联系作者，请求他们提供论文。这样一位杰出的科学家竟然不得不请求我们帮助下载文章，而她完全有权利自己获取，这是学界的耻辱。更令我惭愧的是，仅仅因为自己能轻松获取文章，我就天真地以为每个人都和我一样。这一经历让我非常震惊，也让我意识到，在很多大学，甚至是在西方国家的大学，都存在不同程度的访问受限问题。[38]

这一观点的第二个问题是，它对科学研究为非学术团体（包括政策制定者）带来的广泛益处存在狭隘的看法。心理学研究成果在公共政策制定中有多种多样的应用，包括应对肥胖和气候变化挑战、交通标志设计、说服公民参与选举，以及鼓励人们登记器官捐赠，等等。[39] 英国政府充分意识到这一点，在 2010 年成立专门的行为洞察团队（behavioural insights team），专攻心理学研究成果在政策制定中的应用。[40] 2015 年，美国也成立类似的组织。[41]

140

科研论文对于政策制定既然如此重要，你可能会以为公共服务部门一定订阅了数量可观的期刊，可惜并不是。2012 年，英国伦敦帝国理工学院的生态学博士阿德里安娜·德帕尔马（Adriana de Palma）在英国科学技术议会办公室（Parliamentary Office of Science and Technology, POST）实习时就发现了这一点。[42] 实习结束后，德帕尔马在私人博客上写道："我在写 POST 日志（POSTnote，为政治家所做的深度科学简报）时了解到一件有趣的事，就是把论文在 OA 模式下发表有多么重要。期刊的开放获取程度远远低于我的预期（实际上，低到令人震惊）。在整个实习期间，我只好使用自己在学校的账号来获取期刊上的文章。"[43]

当公务员没有德帕尔马那样的高校访问权限时，他们怎么办呢？英格兰高等教育基金委员会（Higher Education Funding Council for England, HEFCE）的政策研究主管史蒂芬·希尔（Steven Hill）说："我在英国环境、食品及农村事务部，英国研究理事会，以及英格兰高等教育基金委员会工作时，对非 OA 模式文章的访问权限为零。"[44]该委员会的政策研究员本·约翰逊（Ben Johnson）也证实了这一点。[45]本·约翰逊甚至希望通过个人订阅来获取访问权限，或者说，他曾尝试过。当这么做还是行不通后，他公开呼吁研究人员确保自己的研究成果可以开放获取："如果大家想要更科学的学术政策，就请大家公开研究结果，这样决策者才能亲自读一读它们。"[46]在博客上，他更详细地阐述了自己的想法：

> 如果和我有同样职务的人都有这样的经历，那就可以说，出版界和学术界现在的状况太愚蠢了。第一，我们已经厌倦了搜索免费文章的繁琐程序；第二，如果操作简便且不太贵，我们可能愿意以个人名义订阅期刊；第三，我们对技术和网络非常了解。如果像我们这样的诚信且态度积极的人都几乎无法订阅这些付费期刊，出版商和学术界还能指望自己的文章被更广泛的受众读到吗？我很绝望。[47]

即便不谈开放获取的广泛好处，这种"我有访问权限，所以一切都挺好"的论调还存在第三个问题：即便是那些有最多访问权限的用户，也常常会发现，他们在使用订阅内容时会遭遇阻碍和限制。最近，荷兰蒂尔堡大学的一位心理学博士生克里斯·哈特格林克（Chris

141

Hartgerink）尝试在学术论文中挖掘信息时，遇到了监管障碍。哈特格林克的研究重点是从已发表的心理学论文中抓取并汇总数据，以检测是否存在数据伪造的迹象，所以他需要在出版商付费墙后自动批量下载论文并分析。[48] 尽管哈特格林克的方法是合法的，所下载的文章也在其大学订阅期刊范围内，但爱思维尔仍然阻止他进行此类研究：

> 在我开始下载心理学文章大概两周后，爱思维尔的工作人员通知我的大学，说我的行为违反了访问合同，可以被视为窃取内容，他们要求我立刻停止。随后，学校的图书管理员明令我停止下载（我也立即听从了），否则爱思维尔将切断我所在大学对其数据库（Sciencedirect）的所有访问。[49]

在对该博客文章的回应中，爱思维尔告知哈特格林克，只能使用出版商提供的特定软件进行内容挖掘。[50] 然而，使用这些软件会给研究者带来各种限制，如限制研究者对于所提取数据的发表方式，以及限制二次使用的数据容量。例如，该政策要求在发表的内容中，"每一段"发掘的信息不得超过 200 个字符，还必须在更严格的 CC-BY-NC 许可下发表。与更开放的 CC-BY 相比，CC-BY-NC 禁止将学术研究投入商业化应用。[51] 由于这种种原因，哈特格林克认为自己不能使用该工具，他写道，爱思维尔的政策"危害研究人员及其研究成果对社会的影响"。[52] 可以看到，即便在资源丰富的西方大学，对合法订阅内容的使用限制也难以满足心理学界的需求。

更普遍的担忧是，即便是最富有的大学，不断增长的期刊订阅费

142

也使大学图书馆的预算越来越紧张。2012 年，美国哈佛大学图书馆发布了一份言辞激烈且广为流传的备忘录，谴责期刊订阅成本不断上升，并呼吁研究者都支持成本更低的采用 OA 模式的期刊：

> 我们想告诉大家哈佛大学图书馆正面临的艰难处境。许多大型期刊出版商的高额费用使我们在经济上难以承担，无法维持学术交流环境，学术发展因而受限。某些出版商（下文暂且称为"供应商"）努力收购、捆绑和抬高订阅期刊的价格，使情况进一步恶化。
>
> 如今，哈佛大学每年从这些供应商手中购买期刊的成本接近 375 万美元……有些期刊的年费高达 4 万美元，还有一些期刊的年费已经上万。在过去的 6 年里，有两家供应商的在线内容价格上涨了 145%，这不仅远超消费价格指数，还远超高等教育和图书馆价格指数，购买这些期刊的费用在我们的文献资料总预算中所占份额越来越大。尽管学术成果在持续增加，出版成本也可能很高，但供应商们至少 35% 的利润率表明，我们可不仅仅是在为不断增加的文章发表量而付费。㊾

到 2015 年，哈佛大学发表的所有学术论文均已采用完全 OA 模式。㊾ 荷兰大学联合会（Association of Universities in the Netherlands, VSNU，是代表荷兰所有大学的中央机构）也采取类似措施来实现普遍 OA 模式。在 2014 年和 2015 年，该机构公开表示有意抵制爱思维尔，目的是让荷兰所有大学发表的论文可以完全开放获取。根据荷兰教育、文化和科学部副部长桑德·德克尔（Sander

Dekker）提出的计划，荷兰的大学将在 2024 年前取消所有期刊订阅。[55]

反对观点 2：公众大都对实现开放获取出版没兴趣。即便能读到论文，他们也读不懂，还可能产生危险的误解。

在与同事的讨论中，我发现这个观点非常普遍，也确实有一定事实根据。与其他科学领域一样，心理学领域的许多实证论文技术性很强，其目标受众是有类似研究兴趣的专家。论文中很少详细解释理论假设、背景知识和术语，因为作者们通常假定读者具有相关背景知识（事实也确实如此）。鉴于这种情况，对公众来说，专业期刊上的基础心理学研究论文读起来势必很难懂，也不会很有趣。正因如此，著名的开放获取出版批评者丹尼尔·阿林顿（Daniel Allington）说，开放获取出版"相当于把一个由公共财政资助的话筒递给英国最有特权的学者们。很快，整个互联网上就能够听到他们彼此交谈"。[56]

从表面上看，这一论点似乎合情合理，但其关键缺陷是，它对"公众"的界定非常模糊。这种将所有非学术界人士集合为一个群体的做法，让我们陷入著名的"外群体同质性"（outgroup homogeneity）的心理误区。也就是说，我们错误地以为，凡不属于我们这个小圈子（这里指高校学术界）的人都是相似的，但实际上，他们之间的差异是巨大的。[57] 事实上，许多非学术领域的从业者都在应用一些专业知识，这些人在"公众"中的占比相当可观。"谁要获取"（whoneedsaccess.org）网站提供了许多例证，足以说明开放获取出版对于非学术团体的重要性——除了之前提到的公务员和政策制定者，还包括翻译人员、与发展中国家合作的人、医生、护士、教师、病人、业余科学家、维基百科的贡献者、博客作者、科普人士、退休后仍在工作的学者、有进取心的中学生、不在学术圈的专业研究者、独立研究者，甚至包括艺术家，以及出版商、研究机构和小企业、消费者组织、病友团体等。[58] 以为自己的小圈子之外没有人关心其工作，并因此认为不必采用开放获取出版模式的部分学者，不仅低估了自己研究的价值，而且低估了他们狭隘视野之外的群体在认知和思考上的活跃程度。

144　　反对观点中包括某种担忧：开放获取出版有可能导致专业能力不足的读者误读研究结果，甚至可能将自己或他人置于危险之中。这个考虑是否有道理呢？心理学中某些极小的领域也许确实涉及这个问题，但即使在这类领域，解决的办法也不是把研究成果锁在付费墙后以"保护"公众，而应该是由学者撰写通俗易懂的概要，消除可能存在的误解。现在，学术界可以通过许多途径与公众进行富有成效的对话，例如为《对话》(*Conversation*) 和《卫报科学》(*Guardian Science*) 等媒体撰写文章，在自己的博客上写作，或通过纸媒或广播媒体开展科普活动。

最后，的确存在很大一部分公众，他们没有兴趣阅读任何专业论文，但不能因此回避芬奇报告的核心原则：鉴于科学研究依赖公共资金，我们有什么资格拒绝公众获取研究成果？

反对观点 3：采用 OA 模式的期刊达不到传统期刊的编辑标准。因为作者付费发表，所以这类期刊有接受低质量论文的商业动机。

我们在心理学界到处都能看到这种对采用 OA 模式的期刊的批评，在某些心理学"老兵"中尤为流行。对某一家特定的采用 OA 模式期刊最公开的反对声音之一是 2012 年巴奇在"今日心理学"网站上发表的文章，就是我们在第一章中曾讨论过的那篇文章。让我们回忆一下在其他研究者重复巴奇的社会启动研究失败后，他是如何回应的。在其经典且有影响的研究中，他的结论是：给年轻被试呈现与老年人有关的词汇，会让他们走路变慢。在一篇后来被删除的博文中，巴奇将矛头对准了《PLOS ONE》，即发表重复研究失败结果的期刊，宣称它作为一家采用 OA 模式的期刊，其同行评审并不合规：

> 《PLOS ONE》……它显然没有具备同行评审模式下通常应有的科学期刊的水准。……相反，该期刊遵循作者付费发表文章的"商业模式"（高达每篇文章 1350 美元）……如果他们邀请我去评审这篇文章（奇怪的是，这样一篇声称未能重复出我先前研究结果的文章，却未邀请我去评审），我当时就可以指出它的技术缺陷，尽管技术缺陷对《PLOS ONE》来说或许并不重要——作为一家营利性企业，它仅在 2011 年就发表了 1.4 万篇文章。1.4 万篇啊！这个数字告诉我，他们才不会拒绝这一张张 1350 美元的支票。[59]

事实上，与巴奇的说法相反，这篇有争议的论文确实经历了深入、周全的同行评审，并由国际公认的认知心理学家简·洛沃闰斯（Jan Lauwereyns）教授承担编辑工作。[60] 此外，《PLOS ONE》并不是根据作者的支付能力决定发表哪些论文的（只有在稿件被接收后才会考虑收费，还有相应的费用减免政策），而是依据比大多数传统心理学期刊都更清晰的结构化出版标准来评判。[61] 最后，不仅仅是巴奇对编辑审稿"疏忽"的指责没有证据支持，他对该期刊的批评还忽视了一个事实：许多久负盛名的订阅期刊也按照商业模式运营，它们除了向图书馆收取订阅费之外，还向作者收费（如版面费）。

　　除了资深学者对采用 OA 模式期刊的偏见外，这一运动也受到订阅期刊出版商的直接攻击。2013 年，《科学》期刊的记者约翰·波黑伦（John Bonhannon）公布了一项大胆的、带有钓鱼性质的研究结果，该研究旨在评测数百篇在 OA 模式期刊上发表的经同行评审的论文的质量。[62] 在学术圈朋友的帮助下，他写了一篇存在明显缺陷、结果造假的论文，其问题理应在同行评审环节中被轻易发现。随后，他将这篇论文提交给 304 家收取论文加工费的采用 OA 模式的期刊，其中 167 家将其收录在开源期刊目录（Directory of Open Access Journals, DOAJ）中。DOAJ 是一个旨在为"高质量、开放获取、同行评议期刊"建立索引的在线数据库。[63] 结果让人忧心：在 304 家期刊中，超过一半在几乎没有同行评审的情况下接收了这篇伪造论文。更令人担忧的是，即使只考虑收录在（所谓有选择性的）DOAJ 中的期刊，这一数字也仅仅略微下降（45%）。

　　看看波黑伦得到的这一讽刺性结果，科学家（包括心理学家）不该对在采用 OA 模式的期刊上发表论文持怀疑态度吗？巴奇居然是对的？当然，有理由谨慎选择在哪里发表——无论是订阅期刊还是采用 OA 模式的期刊——但这项钓鱼实验并不是让心理学家拒绝所有采用 OA 模式的期刊的理由。首先，这类期刊中最著名的那些，包括《PLOS ONE》和《前沿》（Frontiers）系列期刊，都迅速拒绝了波黑伦的伪造论文。波黑伦甚至提到，在向《PLOS ONE》投稿的过程中，这家期刊"对假作者进行了细致的核查，确保研究伦理和其他科学研究的先决条件在送审前是合格的。两周后，《PLOS ONE》以科学质量问题拒绝了这篇文章"。其次，作为一项研究，它还存在一个关键缺陷：

146

波黑伦选择性地针对采用 OA 模式的期刊，却没有将订阅期刊作为对照组。所以，我们无法知晓采用 OA 模式的期刊是否比订阅期刊更可能接受伪造论文。PLOS 的创始人麦克·艾森（Micheal Eisen）在他的个人博客上指出了这个错误。他写道：

> 我们显然不知道订阅期刊会如何处理这篇论文，但我们有充分的理由相信，相当数量的订阅期刊也会接收这篇论文……与采用 OA 模式的期刊一样，许多订阅期刊的商业模式也基于接收大量论文，而很少考虑研究的价值甚至效度。当爱思维尔和其他大型商业出版商自我推销时，它们的主要卖点是自己数据库中论文的数量。但只要看看它们旗下的期刊，你就会发现，这些期刊几乎什么论文都会接收。[64]

艾森还将目标对准了这项钓鱼实验选择的采用部分 OA 模式的期刊，他认为这些不能代表全部采用 OA 模式的期刊："将科学出版的问题归结于 OA 模式带来了网络欺诈，如同将国际金融系统的问题归结于它带来了尼日利亚的电汇诈骗。"他总结道，订阅出版商精心策划的"长期骗局"，远比落入波黑伦圈套、有明显掠夺性的采用 OA 模式期刊的行为更过分："（订阅出版商）不仅仅获得了数十亿美元（而非数千美元）的流水，还拒绝大部分人获取公众资助的研究成果。他们向公众兜售自身的影响力和魅力，以让大家心甘情愿地陷入他们的欺诈陷阱，这已产生严重的后果。"

反对观点 4：开放获取出版对我有什么好处？

在竞争激烈的学术圈，研究者自然希望通过打破常规来寻求回报。与数据共享（见第四章）一样，现在有大量证据表明开放获取出版与引用频率的增加有关。在 2005 年的一项重要研究中，恰奇·哈杰（Chawki Hajje）、哈纳德以及他们在加拿大魁北克大学的同事报告说，在由 1992—2003 年发表的 130 多万篇文章组成的样本中，OA 模式论文的引用量比发表在订阅期刊上的论文的引用量高出 25%—250%。尤其是，他们发现心理学领域的 OA 模式论文有超过两倍的引用量。[65] 在这之后，欧洲学术出版和学术资源联盟（SPARC Europe）梳理了多个领域和许多已发表的报告中的这种现象，发现在 70 项已发表的调查中，有 46 项发现了 OA 模式论文在引用量上占优势的证据，优势的幅度从不足 5% 到超过 500% 不等。[66]

需要提醒的是，此类研究依赖对以前发表的论文数据进行整理和分析的观察式研究设计。因为其回溯研究的本质，这样的设计无法说明 OA 模式论文和非 OA 模式论文的引用量差异是由开放的出版模式导致，而不是源于其他各种各样的干扰变量，其中最重要的可能是研究本身的质量。为了说明 OA 模式发表促进引用量的因果关系，我们需要看到对照组的结果，就像临床药物实验一样，论文被随机分配到 OA 模式组和非 OA 模式组，但还没有关于此类介入研究的报道。不过，相关证据至少暗示可能存在因果效应，对于看重职业回报的作者，OA 模式的引用量优势是选择这种更开放的模式的好理由。[67]

开放的道路

OA 模式发表在心理学领域的前景如何？当前订阅期刊出版商对

他人创造的研究成果收取的不是一次、两次而是三次的费用，心理学界能否一劳永逸地摆脱这种控制？尽管我们离理想中的普遍 OA 模式还有一段路要走，但种种积极的迹象表明它终将实现。除了政策导向的改革和颠覆性的草根运动，我们还看到心理学界出现了新颖的出版模式，为开放获取实践创造新的舞台，最近的例子是新兴的采用 OA 模式的期刊《协作》(*Collabra*)。与大部分期刊不同，该期刊向审稿人和编辑支付报酬，但它巧妙地向编辑和审稿人提供了两种选择：一种是直接支付报酬，另一种是将这些费用存放在论文加工费基金中，用于为自己的机构或其他作者免去论文加工费。这种模式的广泛应用将是变革性的。与此同时，《PeerJ》提供了比其他期刊更优惠的金色 OA 模式，它对作者采用会员制，而不是对每篇论文收取费用。尽管这两家期刊及其选用的模式还不是大多数心理学研究者的首选，但这个领域已经准备好迎接新浪潮了。

正如我们将在第八章看到的，有一个更彻底的解决成果封锁之罪的办法——一个并不像表面上看上去那么遥远的办法。有了它，我们就可以彻底抛弃期刊。

唯量化——数豆子之罪

不是所有作数的东西都可以被计数，也不是所有能计数的东西都能作数。

——威廉·布鲁斯·卡梅隆（William Bruce Cameron），1963

科学研究总是与测量有关。无论是中微子的速度还是人的反应时间，将这些自然现象量化正是科学研究所擅长的。然而，即便我们精通此道，仍旧有一个问题特别具有挑战性：科学研究能否自我测量？假设科学研究的质量是可以被量化的，科学家能否将自己也量化为一串代表了自身过去成就与未来潜力的数字？与许多科学界一样，心理学界愈发推崇用各种指标衡量学者的学术研究的价值，并以此决定学者的职业晋升和科研基金。发表论文的期刊影响因子、申请到的基金数量和数额、论文发表数量、作者排序、论文引用次数等，都已成为关键绩效指标。由于学者和相关管理部门都将这些指标视作高质量科学研究的同义词，所有这些指标本身也变为职业目标。

然而，我们理应对这种将科学研究的质量简化为数字的做法持怀疑态度。经济学中的古德哈特定律（Goodhart's law）告诫我们：当一个测量指标本身成为目标时，它就不再是一个好的测量指标。[①] 原因在于，那些看重短期输赢的人会钻制度的空子去达到目标，为此不惜牺牲其他无法衡量的重要目的。这样既破坏了指标的价值，也舍弃了科学家更伟大的使命。最重要的是，许多此类指标根本不具有真正的价值。

对于进行基础研究的科学家，衡量实证研究成果的决定性指标是理论上的进步，并因此能更准确地预测和解释未来的观测结果。如第三章所说，这条道路将引导我们将理论打磨成锋利的解释工具，直到成为定律。而对于应用心理学家，虽然目标更实际，但逻辑是相同的：最大的成功标志是在某些方面推动了社会进步，如解决肥胖、精神疾病等问题，根据心理学研究证据制定成功的政策，或完成某种成效明显的"实事"。但当我们痴迷于将研究质量从文字表述量化为数字时，

基于计量的绩效管理文化让这些抱负蒙上阴影。为此，心理学犯了第七个也是最后一个错误，即唯量化——数豆子（bean counting）之罪。

穷途末路

在心理学界，数豆子之罪表现在几个不同方面：我们将科学家的技能和知识归结为引用量和其他替代"影响力"的指标；我们对成功申请到科研基金的学者给予不成比例的奖励，对资金投入（所获基金）与其产出（科研成果）的总和作出评价，而不是权衡二者，因而偏向高成本的研究；我们还墨守着一种混淆科学家的个人贡献的陈旧评价体系——对科学家的论文署名排序。这些问题严重程度不一，且都不是心理学界所独有，但它们的根源是相同的。借用奥斯卡·王尔德（Oscar Wilde）的话说，我们太过沉迷于价格，因而忽略了价值。

影响因子和现代占星术

计量革命的第一个征兆出现在 1955 年，尤金·葛菲尔德（Eugene

Garfield）在《科学》期刊上发表了《科学的引用指数》(*Citation Indexes for Science*)。在此之前，科学家没有系统的方法来追踪文献之间的引用关系，也无法计算单篇论文或整本期刊的引用量。葛菲尔德雄心勃勃，他要建立一个庞大的引文数据库，让科学研究变得更系统和高效。他的核心主张之一是创建名为"影响因子"的引文指标，通过计算论文被引次数来量化论文的影响力。葛菲尔德写道：

> 实际上，该体系会为相关出版物提供一份完整的清单，列出所有引用某论文的原始文章。这显然对历史研究特别有用，例如，评估某作品的意义及其对当代其他文献和思想的影响。这种"影响因子"或许比学者发表论文的绝对数量更具代表性。②

¹⁵²

从此，影响因子逐渐演变为科学领域最有影响的指标之一，它既代表着期刊的声望，也代表着在其上发表文章的作者的学术水平。当代影响因子是以期刊（而不是文章）为单位计算的，即本年度引用前两年所发表论文的平均次数。例如，要计算 2014 年《自然》期刊的影响因子，我们要将 2012 年和 2013 发表在《自然》期刊上的文章在 2014 年被引用的总次数相加（71677 次），再除以同期可引用的《自然》期刊的文章总数（1729 篇），答案是 41.5，是综合类科学期刊中最高的。如今，期刊每年按照影响因子排名，而包括心理学家在内的学者拼命要将论文发表到"高影响因子期刊"上。

葛菲尔德发出呼吁后的几十年里，他创建了科学引用指数（science citation index）和美国科学资讯研究所 [Institute for Scientific Information，目前在汤森路透（Thomson Reuters）旗下]，还带来信息科学的两个分支——科学计量学（scientometrics）和文献计量学（bibliometrics），试图详细罗列科学研究的影响和价值。1978年，在葛菲尔德帮助创办的《科学计量学》（*Scientometrics*）期刊的创刊号上，他的合作编者米哈伊·贝克（Mihály Beck）为他们量化科学研究质量的使命辩解：

> 对许多，也或许是大多数活跃的科学家而言，对科学活动、生产力和进步的定量评估和相互比较完全是无稽之谈。这种态度是很自然的，但它主要源于对科学计量学基本概念的偏见、无知或误解。怀疑论者对测量不可测事物这个毫无希望的目标嗤之以鼻。然而，在过去的几十年里，科学成果的巨大增长使这种新兴科学领域的出现既有必要也有可能。[③]

葛菲尔德说他基于两个目的创建了期刊影响因子（journal impact factor, JIF）：帮助图书馆决定订购哪些期刊，以及帮助作者决定在哪些期刊上发表论文。这基于一个假设，即科学家们普遍认为高影响因子的期刊更有威望，更令人向往。[④]葛菲尔德假定引文数量能传达有关文章质量的全部信息，这一点引起广泛争议，但它的争议程度远不及目前以期刊影响因子来评估论文及学者水平这一做法的普及程度。[⑤]

为什么用期刊引用量来评估学者的个人价值存在很大问题？首先要考虑的是引用量分布的统计特征。一本期刊的大多数引用量通常来自少数文章，葛菲尔德本人将这一现象称为"80/20 法则"：纵观整个科学领域，约 80% 的引用量都来自约 20% 的论文。这导致引用量的右偏态分布：大多数文章被引用次数很少，而少数文章被引用了很

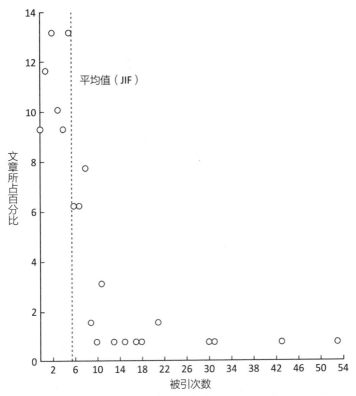

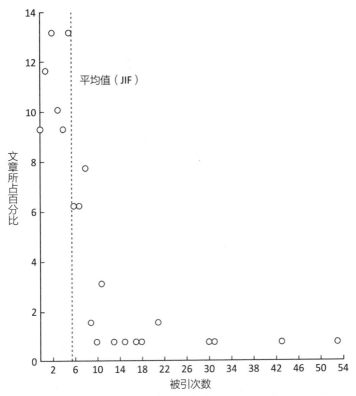

图 7.1　被引用次数分布图凸显期刊影响因子的无意义

　　这张图显示了用于计算 2014 年英国皇家学会期刊《开放生物学》影响因子的被引次数分布（数据来源：http:// rsob.royalsocietypublishing.org/citation-metrics）。图中根据该期刊 2012—2013 年发表的文章在 2014 年被引次数（x 轴），绘制了所占百分比（y 轴），而这个分布的平均值就是影响因子（垂直虚线）。请注意该分布右侧的长尾巴（即右偏态），表明其中大多数文章被引次数很少，大约 9% 的文章被引次数为零。《开放生物学》的情况其实还没有许多其他学术期刊那么严重，但被引量占前 20% 的文章也聚集了 56% 的总引用次数。这样的偏倚程度意味着 2/3 的文章被引次数小于影响因子，而影响因子本身只能代表在期刊上发表的 6% 的文章的被引次数。这种分布范围越大，偏倚越严重，影响因子作为单篇文章被引次数的指标就变得越没有意义。

多次。因此，期刊影响因子并不能很好地反映集中趋势，它只代表总体中很少的样本。图 7.1 通过英国皇家学会（Royal Society）出版的期刊《开放生物学》（*Open Biology*）的引用量分布，生动地展现了这一规律。16 篇文章中只有 1 篇被引用的次数与影响因子相同，而很多文章很少或几乎没有被引用过。由于被引量分布很广且呈偏态分布，第二个需要关注的问题是，影响因子几乎无法预测期刊中单篇文章的被引量。[⑥] 这意味着，把论文发表在所谓高影响力期刊上并不能保证会被高频引用，同样，在不太知名的期刊上发表文章也绝不等同于它会就此默默无闻。[⑦] 然而，令人不安的是，影响因子确实与一个指标相关——因欺诈或涉嫌欺诈而被撤稿的文章比例。[⑧] 与其把《自然》和《科学》等刊物称为"高影响因子"期刊，不如把它们称为"高撤稿率"期刊。

第三个问题是影响因子很容易被编辑和出版商操纵。其中的一个策略是，期刊把潜在的高被引论文（比如综述文章）放在年初发表，如此一来，这些文章在两年周期中就有更多时间积累被引量，从而计入影响因子的计算。同样，我们也听说一些心理学期刊会策略性地将重量级文章推迟到第二年年初发表。更狡猾的策略还包括在期刊发表社论时过度引用自家的文章，编辑也会暗示投稿人这么做。这些做法当然会引起不满，但通常不会引起审查机构的注意。

155　　　即使不谈统计问题和其易受操纵的缺陷，影响因子可以通过随意商定得到，而非通过客观计算得出这一事实也损害了其信誉。期刊可以游说计算影响因子的公司（汤森路透）减少可引用文章数量，从而让分数虚高。2006 年，《PLOS：医学》（*PLOS Medicine*）期刊的编辑描述了与汤森路透协商该期刊 2005 年影响因子过程中的一系列会议、电话和电子邮件的信息。如果改变筛选可引用文章的标准，该期刊的影响因子可能会在 3—11 之间变化，如此大的变化范围会极大地影响期刊影响因子的排名。编辑们对这一不透明、变化无常的计算过程并不满意，他们总结道："目前对科学研究的评价过程就是不科学、不客观、不透明的。"[⑨] 2013 年，比昂·伯姆布斯（Bjön Brembs）、巴腾和马库斯·穆纳夫（Marcus Munafò）披露了《当代生物学》的影响因子是如何从 2002 年的 7.0 变为 2003 年的 11.9，一跃上升 70% 的：并不是被引量大幅提升，而是源于 2001 年其可引用文章数量从 528 篇悄然降至 300 篇。[⑩]

就算影响因子能够代表一篇论文的被引水平（事实并非如此），我们就能放心地认为这个数据反映了该论文的价值吗？换句话说，科学研究的质量在多大程度上等同于短期的名声呢？为了考察可重复性与影响因子是否相关，也就是说，文章的声望能否成为预测至少一种研究质量的潜在指标，伯姆布斯及其同事检验了影响因子和统计检验力之间的关系。他们发现，650 项神经科学研究的统计检验力与其发表刊物的影响因子无关（见图 7.2）。这个发现不仅质疑影响因子这一学术机构用于评估研究者的典型方法，而且质疑葛菲尔德十多年前的说法，即影响因子"虽不能完美衡量论文的质量，但没有比其更好的工具了"。[⑪] 是否有比影响因子更好的衡量指标还不清楚，但很难想象还有什么指标比它更糟糕。

尽管所有证据都表明影响因子并不具有太大意义，但心理学界已经陷入一种集体迷思，赋予影响因子极大价值。当我还是一位初级博士后研究员时，桌上放着一张希望在上面发表文章的目标期刊清单，它们都是基于影响因子排序的顶级期刊，如《科学》《自然》《自

156

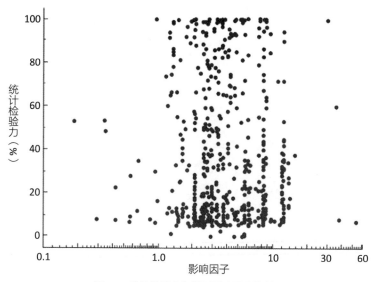

图 7.2　统计检验力与期刊影响因子的关系

　　伯姆布斯、巴腾和穆纳夫 2013 年发现，神经科学研究的统计检验力与发表期刊的影响因子之间没有明显的相关。因此，这也不能说明影响因子越高的期刊所发表的研究的可重复性就越高。

然·神经科学》《神经元》《美国国家科学院院刊》《当代生物学》等。我会把自己的大部分论文投向清单上的期刊，从最上面开始，一个接一个地往下，直到被某个"高影响力"的期刊接收。再不然，我才会转投更细分的专业期刊。回想起来，这真是巨大的时间耗费，而且耗费的不仅仅是我的时间。想一想投稿的论文在评审过程中制造的浪费：邀请数位学者作为审稿人来阅读我的论文，并拒稿（大多数情况下）——并不因为我的研究存在根本缺陷，而是因为研究的问题或结果并不重要，或者对这些知名刊物来说并不是最优的。当全世界成千上万的科学家都这么做时，将浪费多少时间？这种愚蠢的集体行为简直令人震惊。

转眼 15 年过去了，心理学界仍沉迷于影响因子。2013 年我在高校申请晋升时，一条看似合理的晋升标准规定，"申请人在清单中列出的每一篇论文均须附有所发表期刊的影响因子"。非常奇怪，这样一个不靠谱的统计数字能向晋升委员会展现我的学术成就或未来前景吗？两年后，当我评审荷兰马斯特里赫特大学一位博士生的论文时，我拿到类似的评估表格：学生不仅需要列出自己发表论文的数量（这个指标本身也是存疑的），而且需要将所发表期刊的影响因子加和，得到一个名为"总影响因子"的指标。[12]

博士论文评审：XXX
评审员：C. Chambers 教授

博士学制	3.5 年
发表文章	
未发表的实证研究论文数量	2
已发表的实证研究论文数量	4
第一作者论文数量	6
发表论文的总影响因子	20.124

请对学术成果、技能、理论构想和正式报告进行评分。

（1 = 低于平均水平；2 = 平均水平；3 = 很好；4 = 优秀。大多数论文的大部分评分为 2 分左右）

学术成果（分数 1—4）	
文章的整体产出量 / 数量	
对总影响因子的评分	
小计	

技能（分数1—4）	
实验设计	
数据采集方法	
统计分析水平	
计算方法、建模	
小计	
理论构想（分数1—4）	
所有文章/章节的思想独创性	
所有文章/章节的学术深度	
绪论的学术深度	
综合讨论的学术深度	
小计	
正式报告（分数1—4）	
学术英语写作的质量	
配图的质量	
小计	
总分	
总计	

请判断是否发表过高影响力论文（高影响力指应用研究领域前5%的期刊，如果有的话，请在空白处写下高影响力论文的起始页码。）

高影响力论文	
高影响力论文的数量	无须填写

这份繁琐的博士评估表非常直白地揭示了心理学界对影响因子的持续痴迷，而这所高校——荷兰马斯特里赫特大学与荷兰其他13所大学共同签署了"旧金山研究评估宣言"（San Francisco Declaration

158

on Research Assessment, DORA）。上表从 2015 年启用，让学生将其在博士期间发表的所有文章的影响因子相加，计算出一个"总影响因子"，然后由评审员评估这个"总影响因子"。

作为评审员，大学居然期待我给出一份"对总影响因子的评审报告"。这简直让我震惊，因为前一年，荷兰的所有大学都签署了"旧金山研究评估宣言"。该宣言要求签署高校"不能使用基于期刊的衡量指标（如期刊影响因子）作为单篇文章质量的替代指标，用以评估学者的贡献，也不能将其用于招聘、晋升或基金申请"。⑬ 我还是提交了评估表，但同时指出签署"旧金山研究评估宣言"和用影响因子来评价博士生之间的矛盾。不久后，我收到大学高级行政人员的回复，他解释说，根据总影响因子对博士生进行评估是一项正在试行的新机制：

> 请您注意，该评估表仍然处于试行阶段（不是校级或院级政策，它只适用于本系），我们会评估 / 调整影响力和文章排名问题……我们也在谨慎对待该试点方案中发现的关键问题，避免给论文评估带来任何负面影响。

尽管"旧金山研究评估宣言"在全国范围内否定了影响因子的作用，但荷兰大学内的各个院系似乎可以无视它而随意创建基于影响因子的机制。

虽然没有很好的证据表明影响因子对于科学家或科学研究的质量有任何意义，但它仍然是一个流行的衡量指标。如果说对影响因子的迷恋有什么意义的话，那就是它展示了数豆子之罪是如何压倒理智

159

的。伯姆布斯及其同事总结道："就像占卜、顺势疗法或占星术一样，期刊排名（包括基于影响因子的评价）更像对某些效应的主观印象，但一旦被科学地审视，这些效应就会消失。"[14] 来自英国伦敦帝国理工学院的结构生物学家凯瑞进一步谴责了这种集体愚蠢：

> 一个因聪明而受人赞扬的群体，却依赖一个根植于错误观念的评估体系，这实在匪夷所思。我们虚耗生命，苦恼于能赋予自己的研究多高的影响因子，因为这已成为基金申请和职业晋升中的一个重要决定因素。我们不得不浪费时间，经历令人沮丧的多轮退稿，为了追求虚伪的声望指标而阻碍科学的进步。

凯瑞对所有使用影响因子作为一切衡量指标的人提出以下警告：

> ——如果你在简历中列出期刊影响因子，就说明你是统计学文盲。
>
> ——如果你在评审基金或晋升申请时，浏览申请人发表的刊物并核对影响因子，就说明你是统计学文盲。
>
> ——如果你出版的期刊在广告或电子邮件中大肆宣扬自己的影响因子，就说明你是统计学文盲。（如果你把影响因子夸耀到小数点后三位，你就已经没救了。）
>
> ——如果你看到有人使用影响因子却不试图纠正，就说明你在纵容统计学文盲。那人愚蠢至极，你都没感觉吗？[15]

160　　不幸的是，看起来大多数心理学家甚至都没有接触过这种清醒的思考，更不用说对这些想法有什么热情了。在已签署"旧金山研究评估宣言"，宣布正式弃用影响因子的 840 个组织中，美国心理科学协会（Association for Psychological Science）是唯一一个心理学领域的主流专业团体。值得注意的是，美国心理学会、实验心理学协会、英国心理学会（British Psychological Society）以及许多其他国家和国际的心理学团体都未签署该宣言。

即使是美国心理科学协会，对影响因子也持有欲迎还拒的怪异态度。在签署宣言后的四个月，该协会旗下刊物《心理科学》出版委员会主席亨利·勒迪格三世（Henry L. Roediger Ⅲ）写了一篇深刻批判影响因子的文章，但在最后总结道："我对影响因子一直很严苛，但请允许我唱一次反调，我承认影响因子有缺陷，但它确实在某种程度上反映了期刊的质量。"与宣言不符的是，勒迪格三世甚至不排斥将影响因子作为衡量个人学术贡献的指标，他考虑了其他因素后给影响因子留了余地："影响因子只有一定用处，所以在决定谁成为职位候选人、终身职位候选人和基金获得者时，重点应放在个人（或申请书）身上，而不能仅仅考虑发表候选人文章的期刊的影响因子。"[16]《心理科学》的出版商还宣传："本期刊的引文排名 / 影响因子让它始终位居世界十大心理学期刊之列"，这让一切更暧昧不清。[17] 显然，即使在这唯一签署了宣言的心理学组织中，影响因子也屹立不倒。

本末倒置

在我的职业生涯中，我有幸成功地申请到一些研究基金，这意味着我会偶尔置身于一些卡夫卡式荒诞会议中，讨论大学能捕获最多基金的策略。透过管理层演讲的层层迷雾，我看到一个熟悉的场景：房间里的每个人都变成爱尔兰情景剧《神父特德》（*Father Ted*）中的喜剧人物：

> 甲教授："我们申请基金的成功率也太低了！"
>
> 乙教授："对啊，我们大学比这张表中的其他大学申请到的基金都少，你看看。"
>
> 丙教授："我们需要更多基金！"
>
> 甲教授："对，更多基金！但应该怎么办啊？"
>
> 丙教授："我们得提交更多的基金申请书！这样能申请到的基金就多了。"
>
> 乙教授："绝妙的主意！我们也得多申请一些高额基金，这样一来，我们就可以在那些'花费最多公共资源'的高校排行榜上排名更靠前。"
>
> 甲教授："非常赞同，能用掉更多公共资源太重要了，否则大家怎么知道我们有多牛？"
>
> ［每个人都一本正经地点头。］

没错，在这样的战略会议中，往往听不到任何有关科学研究的讨论，似乎没有人认识到科研基金只是达到目的的手段，而非目的本身。如果我迟疑地提出类似质疑（已经不止一次了），只会收获不解的眼神，有时甚至是一个白眼："谁邀请这家伙来的？"这就是捕获基金策略的本质——其目的不是反思我们的科学使命，而是致力于如何成功申请到基金，获得比竞争对手更多的资金，打磨求资筹款术（传说中成功撰写基金申请书的技巧），以及利用基金会的战略优先级，确保提出的是基金会最感兴趣的研究问题，从而获得更多资金。美国华盛顿大学的生物学教授卡尔·贝格斯托姆（Carl Bergstrom）恰当地总结了这种倾向："我听说，很久以前科学家是为了做研究才申请基金的，而不是反过来。"[18]

为什么科研基金如此重要？对于院系和机构，基金捕获率已成为声望和地位的标志，是向世界展示其领先地位、居群雄之首的方式。对于身处其中的研究者，申请到的基金数量和额度影响和决定了谁被聘用，谁被提拔。例如，在英国伦敦大学学院，当教研人员申请晋升时，最好能提供"有效的证明材料，说明自己获得过支持研究费用与差旅费的基金"；而且，为了晋升更高学术级别的准教授或教授职位，他们必须获得"重量级（高额、多次）和可持续（长期）的研究基金的支持（以及进一步的基金申请计划）"。[19] 这些要求在英美大学并不罕见。尽管大多数情况下，基金是对特定的研究项目的投资，但它现在已经被视为一种产出，即成为一种财政质量指标，与论文发表评审一起用来判定研究者的个人价值。正如心理学家毕晓普洞察到的，基金已成为架子上的奖杯，而不是用于获得回报的投资：

> 许多人似乎把大笔基金视为某种奖励，而《泰晤士高等教育报》（*Times Higher Education*）及其他媒体习惯使用的"基金获奖者"称号强化了这种看法。[20] 然而，基金赞助人给予大笔资金并不等同于嘉许：这些钱不是研究人员的意外之财。[21]

第七章　唯量化——数豆子之罪　　　　　　　　　　　　207

且慢，读者可能会问，根据申请到的基金数量评估科学家或机构，这种做法真的一无是处吗？可以肯定的是，除了申请者本人，一定还有其他人也认为该研究很重要，值得资助，才使得基金成为评估研究质量的一项指标，没错吧？这么说虽然部分正确，却很有误导性。在科学界，无论研究方案多么令人惊叹，重要的都不是假定的研究方案的质量，而是实际开展和已发表的研究的质量。[22]

　　我们的学术晋升制度助长了奖励研究规划而非研究成果这一愚蠢的做法。想象这样一个情境：两位心理学家竞争一个升职机会。简妮没有申请到重要基金，但发表过一系列高质量文章。尽管没有得到大量基金的资助，但她的研究对于夯实理论基础有重要意义。[23]与她竞争的是玛丽，同一领域、同样资历的研究者。玛丽有与简妮相当的论文数量和影响力，但不同的是，玛丽的研究得到大量科研基金的资助。你认为谁应该获得晋升？如果你问你的邻居（或任何一位经济学家），他们可能会选择简妮，称赞她的效率和才智，毕竟她在没有大笔基金的支持下还能完成如此有影响力的课题，这是特殊的智慧。

　　然而，在当前的学术晋升体系中，玛丽会让简妮一败涂地。[24]为什么？因为在评价一位研究者的成就时，我们把投入（花费的钱）与产出（研究成果）相加，而不是相除。这导致仅仅因为**玛丽的研究更花钱**，我们的体系就会更看重玛丽，而不是简妮。研究获得基金支持是一项不错的成就，研究者可以感到自豪，但评价研究者对科学的贡献应与他捕获到的基金完全无关，因为科研基金的多寡不代表对科学研究的贡献。对获得基金支持的研究者进行二次嘉奖，就好像在足球比赛时，根据足球队在球鞋上花的钱来决定哪个队获胜一样荒谬。

　　数豆子之罪常常能达到惊人的程度。自 2012 年以来，许多英国

163

主流大学都给研究者设定了最低基金目标。如果他们达不到这个目标，就会丢掉工作。虽然这些案例并非心理学界所独有，但它们还是给我们上了重要的一课。2012 年，英国伦敦玛丽女王大学率先宣布，如果不想被裁员，讲师每年需要申请到至少 5 万英镑的基金，高级讲师需要 6.5 万英镑，准教授 8 万英镑，教授 10 万英镑。[25] 在英国伦敦国王学院的精神病学研究所，这一标准甚至更高。一份流出的内部文件显示，该所的教授每年需要申请到 20 万英镑的基金。[26] 在玛丽女王大学，这些新规还规定了教职工 4 年内在高质量刊物上发表文章的最低数量，而高质量刊物被狭隘地定义为影响因子超过 7.0 的刊物。如此赤裸裸的数豆子行径令玛丽女王大学的两位学者约翰·艾伦（John Allen）和法尼斯·密舍里斯（Fanis Missirlis）忍不住发声，他们表示，学校的政策是"虚荣心的胜利，其'合理性'就像根据运动服的品牌来挑选运动员"。[27] 这两位学者后来都被炒鱿鱼了。

作者排序的隐蔽乱象

与其他科学领域一样，在心理学领域取得成功不仅仅取决于一长串基金和发表的论文，研究者对论文的个人贡献以及随之而来的归于每个人的功劳同样重要。出版伦理委员会（Committee on Publication Ethics）发表了立场声明《负责任的研究发表：国际作者标准》（*Responsible Research Publication: International Standards for Authors*），其中第 6.1 节也强调了这一点："研究文献不仅记录新的发现，而且记录发现者。"[28] 每一项研究中都有重要的一环，即议定贡献的归属。谁贡献了最初的灵感？谁做了最多的工作？谁分析了数据？谁写了（或打算写）论文？甲的付出是足以使其进入作者排序，还是只值得在致谢中被提及？如果甲排进了作者栏，那是不是也要将乙的名字放进去？这样的问题还有很多。

作出更大科学贡献的研究者理应收获更多，因而谨慎商议作者身份归属确实很重要。然而，除了这一点，当前学界的作者署名体系处处都令我们失望。最大的问题是，我们没有将研究者对论文的贡献分条量化，而是将诸多信息简化为一种粗糙的直觉方式——发表时的作者排序。在心理学界，作者排序的规则大致如下（但因为这些规则如此模糊又反复无常，所以使用时要千万小心）：第一作者通常是对研究作出最大智力贡献的人，也是（但不一定）负责数据分析与解释的人。一般情况下，第一作者还需要牵头写论文，与其他共同作者协调论文起草过程。除第一作者外，第二重要的是末位作者或资深作者，通常是导师或项目主要负责人，把控研究的基金或指导学生做研究。[29]如果将学术论文比作拍电影，第一作者就是导演，而末位作者（往往）则是制片人，理想情况下还可以成为副导演。排在中间的则是各种场务员、灯光师，这部分的贡献归属权就变得更模糊。第二作者通常是下一个最令人向往的位置，往往是贡献较大但略小于第一作者的研究者。介于第二作者和末位作者之间的是广大的中间作者，他们的实际贡献可能有很大的差异，没有人——甚至包括合作者——真正知道他们为什么排在当前位置。比如，一篇有 7 位作者的论文的第四作者可能是一位专业统计学家，他设计和实现了一个重要的数据分析功能；或者可能只是一位在周末收集了一点数据的实习生；甚至可能是一位在早期贡献了一点代码，之后就再也没见过这篇论文的合作者。

大多数心理学期刊不会列出每一位作者对于研究设计、实施、分析、解释和写作所作出的具体贡献，只会简单地列出作者排序，留给大家去猜测。

　　第二个主要问题是，科学贡献之外的其他因素往往也影响归属权。在神经心理学和精神病学的一些领域，临床医生通常仅需提供参与研究的患者，即可获得共同作者的身份，尽管他对研究的其他方面没有任何贡献。类似的还有课题的首要负责人（实验室带头人），即使他们几乎没有付出任何智力或体力劳动，也要在自己实验室成员发表的论文上挂名。更令人诧异的是各种形式的"送礼型署名"。比如，有时同一团队中的某个成员正面临职业晋升，比其他作者更需要一篇署名靠前的文章，就会发生虚报其贡献的情况；再比如，有些学者给同事挂名，将其作为一种"社交礼仪"（为了维持友谊，或是别有所图），或者请重量级学者挂名，通过"名人背书"来推动期刊编辑接收论文。以上所有行为都违反美国心理学会和国际医学期刊编辑委员会（International Committee of Medical Journal Editors, ICMJE）制定的作者署名准则。美国心理学会特别指出，某个人只是"提供基金或资源、指导，或者对整个研究而非某篇具体论文有帮助"，并不一定要在论文上署名。[30] 国际医学期刊编辑委员会进一步总结，任何希望名列作者栏的研究人员都必须满足以下四个充分必要条件：

　　　•　对研究工作的构思或设计，或数据的收集、分析或解释有重要贡献；
　　　•　起草过重要内容，或对重要内容有过关键修改；
　　　•　审核过所发表论文的终稿；

- 同意对工作的所有方面负责，包括随后任何与研究的准确性或伦理有关的问题，并能确保适当调查和解决这些问题。[31]

第三个主要问题是，用排序来表明作者的功劳就无法承认有一些作者的贡献是相同的，而这种情况在当下由团队主导研究的科学界非常常见。在排序体系下，唯一表示同等贡献的方法是署名时在两个（或更多）名字的旁边加上一个蠢笨的星号，并在脚注中说明"这些作者对本研究有同等贡献"。这样的脚注不仅在阅读论文时很容易被忽略，在引用论文时也根本体现不出来。排序总会使一个作者排在另一个作者之前，无论如何，排在前面的作者将被视为更重要的贡献者。

由于心理学界的数豆子之风只奖励那些发表了大量身为第一作者和末位作者的论文的研究者，关于学术署名的伦理规范因而不可能被监管，甚至经常被无视。如果你是一位年轻的心理学研究者，你肯定想要发表大量身为第一作者的论文，而且最好是发表在非常有名或影响因子很高的期刊上。随着你逐渐开始带领研究团队，或成为实验室负责人，身为末位作者的论文作为衡量资历的指标变得越来越重要。就这样，我们可以看到，数豆子之罪不仅仅表现为将发表的文章分为三六九等，还表现为特定作者排序的文章的数量，这种规则超越了研究的科学性和重要性，忽略了作者排序中暧昧的模糊性。

我自己也有罪过，因为我也曾助长过这种对署名论文数量的痴迷。2012 年，我写了一篇博文，向年轻的研究者提出 25 条建议。抱歉的是，其中一些建议强调了发表特定作者排序论文的数量，而不是强调科研工作的质量：

要有每年发表文章的目标……心理学和认知神经科学的经验法则是每年发表 4 篇好论文。这个数字可以变化，但无论如何，得保证每年发表些什么。如果你的实验进度很慢，或还没有可发表的数据，那就发表一篇综述性论文……尽可能多地成为第一作者。㉜

毕晓普在该文章下的评论恰当地指出了我错误的数豆子观念：

这条"每年发表 4 篇论文，并尽可能多写文章"的建议让我感到不安。我认为，只有当你完成一些重要的工作，足以与世界范围内的学者交流时，你才应该发表文章……我宁愿看到一份简历，每年有一篇真正精心完成、深思熟虑、原创的论文，也不愿看到这样一份简历：每年发表 10 篇论文，却没有一篇有记忆点。这种平衡确实不容易达成，但我的建议是：请记住，如果你写了东西，编辑和审稿人就得阅读；如果你的研究琐碎而无意义，或明显就是把一个像样的研究分割成"最小可发表单位"（minimal publishable units），他们就会对你有负面印象。㉝

这让我停下来思考，我为什么会给出这些建议？像许多提出这类建议的学者一样，我在回复中把责任推到决策者身上。我急切地指出，这不是我的错，因为这是权威人士告诉我的，不能迁怒于我这个传话的人。这个回复是无力的自我防御：

这是我一次又一次从生物技术和生物科学研究奖学金委员会得到的建议。事实上，我还清晰记得 2006 年出现在大卫·菲利普斯（David Phillips）奖学金介绍会上的一张幻灯片，上面写着"论文发表：在发表于《自然》杂志上的文章与灌水文章之间找到平衡"。当我进行中期评估时，他们特别提醒我，如果我想转换院系，就不能让发表论文的数量下降……至少从我的经验来看，产出量仍然被视为衡量个人学术贡献的一项重要标准，尽管我不认为应该这样。[34]

重读自己的文字并发现它们大错特错时，我的感觉很怪异。我现在认识到，在任何资源有限的系统中，数量和质量是跷跷板的两端。这意味着，根据发表论文的数量衡量学者的贡献，无论采用什么方式，都必然会牺牲论文的质量。在极端情况下，过于看重数量会怂恿学者将研究看作可切片的香肠，把整体工作切割成所谓"最小可发表单位"，即会被期刊接收并写进简历的最小量的研究，而这些草率、无关痛痒、名不符实的研究会像洪水一般，涌进同行评审系统。我们应该奖励虽然发表论文数量少，但其研究在理论上更重要、规模更大、方法更严谨的学者。发展心理学家犹他·弗瑞斯（Uta Frith）把这种修正的哲学称为"慢科学"，并将其比作烹饪：

168

> 慢食和慢科学并不是为了慢而慢，而是为了提高质量。慢科学意味着深入细节。正如同用手指剥开新鲜的豌豆是制作高品质食物的一部分，科学研究是一个缓慢、稳定、有条不紊的过程，我们不该期望科学家为社会问题草就应急方案。[35]

弗瑞斯的论证很有说服力，但如果有人反驳，完全不重视发表数量会使研究人员利用此规则，甚至偷懒，要怎么回答呢？如果两位研究者的工作质量相似，但其中一位研究者的产出比另一位高，该如何比较呢？他们应该被同等评价吗？答案是，对质量的评估可以同时包含对数量的考虑，但只能是间接的：只有当研究对理论或实践的贡献与工作数量成正比时，数量才能提高科学贡献的整体质量。而另一种情况是，对于一些研究者，质量可能只会随着数量的增加而略微提高，或者根本不会提高。例如，多篇低检验力的论文可以被视为与一篇严谨、高检验力的论文有同等或更低的质量。为了避免矫枉过正，任何基于质量的评估体系的关键是，对学者个人的评价或学者之间的比较评价必须独立于所发表论文的绝对数量。

路在何方？

在这一章中，我们探讨了三种欠妥的评价学者及心理学研究质量的方法——期刊影响因子、申请到的基金和作者排序。这么说来，这些衡量标准和质量指标完全没用吗？我们应该彻底抛弃它们吗？

也不尽然。被引用量指标吸引是很正常的事。我们都希望自己的成果有影响力，会为有人引用自己的文章而高兴，因为这意味着有人读了它，运气好的话，还会有人发现它很有用。[36] 但让我们感觉良好的事物和用于评价学者的标准之间有关键区别，意识到这种区别并应用于实践需要心智上的训练。期刊影响因子并非科学研究质量的有

169

意义的指标，但单篇文章被引用这件事本身，虽然也非研究质量的标准，却的确能够表明文章的影响力和同行对它的兴趣。[37]关注学术领域的这些指标并不可耻，只要我们清楚它们能说明什么，更关键的是，能看清它们无法说明什么。对量化标准的盲目崇拜永远不该取代包含真正信息的专家意见。只有专家评估才能对科学研究的质量作出权威的判断（即便如此，也常常是错误的）。如果我们允许量化指标取代人的主观判断，就要承担风险。

同样的原则也适用于基金申请。研究者庆祝申请到基金是完全可以理解的，因为这些钱能帮助他们开展之前无法进行的研究。获得基金资助本身就有内在的回报——作为研究者，我们现在有了资源来解决一个重要、令人振奋的问题，这笔钱还可以让我们从大学院系的教学和行政工作中争取更多时间。然而，与引用量指标一样，基金额度不应用于评估研究者的才能或潜力，因为基金资助的是一个计划，而不是一项完成的工作。如果真要将基金额度考虑在内，就应该将其与研究成果一起权衡：评审员应该询问，这项研究的科学贡献是否与消耗的资源成正比，而不是简单地奖励消耗了多少资源。

最后，如何解决学术著作权的复杂乱象？在最后一章中，我们会推荐一个备选的"贡献者模式"（contributorship model），它借鉴了物理学研究的某些特点：作者的排序无关紧要，重要的是他们为获得该排位所承担的实际工作。如此一来，无论是提出理论或假设的人、方法开创者、数据收集者，还是担任其他角色的研究者，都能根据贡献程度有不同收获。

数豆子之罪之所以存在，是因为缺少可靠的评估中短期科研成果质量的方法。当不同研究者竞争某一职位或基金时，如何衡量他们的科研贡献？怎么确定一项已结题的基金项目是成功的？我们有没有考查是否有其他学者独立重复了某一基金所资助的项目？或者至少检查过这些项目的实施过程的严谨性，从而判断其可重复性？除非心理学界发展出一套合适的机制来评估研究者的贡献及其研究的质量，否则数豆子之风将继续主导学术界。

赎　罪

科学方法看上去刻板又教条，但它比科学发现重要得多。

——卡尔·萨根（Carl Sagan），1995

在前七章中，我们细数了心理学界如何深陷于一系列职业文化之罪：偏见、隐藏的灵活性、不可靠、囤积数据、易腐蚀、封锁已发表成果、痴迷于数豆子。如果任其发展，这些罪过不仅会妨碍心理学的新发现和实际应用，也会对学科本身的生存构成威胁。在竞争日益激烈的当今世界，投向科学领域的公共支出面临巨大的压力，心理学家若继续像鸵鸟一样将头埋在沙子里以逃避现实，奢望这些罪过会被忽视，终有一日会难承后果。

我们可以预见两种反对上述结论的声音。维护现状的人会辩称，这些罪过皆非心理学界独有，有问题的研究实践和对重复研究的漠视广泛存在于生命科学和社会科学的诸多领域，而发表偏见遍及所有科学领域，只是程度不同。囤积数据、封锁已发表成果、造假和盲目崇拜影响因子威胁着每一个领域，不仅仅是心理学，甚至不仅仅是自然科学，还包括人文学科和社会科学。我们为什么偏偏要关注心理学呢？为什么要心理学家来"修正"科学研究风气呢？

答案很简单：不管其他领域如何，作为心理学家，我们起码要对自己所做研究的质量负责。我之所以关注心理学，是因为它是我所在的领域。如果我家屋顶漏水，岌岌可危，我不会看着邻居的房子说："他们家也这样，没事的。"我会修好自己的屋顶，在此过程中，或许我能得到一套帮助邻居修屋顶的办法。但如果每个人都推卸责任，屋顶就永远修不好。尽管几十年来，本书指出的许多弊病已经广为人知，但心理学领域的改革仍如此缓慢，关键原因之一便是责任分散。

走向另一个极端的人则认为，以上正好说明心理学不是科学，应该抛弃心理学。这同样是错的。究竟是什么使一个研究领域能算作一门科学？一个多世纪以来，这个棘手的问题激起哲学家的热烈而多样的回应。从波普尔派的观点看 [英国哲学家卡尔·波普尔（Karl Popper）的证伪主义，是关于科学方法、科学分界标准和科学发展模式的学说。——译者注]，科学包含以下要素：研究现象可量化，假设可检验，实验可重复，理论可证伪。即使心理学领域的从业者——心理学家——未能在每个方面都达到最高标准，但大部分心理学研究显然符合所有条件。[①] 例如，大多数定量心理学领域（如心理物理学、认知心理学、实验心理学和社会心理学）的研究都会对行为进行原则上可重复的客观测量。问题在于很少有实验会被精确重复，以及有许多研究在精确重复时失败了。只能说这些研究实践虽然是科学的，但不太严谨。同样，即使研究者存在证实偏见或后见之明偏见，大多数研究假设还是足够精准并可被证伪的，所以这些弊病也还在科学实践的范畴内。心理学领域这些问题的严重程度与生物医学的一些研究领域相当，这些领域也深受低重复性、研究偏见和发表偏见之苦。[②] 如果读者此刻仍然想将心理学付诸一炬，就请想想，尽管这些问题如此严重，我们还是建立了关于心智和大脑的璀璨的知识宝库。在过去的一个世纪里，数百种稳固的心理现象被构建起来，滋养了理论的发展，这些知识改变了我们对人类认知、行为和社会的认识。

撇开进步不谈，不可否认的是，心理学不如其他许多科学领域稳健，尤其是与物理学相比。物理和化学等自然科学相对不容易存在偏见，更强调可重复性，理论更精确，更可证伪，实践活动也更开放。相反，心理学更符合费曼著名的"拜物教科学"的特点，让我们回顾一下第三章中提到的费曼于1974年发表的文章：

> 南海有一群"拜物教"（cargo cult）土著。在战争期间，他们看到飞机带着许多有用的物资着陆，战争结束后，他们希望这种"恩泽"能重现，于是安排和模仿了一系列仪式：仿制飞机跑道，在跑道两侧燃火，派人模仿控制员坐在木屋里，头戴两个耳机似的木块，一根根竹子像天线似的伸出来。他们指望通过这些仪式让飞机再次降落。他们照葫芦画瓢都做对了，所有事情看上去很完美，和之前完全一样，但就是不奏效，没有一架飞机降落。所以我把类似的科学称为"拜物教科学"，因为它们符合所有表层的规则和科学研究的形式，但忽略了本质：根本没有飞机着陆。 174

对心理学来说，好消息是，飞机确实会着陆；坏消息是，飞机并不会像预期中的那样经常着陆。因为我们未能听从费曼的警告："不能欺骗你自己，自己是最容易被欺骗的人。"在最后一章中，我们将揭示心理学如何迎接费曼的挑战，巩固和丰富自身的使命。

赎偏见和隐藏的灵活性之罪

在第一章和第二章中，我们看到有偏见的研究行为是如何削弱心理学实证研究这一根基的。其中，证实偏见会妨碍科学进程的各个阶段，从发表偏见直到对概念性重复的依赖，前者偏好阳性和新颖的结果，后者只能证实却无法证伪前人的发现。我们也看到从后知假设（根据结果提假设）这类有问题的研究实践中产生的后见之明偏见：研究者有意或无意地假装自己一开始就预见到一个意外的结果。与此同时，数据分析中隐藏的灵活性提高了虚假发现的比例（如 p 值操纵）。我们探讨过一些有助于减少偏见的"助推"措施，如奖励开放实践的徽章、方法核对清单和公开信息声明等，这些都是有价值、有效果的举措，但这些措施成效有限，因为它们只鼓励透明和无偏见的研究，并未阻止不透明和有偏见的研究的出现。人性中的偏见也许永远无法彻底抹除，但有一个可靠的方法可以使我们免受影响，那就是同行评审的预注册制度。

预注册报告：预防偏见的疫苗

我对发表偏见的体验始于 1999 年，当时我的第一篇论文被拒稿。[3] 一位匿名审稿人说我的论文"结果不那么有趣"，另一位审稿人说，"方法确实很严谨，但研究结论无关紧要"。编辑则声称，"我们只发表最新颖的研究"，毫不客气地把我和我写的平平无奇的论文拒之门外。这是我万万没想到的。我，22 岁，面带稚气的一年级博士生，心存这样的信念：科学研究是一个寻求客观真理的过程。我无论如何也想不到，一个在心理学领域备受尊崇的科学期刊会因研究结果而拒绝一篇理论和方法都很完备的论文。这根本说不通，还很不公平：怎么能期望研究人员控制结果呢？这样一来，论文的发表岂不跟买彩票一样了？肯定是哪里出了问题吧？

我的导师却一点也不惊讶。尽管我提交稿件前得到了他的认可，但他对研究的呈现方式持保留意见。"这篇论文并没有讲述一个真正的故事，"他说，"我可以看到你想做的事情，但是你得给审稿人讲一个好故事——一些能让他们感兴趣的东西。不然，他们就会认为你的论文很无聊并拒稿。"这次谈话对于我的科研训练很有建设性。"但是结果就是结果，"我坚持观点，"难道我们不应该让数据来讲'故事'吗？"他摇摇头："科学不是这样的，克里斯。数据不讲故事，科学家才讲故事。"

数据不讲故事，科学家才讲故事。

在之后的十年里，我遵从了这句话。我们根据数据讲了形形色色的故事，其中有分量的故事发表在一些代表时代思潮的期刊上，如《自然·神经科学》《神经元》《美国国家科学院院刊》；精致的小故事则发表在可靠的专业期刊上。我们精心设计并实施实验，然后根据实验结果编出引人入胜的故事。这很有趣，我们的论文也发表得很顺利。我们得到了基金支持，我有了一份事业。每个人都从中受益。

但真实吗？每篇论文都讲了一个故事，但这个故事是对数据最忠实的表述吗？当然不是。我们会掩盖瑕疵或难以解释的有"噪声"的结果，把微妙的差异隐藏在"补充材料"中，甚或绝口不提。我肯定多次触犯了隐藏的灵活性之罪，"罪行"甚至比我意识到的还要严重。每篇论文都有一段精练的梗概和一个好故事。我们努力地做着科学研究——非常努力地设计有理论意义的实验，我们同样努力地、不厌其烦地讲着故事。

这个策略奏效了。2006 年我获得了研究资助，得以移居英国并在伦敦的一个主流大学组建自己的研究团队。最初，我践行了这个久经考验的公式，我的新研究所也很认可：新颖的实验 + 优秀的结果 + 绝妙的故事 = 在知名期刊上发表论文。要想成功，你需要具备公式中的所有元素，但凡漏了一点或低于标准，你的研究论文就只能发表在排名较低的专业期刊上，或干脆被压在文件柜底。但现在，这种科研模式开始让我感到不快。我一直不喜欢这种"发表或出局"的文化，而我在新研究所承受的压力比以往任何时候都大。作为科学家，（理论上）我们在实验中最不应该控制的部分就是结果。当我们一边教导这种观点，一边却将成功定义为"好的结果"时，无疑是在诱发偏见、可疑的研究操作和造假行为。我厌倦了看着同事们挖空心思地分析手中的数据，就像在赌盘中祈祷的赌徒，祈求能发现统计显著的苗头；也受够了对脑成像数据不屈不挠地分析来分析去，直到从一个统计检验力不足的实验设计中挖掘出一篇可发表的故事。我也开始怀疑自己研究的可靠性，就像一位朋友的冷漠嘲讽："你们这帮人的研究很有影响力，但你们就像喜鹊——完成一项研究，就转移阵地开启另一项，从不重复做一次。"他当然是对的。"这就是个游戏，"我承认，"既然没有基金愿意出钱，也没有顶级期刊愿意发表，为什么还要浪费时间把相同的实验做两次呢？为什么要冒着失败的风险重复自己的研究呢？"这就是搬起石头砸自己的脚。

但我的疑问与日俱增，年轻时的理想主义重新浮现在脑海中。我们研究所里挤满了出类拔萃的人，但它就像一家学术版的精英电话销售公司。每天早晨走进前门，你都得面对一面屏幕，上面展示着本周"最佳销售"——谁又在哪本著名期刊，如《自然·神经科学》《现代生物学》《科学》上发表了什么；末位作者的荣誉永远属于某位教授，第一作者则总是他的某位废寝忘食、几乎从不离开研究大楼的徒弟。如果你的名字不在列表里（我的名字通常不在），你会觉得自己很渺小，不够格，是个冒牌货。于是你把自己逼得更紧，对团队和学生要求更严格。正如当时的研究所所长（也是一位受人尊敬的导师）曾经告诉我的："这个地方被野心驱使。你激起年轻研究者的渴望，给他们短期合同和不确定的未来，让他们与世界竞争和彼此竞争。这样你就会获得高水准的科研成果。"我从不相信他真的奉行这种信念，但这就是围城内的现实。

在伦敦待了两年之后，我为了更稳定的学术生涯而离开，继而收获了更放松的职业生活方式。几年来，我一直在不停地运转，直到一连串事件猛然唤醒我的理想主义。2011 年，我们有篇论文被《认知神经科学期刊》(*Journal of Cognitive Neuroscience*) 拒稿，主要原因是其中一个实验高度重复了另一个实验，期刊编辑和审稿人认为这项研究及其结果不够新颖，不足以发表。其中一位审稿人甚至私下告诉编辑（在对拒稿提出异议失败后我们才知晓）："他们的方法很有力，但没有开创性结果。"

一年后，我发火了。2012 年 9 月，我们被专业期刊《神经心理学》拒稿，拒信中陈述的原因是，其中一项分析结果在统计上不显著，而这项检验对于结论甚至并不重要。我们没有掩饰，我们没有通过 p 值操纵或后知假设把它抹去，我们只是诚实、透明地报告了结果。这就好像 1999 年的情境重现：不足以发表的结果，无趣的研究，

177

拒稿……几天后，我坐下来给《神经心理学》的编辑们写了一封信，同时将其发布在我的个人博客上。④ 我感谢他们为这篇论文所做的工作，明确告知我要说的话并非针对某个人。我曾为该期刊审稿，也多次在其上发表文章，但现在我要切断与它的所有联系。"我真正的异议在于，《神经心理学》因结果不完美而拒绝论文，这鼓励了不好的科研实践并怂恿研究者汇报虚假的发现……我写这篇文章主要是想通知你们，我将不再向《神经心理学》投稿或为之审稿。我也会鼓励同事这么做。"

与此同时，一个解决方案开始在我脑海中成形。我一直在关注"神经怀疑论者"（Neuroskeptic）博客，几年来，它一直在倡导预注册，以提高学术研究的透明度和可重复性。⑤ 在其博文和博文下的评论中，总能看到关于预注册的潜在好处和缺点的激烈辩论。要求研究者预先详细说明研究假设和分析计划，很有希望减少不当研究行为（如 p 值操纵、后知假设等）。此外，如果能说服期刊接受结果不确定的预注册研究，也能预防发表偏见，并从最开始就消除研究者进行有问题的研究操作的动机。在我看来，这是解决许多难题的绝妙方案。突然之间，无须再讲多余的故事，无须再掩盖数据的矛盾和混乱。但是如何说服研究者和期刊真的做这件事呢？它应该是强制性的吗？这个过程会不会过于繁琐和官僚主义？有太多问题未解答，但我被这些辩论深深吸引，并且有了一个好主意。现在，只差找一本期刊来试一试了。

机会很快来了。在发布给《神经心理学》的公开信几周后，《皮层》期刊的主编塞尔吉奥·德拉·萨拉（Sergio Della Sala）邀请我加入他的编辑委员会。我接受了邀请，并立即着手准备关于"注册报

178

告"（registered report）这种新型实证文章的提案。在这类新型文章中，研究方案（包括引言和方法）在作者收集数据之前就要经历评审。⑥ 注册报告制度源于一个朴素的哲学理念，即某项科学研究是否达到可发表的水平，应该根据研究问题的重要性和方法的严谨性来判定，而非其结果是否支持假设。这一思想当然不是我的原创，而是早已有之。除了"神经怀疑论者"这一博客在呼吁实施预注册，在过去的 50 年里，还有好几项提案倡导这种发表机制。早在 1966 年，心理学家罗伯特·罗森塔尔（Robert Rosenthal）就写道：

> 或许，我们需要的是一种只根据其程序来评估科学研究的制度。如果研究程序是恰当、合理且足够严谨的，能保证从结果中得到合理的结论，审稿人或编辑就不能根据结果判定研究无定论，并以此为由拒稿。研究程序是否合格应该独立于结果来判定。⑦

几年后，在 1970 年，美国威斯康星大学的 G. 威廉·沃尔斯特（G. William Walster）和 T. 安妮·克里瑞（T. Anne Cleary）提出同样的观点：

> 在提出这种替代方案时，我们主张所有涉及数据处理的决定都应被视为对实验设计的决定。既然发表研究结果的决定是一种特殊的对数据的处理，很自然，所有对实验设计的限制也应该同样应用在发表决策上。如果我们从这个角度来看学术论文的发表，立即就会明白应该修正当前的政策。实验设计中的一个基本

179

准则是，任何数据处理计划都必须在看到数据之前就制定好。如果将这一准则推广到发表决策，那就是当一篇文章投给期刊，在评审时就应先保留结果。这将确保无论发表与否，发表的决定都与研究结果无关。[⑧]

罗森塔尔、沃尔斯特和克里瑞的提议都没有被落实，但或许，注册报告制度最终会给我们机会去实践这些想法。在我构想的模式中，如果科研方案具有重要性和稳定性，且规划严谨，它就应"原则上被接收"，期刊就应承诺：假如作者严格执行预注册的方案，通过预设的各方面质量审查，并基于所获证据得出结论，无论结果如何，期刊都会发表这些成果。

三天后，我的提案已作好接受反馈的准备。我把它发给编辑委员会，同时也作为公开信发布在我的博客上。[⑨]我知道这么做会引起争议，因为期刊习惯于闭门讨论提案，而不是这样暴露在公众视野中。但基于两点考虑，我还是决定走一条开放之路：首先，我担心这个提案可能存在我没有考虑到的明显缺陷，而发现它们的最好途径就是从更广大的学术共同体中获得批判性反馈，尤其是那些评论过"神经怀疑论者"博客上的类似提议的人；其次，我希望《皮层》期刊的编辑，包括我自己，能对有关注册报告的任何决议负责。我曾听过这样的传闻：过去其他期刊也提出过类似的想法，但保守的编委会担心没看到结果就接收论文可能会让期刊被迫发表阴性或无定论的结果，因而将其搁置。尽管我认识萨拉很多年了，也很尊重他，但人数众多的《皮层》编辑委员会的态度还是个未知数。我不知道编辑委员会私下会有什么反应，这封公开信能切实检验这一想法。如果《皮层》期刊否决注册报告制度，它的理由就必须足够有说服力，能够经得住公众的检验；如果期刊通过该提议，从执行这个制度之初就参与其中的学术共同体，就可能在推进该制度的过程中进一步发挥作用。在前一种情况下，我们可以学习到一些重要的东西；在后一种情况下，我们有希望真正去做一些重要的事情。⑩

几天之内，我的公开信就有了数千阅读量并收获几十条评论。这些反馈中有许多建设性改进意见，我将其中大部分纳入提案中。但我的做法让《皮层》编辑委员会开始分裂：一些编辑支持注册报告制度，但很多编辑并不赞成。不过，即使是最强烈的反对者，也未曾当面向我表达过他们的观点。几位编辑还认为，仅仅被邀请加入编辑委员会几天，我就以如此公开的方式提出这项提案，这种行为已经越界了。

他们的反应可以理解。我知道，在一些人看来，这封公开信几乎是一场"政变"，但我认为，这可以让注册报告制度暴露在公众舆论中，在这场严酷考验中给它公平听证的最佳机会，而一些编辑的愤怒是获得这个机会的小小代价。幸运的是，主编强烈赞成。一个月后，也就是 2012 年 11 月，《皮层》成为第一个同意注册报告制度的期刊。我们成立了一个编辑小组委员会来处理这类稿件，为 2013 年 5 月的正式发行作准备。⑪

注册报告制度如何实行？传统的审稿模式是在整个研究结束后，对写好的论文进行同行评议，但注册报告制度的评议过程分为两个阶段（图 8.1）。在第一阶段，研究人员在收集数据之前，需要先提交研究的引言部分，提出研究方法和数据分析计划。期刊会根据该研究的科学意义、逻辑清晰度以及第一阶段的评审标准，对研究计划进行初始分级。我根据"神经怀疑论者"博客作者及其他人的反馈意见，耗费多时制定了第一阶段的评审标准。在注册报告制度的第一阶段，期刊编辑和审稿人评审如下方面的内容：

（1）研究问题的意义。

（2）研究假设的逻辑性、理论依据与合理性。

（3）方法论与数据分析流程（包括统计检验力分析）的严谨性与可行性。

（4）方法（尤其是实验程序和分析流程）是否足够清晰、详细，能够被其他研究者重复。

（5）作者是否足够清晰和详细地阐述了方法，足以规避实验流程或数据分析中隐蔽的灵活性。

（6）作者是否充分考虑各种条件以保障结果的中立性（排除地板效应或天花板效应，设置阳性对照组，等等），并确保实验结果能够检验实验假设。

接下来让我们花点时间更详细地解读上述要点。设计前两条标准是为了检验研究计划的科学可信度（scientific credibility）：即将研究的问题重要吗？依据文献提出的假设符合逻辑吗？第三条标准用来检验研究方法的严谨性与可行性，特别强调了统计检验力。正如第三章中提到的，心理学与神经科学研究中常常见到检验力不足的实验，这会增加假阳性与假阴性。而《皮层》期刊将 0.9 作为可接受的最小统计检验力，这要求样本量足够大，使所有假设检验都有 90% 的概率正确拒绝错误的虚无假设。我们也鼓励作者考虑贝叶斯抽样法和假设检验方法，这些方法不涉及统计检验力，只需要收集数据，直到获得足够可靠的结论。

第四、第五条标准关注研究方法的详细程度。是否将研究程序描述得足够详细？是否可被其他研究者当作"配方"用于直接重复研究？这一点是考虑到心理学研究不可靠的主要原因之一是研究方法部分总是写得含糊不清，无法被直接重复（详见第三章）。此外，研究方案中的分析计划是否足够精确，能够防止作者有意或无意地利用研究者自由度（如 p 值操纵）来增加出现阳性结果的可能性？最后，第

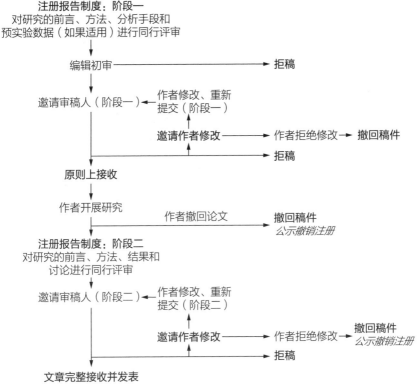

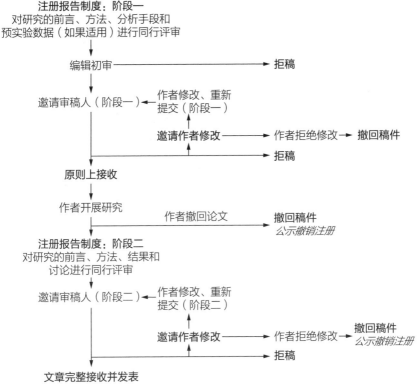注册报告制度：阶段一
对研究的前言、方法、分析手段和
预实验数据（如果适用）进行同行评审

编辑初审 ──────────→ 拒稿

邀请审稿人（阶段一）←── 作者修改、重新
提交（阶段一）

邀请作者修改 ───→ 作者拒绝修改 → 撤回稿件

──────────→ 拒稿

原则上接收

作者开展研究　　作者撤回论文 ──→ **撤回稿件**
　　　　　　　　　　　　　　　　　　公示撤销注册

注册报告制度：阶段二
对研究的前言、方法、结果和
讨论进行同行评审

邀请审稿人（阶段二）←── 作者修改、重新
提交（阶段二）

邀请作者修改 ───→ 作者拒绝修改 → **撤回稿件**
　　　　　　　　　　　　　　　　　　公示撤销注册

──────────→ 拒稿

文章完整接收并发表

图 8.1 《皮层》和其他几家刊物的注册报告提交与评议的流程

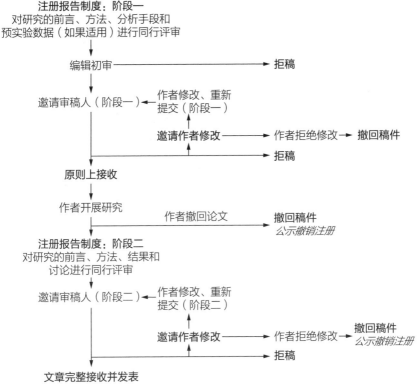182

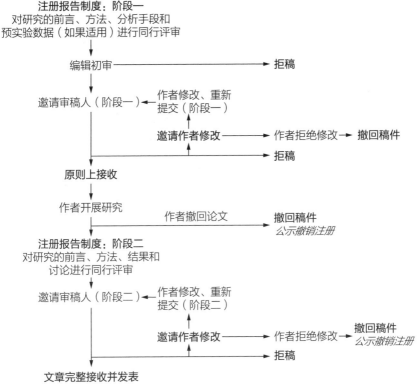

六条标准要求作者提前说明对假设进行可靠检验的质量检查和阳性控制方法。⑫

许多因素都会导致实验得出无意义结果，如仪器矫正错误，被试的行为绩效表现出现天花板效应或地板效应，或者一个已知效应的条件未满足（即真实性检验或"阳性控制"），等等。为避免发表偏见，这些检验都必须是结果中立的，即它们必须与研究假设互相独立。让这些检验与假设独立可以防止当前研究文化中一些常常存在于作者和编辑身上的偏见，即根据结果的阳性或阴性判定该实验是否有效，并据此接收稿件或拒稿（见图 8.1）。

如果递交的稿件通过了编辑初审，就会接受深度同行评审，专家将评议研究的基本逻辑和方法，并根据第一阶段的标准去检验。若研究计划收获良好的评审意见（可能需要一定修改），期刊就会原则上接收（in-principle acceptance, IPA）该稿件。只有被原则上接收，研究者才能开展预注册的实验。在收集和分析数据之后，研究者需要重新提交第二阶段的稿件，包括原始稿件中的引言和方法部分，再加上结果与讨论部分。完整版稿件的结果部分必须包含所有预注册的分析计划的结果。至关重要的是，它还可以包含任何未注册的分析，前提是将其标注为探索性（事后的）分析，与验证性（预注册的）分析明确区分开。作者还需要将数据存储在一个可以公开访问的数据库中，以解决囤积数据之罪。理论上，阶段二的审稿人须与阶段一的审稿人相同。该阶段会评估：

（1）数据能否充分检验所提出的假设，并满足结果中立标准（如没有地板效应或天花板效应）。

（2）前言、基本原理与假设是否与阶段一中提出的完全相同（必需）。

（3）作者是否严格执行了预注册的实验流程。

（4）新增的未注册的事后分析是否合理，方法是否严谨，信息是否翔实。

（5）作者基于数据得出的结论是否合理。

第一条标准是为了评估实验是否通过了预设的质量检验及阳性控制。例如，如果研究内容是酒精对认知功能的影响，作者是否通过已有的问卷或其他方法来确认实验所用酒精确实有麻痹作用？如果操作检验无效，那就意味着实验干预可能实施得不正确，也就是说，这个研究没有恰当地检验研究假设。第二、第三条标准是检验第二阶段的前言和方法部分与预注册方案中对应部分是否一致。最后，第四、第五条标准是为了检验额外的探索性分析与整体的研究结论是否合理。在完成上述过程之后，最终撰写的论文才会被发表。[13]

184

请注意，阶段二的评审标准少了一些东西——没有对结果的影响力、新颖性或独创性的评估；没有考量结果（碰巧）有多确凿；没有强调假设是否得到支持。这些或许能帮助科学家判定研究是否令人振奋或有新闻价值，却无法说明其科学研究的质量或持久贡献。对于注册报告制度，研究是否达到发表的高标准，与假设检验的结果无关。

2013 年 5 月，大约与《皮层》期刊开始实施注册报告制度同一时期，《心理科学展望》和《注意、知觉与心理学物理学》也提出类似方案。[14] 我发现注册报告制度正快速从理论变为现实，但我也意识到，有些期刊没有经过公开讨论就默默搁置了这一方案。致力于推广注册报告制度的一些人听说，有些主编在内部讨论会上听到这项提议时，以如下理由反对：这种制度会导致期刊发表阴性结果，使此类文章的引用量低于其他文章，继而使期刊的影响因子下降。这种对影响因子的崇拜让我深感失望，也更令我相信，闭门政治是理性决策的死敌（这可能是 20 世纪 60 年代以来，注册报告制度曾毫无进展的原因）。

我和同事穆纳夫决定行动起来，否则这个倡议在开始前就会被数豆子之罪扼杀在摇篮里。在《皮层》发布实施方案三天后，我们在布里斯托尔的一家酒吧见面，制定了一个计划。在接下来的一个月里，我们召集数十位科学家和期刊编辑委员会的成员，于 2013 年 6 月在《卫报》上发表一封联合公开信，标题为《通过研究预注册提升对科学研究的信任》。[15] 最终有 80 多位资深学者签署了这封公开信，呼吁所有生命科学类期刊提供注册报告制度，将此作为作者的新选项。这一次，注册报告制度不会再悄无声息地消失了。

这封《卫报》上的公开信掀起惊人的风暴，更多学者参与这场辩论，形成两个对立的阵营。一边是改革者，他们推崇更高的透明度和可重复性，普遍赞成采纳注册报告制度，其动机可能只是想知道注册报告制度下发表的论文与按标准流程发表的论文到底有什么差异。另一边是一群（通常势力强大）由保守派组成的"后卫部队"，他们认为注册报告制度会"给科学铐上枷锁"。[16] 令我费解的是，其中许多批判声音都源于一些基础性错误或对该倡议的误读。这些人究竟读过我们写的东西吗？另一些令我震惊的声音则虚伪地歪曲事实，它们唯一的目的似乎就是破坏倡议，维持现状。我在下文列举了一些主要的

185

反对意见、我的结论以及详尽解释：

注册报告制度妨碍对数据的挖掘，会抑制科学家的创造力。

结论：错误。 这可能是对该倡议最大的误解。与标准发表模式一样，注册报告制度欢迎作者充分发挥创造力，进行未注册的探索性分析。唯一的要求是，不能将这些分析的结果写为验证性的，而是必须诚实地将其标为探索性分析。让我特别惊讶的是，尽管所有采纳注册报告制度的期刊都明确说明欢迎探索性分析，但有许多传统主义者坚持本条意见。看来，这些保守派不仅希望拥有进行探索性分析的自由（注册报告制度明确欢迎这种自由），还希望将它们以验证性分析的方式呈现出来。由此，我得出一个令人不安的结论：不断以此理由反对注册报告制度的保守派只是想拥有根据结果提假设的自由，但这又不被社会接受，他们别无选择，只能辩称注册报告制度在某种程度上阻止科学探索。

注册报告制度可能会贬低探索性、观察性研究的重要性。

结论：无证据且很可能是错误的。 这是第一个反对观点的更狡猾的版本。它担心的是，注册报告制度为假设检验所构建的更完善的机制，可能会以某种方式排斥探索性研究（即没有先验假设的研究），使之边缘化，被视为二等研究。但这种担忧是不合逻辑的，反映了那些看重科学探索的人所特有的不安全感。注册报告制度不过是明确区分了验证性假设检验和更具探索性的分析与假设，两者都具有科学价值，都作为标准形式而被接受。如果仅仅这样的**区分**就贬低了探索性研究，我们就要问问自己，我们究竟赋予探索性研究什么样的价值？正如克尔和约翰所指出的（见第一章和第二章），心理学研究中后知假设所占比例之高，表明探索性研究确实经常被强行塞进并不合适的验证性框架中，这样削足适履的唯一目的只是发表论文。保守派既然批评注册报告制度给当下这种定义混淆的体系带来更清晰的划分，何不提出一个平行倡议以推行纯粹的探索性研究呢？事实上，如果探索真的如此重要，他们为什么一直没有作为呢？[⑰]

注册报告制度可以通过"提前注册"已完成的研究来伪造。

结论：仅适用于骗子。非常奇怪，许多声誉良好的心理学家居然都相信存在这种可能性。他们真的把同事们看得如此下作吗？无论如何，这种策略对注册报告制度来说不但不会有用，而且不可能成功，除非伪造。作者提交阶段二的稿件时，必须附有实验室日志，详细说明数据收集的日期范围，并需要代表所有作者出具证明，说明在原则上接收日期**前**没有收集任何数据（阶段一方案中的预实验数据除外）。作者必须将预注册研究的带有时间戳的原始数据文件保存在公共存储库中，原则上标有滞后时间戳的数据也会被接受。如果用已完成的研究进行阶段一的预注册，就需要伪造复杂的实验室记录和数据时间戳。即使不谈这显然是欺诈行为，提出这种担忧的保守派也忽略了一个关键问题：通常在阶段一的评审结束后，编辑会根据审稿人的评审建议修改实验流程。如果实验已经完成，即使很细微地修改方案也不可能实现，因为这违背了预注册的目的。除非作者选择在报告实验流程时再次撒谎，这样一来，这种程度的欺诈已无可挽回。因此，"提前注册"已完成的研究将会是一种非常徒劳的发表策略。

注册报告制度无法阻止欺诈。

结论：偷换概念。这是一种常见的反对意见，也是在偷换概念，因为注册报告制度不是为了阻止欺诈设计的。至少在现行状况下，没有任何出版机制能完全规避复杂的、有预谋的不端行为。注册报告制度最主要的作用是消除发表偏见及这种偏见带来的压力，从一开始就防止数据操纵、根据结果提假设和其他不诚信行为。

注册报告制度将"锁定"作者在特定期刊（即发表注册报告的期刊）上发表文章。

结论：错误。作者与期刊没有签订有约束力的合同，可以随时撤回注册报告制度下提交的稿件。唯一的要求是，在原则上接收之后撤回研究会使期刊发布公告，其中包括阶段一提交的摘要以及撤稿的原因。这确保了注册报告过程对于科学界是公开、透明的。

注册报告制度**未能**将作者"锁定"在特定期刊上发表文章。

结论：转移话题。一些保守派反对注册报告制度的原因与上一条正好相反：恰恰是因为作者没有与期刊签订有约束力的合同，所以会被作者利用。他们的论证过程是这样的：假设研究者阶段一的方案被某专业期刊原则上接收，但在研究期间，研究者发现了一些惊人的和意想不到的结果，甚至感觉这些结果能发在《自然》或《科学》上。怎样才能阻止他们把稿件从专业期刊上撤回，作为一篇传统文章（未预注册的文章）重新投向更有声望的期刊呢？答案是：没有办法。但这种观点有一个漏洞：在原则上接收后，作者撤回稿件时需要公示以撤销预注册，作者会知道自己的选择对同行来说是透明的。想想看，同行看到撤销预注册的理由为"我们发现了一些令人瞩目和意想不到的结果，决定把它发表在更好的期刊上"时会作何反应。从各方面来看，这种昭告天下的野心都会让人耳目一新。

注册报告制度不适合探索性研究，也不适合在没有假设的情况下开发新方法。

结论：转移话题。这是一个常见但无关紧要的反对意见，因为注

188

册报告制度并不是为非假设驱动的研究而设计的，只不过假设驱动的研究在心理学及其他领域发表的论文中占比很大。

注册报告制度只适用于一次性实验，不适用于一系列连续实验，即每个实验的结果会输入下一个实验的设计。

结论：错误。 许多采纳注册报告制度的期刊允许作者依次连续地注册实验，每次都可以在之前的基础上有所扩充。在这一循环的每个阶段，论文的先前版本都会被接收，从而消除后来的注册实验影响之前版本发表的潜在风险。

阶段一的审稿人可能会窃取我的想法并抢先发表。

结论：有可能，但可能性很小。 抢占创意是科学界的幽灵。每个人都认识一个某甲，他偶然听到乙和丙谈论丁的创意被人抢先发表的故事。或许吧。事实上，这样的例子罕见。[18] 如果担心创意被抢先发表，研究者怎么还会申请基金，或在学术会议上公开自己的想法呢？与注册报告制度（通常在研究完成后才完全公开）阶段一中的审稿相比，这两种方式会将想法泄露给"更多"或"多得多"的潜在竞争对手。同样值得注意的是，一旦被原则上接收，在阶段二，期刊就不能因为别处已经发表类似的研究而拒稿。因此，即使在不太可能的情况下，审稿人赶在作者之前抢先完成预注册中的实验，也不会给他带来什么职业优势，反而可能适得其反。[19]

如果注册报告制度是强制性的或普遍性的，就会……

结论：偷换概念和夸大系列因果关系。 无论这句话的结尾是什么，这条反对意见都无关紧要，因为我们从来没有提议强制或普遍实施注册报告制度。实际上，情况恰恰相反。"注册报告制度应该成为假设驱动研究的一个普遍选项"与"科学界应该强制要求实施注册报告制度"（没有人提出这样的观点），是截然不同的观点。

在注册报告制度下，过去的一些重大发现（如镜像神经元）是不可能出现的，因而注册报告制度会阻碍科学的发展。

结论：可以说是错误的，但即使正确，也无关紧要。这种担忧偏离了正题，因为从没有人提议注册报告制度应被作为探索性研究的替代品，它只推动假设驱动的科学研究。即便抛开这一事实不谈，为什么如此坚定地认为像镜像神经元这类科学发现不会偶然出现在注册报告制度下的研究中呢？一个对注册报告制度的主要误解是，它会阻碍意外发现，但实际上它保护了意外发现。试想你进行了一项标准（非注册报告模式）研究，意外发现了让人非常惊喜且突破性的结果。如果通过传统的发表途径把稿件投给期刊，你猜会发生什么？由于这些结果出人意料，审稿人很可能会对它们持怀疑态度，你不得不为自己争辩或进行额外的实验，而与此同时，他们会将论文搁置数月或数年。你甚至可能因发表障碍太大而放弃，将论文扔进文件柜。再假如你开展的研究完全遵循注册报告模式的流程，在阶段二中，审稿人不能因意外结果而拒稿，你的意外发现就会因此受到保护。[20] 这令我们不禁反问：如果是在注册报告制度下，有多少像镜像神经元这样的意外结果会更早地面世？

我们不需要注册报告制度，因为我们有重复研究。

结论：错误。这种观点忽略了一个事实，即心理学中的直接重复研究极其少见，这与许多抑制因素有关，核心因素是期刊一贯轻视重复研究。注册报告制度为重复研究提供了一个完美的渠道：在作者投入资源展开研究之前就可以有条件地接收论文，还有什么比这更好的激励因素能说服作者进行重复研究呢？

190

我们不需要注册报告制度，因为方案已经交由基金评审委员会评议了。

结论：错误。第一次听到这种反对意见时，我都不敢相信这种说法是认真的。任何一位审核或申请过大额基金的心理学家都知道，此类申请所包含的技术细节远不能与注册报告制度阶段一的标准相提并论。申请基金时会描绘有关工作计划的宏大蓝图，但很少深入到每个实验的具体细节，而这样的细节正是阶段一中的方案所必需的。即使偶尔有方案写得非常详细，基金评审委员会在公布拨款申请时也几乎从不公布此类内容，所以不会有人知道研究者是否遵照方案做了研究。[21] 不公开的私下预注册对科学界来说毫无价值。

在几乎可以保证发表的情况下，注册报告制度的作者会很敷衍地做实验，使结果毫无意义。

结论：错误。经常能在保守派中听到这种愤世嫉俗的反对意见。正如有人说："如果你是一位年轻研究者，你有好的研究问题和实验设计，且这一想法被预先接收了，最有效率的就是快速、草率地分析，得出敷衍了事的结果——毕竟，谁在乎呢？这篇论文都被接收了，是时候进行下一项研究了。"[22] 这种观点除了将青年科学家描绘成削尖脑袋往上爬的人，还忽略了这样一个事实：阶段一的稿件中必须包括中立于结果的检验和质量检查，以确保研究者提出的方法能检验所述假设；而阶段二的论文一旦没有通过任何一个关键的中立检验，都会被拒稿，这为防止草率的科学研究提供了内在保障。这一异议还忽视了以下事实：阶段一会对提出的分析进行严格、详细的评审。对于作者，与完成传统模式研究相比，在注册报告制度下进行快速、草率的分析的可能性并不会更大。实际上，这一可能性在注册报

191

告制度下要小得多。

注册报告制度假定科学家存在不诚信行为，还释放出这样的信息：科学界没有信任。

结论：不合逻辑，转移话题。这一论点建立在一个错误的前提上，即不当行为等同于故意欺骗。但正如我们看到的，偏见和不当行为可能是无意识作出的，或者源于无知，并不一定是不诚信。在更深层面上，这种反对观点误导我们去重视外界如何看待心理科学和研究人员的感受，而不是重视如何开展实际研究。无论偏见和不当行为是有意还是无意的，解决方案都是一样的。

注册报告制度基于对科学方法的天真看法。

结论：错误。注册报告制度保护研究者在科研中正确使用假设演绎法，但它并不是让此方法凌驾于探索性方法之上。这就像因为某个药物不能治疗肝炎，就简单地认定它能治疗癌症是"天真"想法一样。这一观点存在奇怪的自相矛盾之处。一些保守派可能认为，假设演绎推理模型是一种错误的科学取向，但果真如此的话，为什么同一批人经常发表报告 p 值的文章，并声称验证了先前的假设？他们是仅仅为了发表而假装自己的论文是演绎的吗？当研究人员真正使用假设演绎法时，注册报告制度能确保他们尽可能以无偏的方式去演绎，并因此获得适当的奖励。那些以本条理由批评注册报告制度的人实际上反对的并不是所说的这些，他们批判的是生命科学领域研究教学的根本方式和研究发表的基本体系，尽管他们自己支持这个体系，而且没有提出任何替代方案。

注册报告制度将使同行评审系统不堪重负。

结论：尚且未知，但很可能是错的。确实，注册报告制度需要同一期刊的两个阶段的同行评审，每个阶段都可能包含至少一轮改稿。但在注册报告制度下，作者被多家期刊连续拒绝的可能性要小得多，这抵消了两阶段评审所增加的负担。正如神经学家莫莉·克罗克特（Molly Crockett）在回应我的《皮层》期刊公开信时所指出的：

> 这个系统的价值在于，理想情况下，一篇特定稿件只会经历一套评审流程——因此，实际上您的提案可能会减少用在论文评审上的总时长，从而减轻科学界的负担。想想看我们现在的流程：论文在发表前往往会面临接连拒稿（而且往往是因为数据而不是方法被拒稿，如因阴性结果被拒稿）。一篇论文在发表前可能要经历3—4家不同期刊的评审流程，也就是说有6—12位（或更多）审稿人会花时间来评审论文。这对审稿人和作者来说都是极其低效的，作者不得不花大量的时间重新排版以配合不同期刊的要求，这些时间都花得不值得。与之相比，在您倡导的体系中，作者和审稿人付出的额外时间确实花得值，您所说的这些步骤也可以预防普遍存在于科学文献中的各种问题。[23]

注册报告制度会使研究人员用一些没有基金支持和伦理审查的方案轰炸期刊，但这些研究永远不会进行。

结论：错误。一位批评者说："预注册建立了一种强大的激励机制，鼓励将尽可能多的想法/实验投稿给尽可能多的高影响因子期刊。"[24] 有了"原则上接收"的加持，研究人员就可以用被接收的方案来申请基金，从而抛弃被拒稿的方案。但这个反对意见完全不适用，因为阶段一中的注册报告必须包含一项声明，确认所有必要的支

193

持（如基金、设施）和批准（如伦理）已经到位，在原则上接收之后研究人员可以立即开始实验。没有基金支持的研究方案无法作出这一担保，因而这种担忧是没有意义的。

正如我们看到的，对注册报告制度的许多批评都源于误解、逻辑谬误或把意识形态的分歧当作理性辩驳。在《卫报》上的公开信发出后，我们还遭受了相当激烈的人身攻击。在各种渠道中，我们被指责为"自以为是""道貌岸然""法西斯主义者""带路党""纳粹分子""史塔西""政治迫害"，甚至更糟。在一封广泛流传的电子邮件中，一位教授（我还碰巧认识）竟然直接贬损那 80 多位签署《卫报》公开信的科学家，他说："看看钱伯斯的这封信，我对这些签署人在科学界的地位之低感到震惊。"㉕ 单是建议采取新的科研论文发表形式都能激起这种攻击，恰恰说明攻击者想要维护些什么。正如 500 年前尼科洛·马基雅维利（Niccolò Machiavelli，意大利新兴资产阶级思想政治家、历史学家，近代政治思想的主要奠基人之一。——译者注）所说："革新者的敌人是旧时代中遵从传统的人。"

尽管在我看来，大部分对注册报告制度的批评都有严重缺陷，但其中仍有几点担忧是有价值的。第一个担忧是，对阶段一中的方案进行评估所花时间可能与短期学生项目的时间安排不吻合，这些学生通常无法等到同行评审通过和原则上接收后再开始收集数据。这个问题至少有两种可行的解决方案：接受有严格时间限制的研究与注册报告制度无法兼容的现实，要么采用非预注册方式去实施此类研究，要么仅在不经过同行评审的数据库中（如开放科学平台）预先注册方案。另一个更激进的方案是，将本科生的项目重组成一个连环体系，在该体系中，学生一边设计注册报告制度下阶段一的研究方案，一边实施前一年的学生所设计且被接收的方案。这样一来，学生永远不会实践他们自己提交给同行评审的特定方案，但仍然可以获得全方位的假设演绎方法的强化训练。

第二个担忧是，数豆子之罪（见第七章）可能会导致注册报告制度对青年科学家失去吸引力。由于这一制度设定了严格的方法标准，要求研究具有大样本量和高统计检验力，研究者会发现这需要用比现行模式下更长的时间来完成实验。正如我们在第三章中看到的，心理学和神经科学的研究常常统计功效不足，这使研究者可能发表低质量的论文，包含大量的根据结果提假设的故事，贡献的知识十分有限且存在偏见。注册报告制度将这一模式完全颠倒过来，按此制度发表论文的学者可能会发表数量更少但规模更大、可信度更高的论文。然而，只要学界依旧看重数量而忽视质量，发表可靠的研究也无法使青年科学家的就业更有保障。只有促使资深科学家改变评估年轻研究者的工作、基金和职业发展的方式，这个问题才能解决。一个连带的担忧来自最知名期刊的保守主义风格：尽管该期刊自称发表了最高质量的研究论文，但还是依靠发表偏见来选择接收哪些论文。为了在现有学术体系中应对竞争，青年科学家需要策略性地选择投稿期刊，因此，如果只有专业期刊提供注册报告制度，该制度的覆盖范围和吸引力必将遭遇玻璃天花板。短期来看，这个问题的解决方案也是注册报告制度倡议的核心目标：无论期刊声誉高低，让**所有**发表由假设驱动的论文的期刊都采用这种模式。长远来看，解决之道（我们将在后面讨论）是完全废除期刊，抛弃这种把论文发表在"有声望的"期刊上的思维定势，允许用研究的质量和贡献为自己说话。

对注册报告制度的第三个担忧是，目前还不清楚它对现存数据的

194

二次分析能起到的作用。我们在第四章中看到，对现存数据（或者二手数据）的分析可以回答一些原研究的作者也许不会探讨的重要问题。这就引出一个问题，即在注册报告制度下，提前注册对现存数据的分析，能否避免因作者事先知道结果而产生的偏见。对于非常大的数据，一个可能的解决方案是把数据一分为二，分成探索样本和重复样本。就像玩纸牌游戏，一位玩家切牌，另一位玩家发牌：在公开保证从未看过相关数据集后，作者将向期刊提交一份分析方案。如果该方案通过评审并被暂时接收，期刊就会使用随机算法选取一半数据作为探索样本，另一半则作为重复样本——这就是随机切牌。在这个制度下，只有当一个预注册的二次分析在每个子样本中都再现了结果，我们才会认为这个结果是值得关注的。

195

最后，一个重要问题是，是否有证据表明注册报告制度将有效减少发表偏见和不当研究行为。与所有新的倡议一样，能说明其有效性的证据（尚）不存在，也不可能存在。[26] 从逻辑的角度来看，除非同行评审过程存在错误，否则预先说明假设和分析计划就能保证消除 p 值操纵和根据结果提假设这两种做法。同样，除非贝姆关于人类能"预测未来"的说法是正确的，否则在知晓结果前就接收论文就能保证研究不受发表偏见的影响。但是，消除这些做法能否提高科学研究的可重复性，还是一个有待回答的实证问题。2014 年，《国际放射肿瘤学、生物学和物理学期刊》（*International Journal of Radiation Oncology, Biology, Physics*）发起了一项针对注册报告制度的随机实验，结果尚未公布。编辑们将多项研究随机分配，分别采用标准未注册方式或预注册方式，除了其他指标，还检验结果的阳性、阴性和不确定结果的比例是否有所不同。[27] 查核临床实验文献，也有迹象表明，预注册通常可以减少发表偏见和 / 或研究者偏见。2015 年的一项有关心脏病预防的医学实验分析发现，从 2000 年临床实验开始强制预注册以来，有统计显著效应实验的发表比例从 57%（17/30）下降到 8%（2/25）。[28] 可见，预注册方式可能有助于遏制虚假的发现。

注册报告制度发布三年后，讨论的基调发生了变化。人身攻击的风暴已经平息，许多保守主义者的反对之声似乎有所缓和。这场辩论虽远未结束，但已取得重要进展。一些最初的抵制者已成为支持者，也已经可以看到完整的注册报告论文出现在文献中。[29] 在撰写本书时，超过 40 家期刊采纳了这种方式，而且不限于心理学和神经科学领域，还包括肿瘤生物学、实证会计、营养学研究、政治学和精神病学等。此外，到本书出版的时候，一些"高影响力"的期刊很可能也会提供注册报告制度，包括《自然·人类行为》（*Nature Human Behaviour*）。[30] 我们的倡议被英国医学科学院（UK Academy of Medical Sciences）誉为一种能提高研究透明度、消除发表偏见且有前景的解决方案。[31] 与此同时，覆盖各个科学领域的超过 750 家期刊已经同意对开放科学的采纳情况进行自查，将其作为《透明度和开放促进准则》的一部分，这一过程包括对注册报告制度的考量。[32] 2014 年 3 月，我们还在开放科学中心成立注册报告委员会，目前由我担任主席。该委员会的目的是发展和推广注册报告制度，将其作为提高发表研究的可靠性的新方法。

或许对注册报告制度来说，最重要的进展是在 2015 年 11 月，在世界第一本科学期刊创刊 350 周年之际，英国皇家学会正式为其期刊《皇家学会开放科学》（*Royal Society Open Science*）启动了这一方案。这是一个重大进步，不仅因为这是首次有专业学术团体支持注册报告方案，而且因为这一模式将适用于全学科，即包括物理学和生命科学在内的 200 多个学科，其影响远超心理学。[33] 从这里开始，一个全新的未来在向我们招手：所有发表假设检验结果的期刊都会提供注册报告制度，预注册方式可能成为一种通用的科学发表格式。如果我们的目标是建立一个可重复检验的知识库，其中至少应有部分文献是因为其理论的价值和方法的严谨性而发表的，而非取决于其结果。

不需要同行评议的预注册

在包括心理学在内的许多科学领域，注册报告制度正在迅速普及。但在许多情况下，对研究者来说它还是不现实的：心仪的期刊也许还未采用注册报告制度；或者，就像前面提到的短期学生项目，研究者可能需要在预注册后立即着手收集数据，没有时间去经历阶段一的评审过程。但即使不能选择注册报告制度，研究者也可以在几个在线注册网站上提前注册自己的研究。[34] 保存在注册网站上的研究方案不经过同行评审，但它为研究者提供了事先明确假设和分析计划的机会，这能帮助研究者向多疑的审稿人保证，具体的假设或分析是预先计划好的，而不是事后进行的。正如心理学家纳尔逊所言："在一个透明报告的世界里，我之所以要选择预注册，是为了任性地炫耀我预测到了自己的研究结果。"[35]

与注册报告制度相比，不经过评审的预注册模式既有优点也有不足。一方面，由于没有同行评审，它使研究者能更快地开始收集数据；但另一方面，缺少评审意味着在注册网站上公布的研究方案不保证文章能通过同行评审发表。此外，未经评审的预注册模式很容易受批评，因为它让作者有机会发表含糊不清而无法重复的研究方案，还拥有与常规研究一样的研究者自由度。因此，由未经评审的研究方案发展出来的同行评审论文也许仍存在 p 值操纵或其他形式的选择性报告。临床实验文献证据表明，未经评审的预注册方案的确可能存在偏见。2009 年的一项分析发现，在 147 项合格预注册的医学实验中，有 31% 后来改变了主要结果的测量指标，有 13.9% 甚至在研究完成后才去"预注册"。[36] 最近对 89204 项实验的分析发现，其中有 31.7% 的实验改变了主要结果的测量指标。[37] 该团队后来发现，与 p 值操纵一样，主要结果指标的改变与报告结果的统计显著性相关。[38] 在发现这些现象后，班·高达可（Ben Goldacre）和他的团队建立了比较项目（compare project）来监察医学研究人员遵循预注册方案的程度。[39] 到目前为止，结果并不乐观：在撰写本书时，在 2014 年以来发表的 67 项实验中，有 58 项要么没有报告预注册的全部结果指标，要么默默添加了没有预注册的、新的"主要"结果。

尽管预注册模式在心理学领域尚不常见，但有限的证据表明，未经评审的研究方案也存在类似问题。2015 年，美国国家科学基金发起"社会科学注册中心时间共享实验"（time-sharing experiments for the social sciences registry），在注册的研究中，安妮·佛朗哥（Annie Franco）等人比较了 32 个研究的预注册研究方案和最终发表的文章。[40] 他们发现，41% 的文章报告的实验条件比方案中更少，72% 的文章报告了更少的结果测量指标。与选择性报告（包括 p 值操纵和根据结果提假设）的做法一样，报告的结果的效应量总是大于未报告的结果。

这对心理学界明显具有警示意义。虽然不经评审的预注册比不预注册更能避免偏见，但它缺少对研究方案的同行评审，也缺少对预注册方案与最终报告的比较。这意味着不同预注册研究在可信度上的差异可能是巨大的。在注册报告制度中，同行评审和方案与结果间的延续性是固有的。因此，可以这么说，未经评审的预注册研究可能不如注册研究那样可靠。[41]

赎不可靠之罪

怎样才能使心理学研究更稳健，可重复性更强？在第三章中，我们详细探讨了不可靠之罪及其形成的原因：对可重复性的漠不关心（某些情况下甚至是敌视的），统计检验力不足，含糊和不可重复的方法部分，对统计方法的误用和误解，以及在文献库中保留明显不可信的论文。我们还讨论了一些可能的解决方案，包括更强调可重复性和高统计检验力，采用贝叶斯检验以作出更简明的假设检验，增加对抗合作以克服自我中心带来的偏见，以及在期刊上实施更高的方法报告标准。注册报告制度天然有潜力成为上述许多问题的解决方案。因为论文在收集数据之前就经过评审被接收了，所以作者不用担心他们重复先前研究的努力会被无视。通过鼓励提前设置最小统计检验力和贝叶斯检验，注册报告制度提高了研究的可靠性。尽管注册报告制度的前景十分光明，但它还处于萌芽阶段，无法为不可靠性问题提供一劳永逸的解决方案；再者，它更关注发表过程（科学产出），可能无法为科研全过程所涉及的问题提供一揽子解决方案，包括探索性研究和基金投入。这就引出一个问题：在心理学以及更广泛的科学领域，还可以采取哪些措施来增加研究的稳健性和可靠性？下面是一些设想中的提议，它们还没有问世，但也许能带来额外的益处。

构建可重复性指标。正如第七章提到的，科学界沉迷于引用量指标，但这个指标的价值相当有限。一个潜在的有效指标是过去发表的研究可被重复的程度。马科斯和奥兰斯基在 2013 年提出可重复性指标（reproducibility index）的想法，作为对期刊影响因子的补充："与其根据文章被引用的频次给期刊评分，不如换一种方式，以期刊的论文能否通过最关键的科学检验为根据。也就是说，我们要看重的是，这些论文是否经得起仔细审查？"[42] 有几种策略来建立这种指标。一种策略是，在目标文章发表后持续监测所有文献，定期更新目标文章的分数：如果核心结果被重复成功，分数上涨，反之则下降；如果没有相关重复性研究发表，则分数不变。[43] 可重复性指标将为具体结果和论文的可靠性提供一个不断更新的标准。如果这个指标在心理学领域广泛使用，就可以在具体研究结果层面上对该指标分类或排序，作为某些子领域、期刊或研究机构在研究可靠性上排名的依据。当然，与对任何其他指标的态度一样，我们不建议依赖任何单一指标。

构建可重复性指标的最大障碍将会是初始的工作量。要为这个方案打好基础就需要对大多数（就算不是全部）心理学文献进行细致的回顾性分析，这相当于要分析数十万乃至上百万篇论文。由于构成"可重复性"的定义在许多情况下是主观的，所以不太可能让这一项目完全自动化运行。[44] 这意味着，需要大量不同领域的专家协调合作，来描绘整个实证研究数据库的可重复性概况。从最古老的论文开始，对每篇原始论文的评估都要对所有引用它，或与之采用完全相似的研究方法的同行评审文献进行自动前向的搜索。有了原始研究和可分析的后续论文的合集，评估员将判断：每项新研究是否对原始研究进行直接（近似）或间接/概念性重复，此时必须注意原研究与新研究间任何差异的性质；如果重复成功了，则关注其重复度有多高。重复成功会使原始研究的得分提高，反之则降低；后续研究与原始研究越接近，成功或失败的程度越大，增加/减少的分值就越大。为了最大限度地提高可靠性，理想情况下，每篇论文会由许多专家评估，通过对专家分数分布的综合分析来确定总分。一旦得到当前文献的初始概况，该系统就可以切换到滚动模式，扫描新发表的文献。利用已发表论文中的可机读的标签，至少可以实现部分自动化地滚动更新可重复性指标。

200

当然，这样一个工程的关键问题是，谁来执行建立这一机制的艰巨任务？这个问题的答案不简单，但如果说有解决之道的话，那必然是众包。根据国际心理科学联合会（International Union of Psychological Science）的记录，估计全球约有 100 万名心理学研究者，由 87 家国家专业机构代表。[45] 如果能够吸引足够的资金来支持成立统一的协调组织，我们就可以将工作分配给几千位研究人员（很像同行评审）。[46] 但要实施这样的工程，心理学界需要目标空前一致。

期刊和科研基金遵循"陶仓原则"（pottery barn rule）。 第三章中不可靠性问题的一个创新解决方案是斯里瓦斯塔瓦的"陶仓原则"，即期刊承诺如果发表了某项研究，就会发表后续对其的重复研究。这个想法也可以推广到基金会，用总支出的特定百分比来支持重复该基金会先前资助过的项目。尽管短期内这将减少用于原创性研究的净资助资金，但随后它就能提高可重复率，明显节约成本。据估计，在整个生物医学领域，由于缺乏可重复性，美国每年要额外花费超过250亿美元。[47] 如果前期用相对少的公共资金提高可重复率，后期就可能在科学发现和经济效益上有明显收益。

定期多中心重复倡议。在直接重复研究很罕见的领域，需要有团队主导的举措来定期监测可重复性，这至关重要。在心理学界，诺塞克领导的开放科学中心起了带头作用，率先在心理学领域支持这种做法。在第三章中我们提到，2014 年《社会心理学》的特刊报道了对大量研究的重复性实验，这些研究的范围颇广，从 20 世纪 50 年代的开创性工作直到近期有高影响力的论文。2015 年，诺塞克与一个由 270 人组成的团队进一步实施了一个更大的可重复性项目，这次他们尝试重复 100 项主流研究。他们发现，只有稍稍超过 1/3 的结果能被可靠地重复出来。[48] 在重复研究和将偏见最小化的研究实践成为心理学领域的标准做法前，此类举措对于评估实证研究的可信度非常有用。我们必须持续支持这些举措，将其推广到更多子领域。

注册报告基金计划。迄今为止，只有期刊提供注册报告制度，该制度要求作者必须在提交方案前获得所有必要的基金支持和审批。但对研究方案的评估也许可以提早，以整合期刊和基金会的方案评审过程，这将最大限度地提高效率和增加影响力。在这个设想的系统中，作者可以在获得基金支持前就提交研究方案。[49] 研究方案被基金会和期刊同时评审，最优方案会同时获得基金会的支持和期刊的原则上接收。该模式对所有参与方都有潜在的好处：期刊会获益于发表了既前沿又可重复的研究，这是以传统方式单独发表的论文难以企及的；与此同时，基金会获益于支持了一系列肯定会发表在受认可期刊上的研究，同时消除了发表偏见，最大程度地提高了透明度。这不仅确保基金会支持的特定项目得以推进，评审过程（至少一部分）由期刊完成还可能提高基金会行政事务的效率（当然，资助哪项研究的决定权属于基金会）。在开始研究前论文就能被权威期刊接收，这对作者也有好处。这一机制不仅能最大程度地减少研究者偏见，而且一开始就消除了研究者实施有偏见的研究的动机。此机制下产生的论文可能有很大影响力，并被广泛引用。最后，从更宏观的视角来看，科学界会因及时、重要、透明和可重复研究数量的增加而获益。

赎数据囤积之罪

在第四章中，我们看到心理科学界普遍未接受数据共享。尽管数据共享对于科学整体发展有显而易见的好处，但很少有研究者会将自己的数据储存在公共数据库中，甚至大部分研究者在其他人提出数据共享请求时也不会同意。在新兴的改革方案中，"同行评审开放倡议"和《透明度和开放促进准则》（TOP 准则）是其中最重要的两个。两者非常不同，但高度互补。前者动员审稿人的力量，坚持要求数据材料存档，或者公开声明不存档的原因，并将其作为提供同行评审的关键先决条件；后者在政策层面上鼓励提高研究的透明度，要求签署该准则的期刊和组织自评并公布其遵守和采纳各种研究透明度标准的情况。尽管该准则不要求期刊一定有开放科学实践，但一旦要公布它们遵从该准则的程度，就会刺激期刊尽最大可能去提高研究的透明度。

表 8-1　超过 750 家期刊和 60 个组织采用的 TOP 准则

	0 级	1 级	2 级	3 级
引用标准度	期刊鼓励或未提及引用数据、代码和材料。	期刊在作者指南中以清晰的规则和例子描述了数据引用标准。	所发表文章提供了合适的对数据和所用材料的引用，与期刊的作者指南中的标准保持一致。	除非按照期刊的作者指南提供合适的对数据和材料的引用，否则文章不会被发表。
数据透明度	期刊鼓励或未提及数据共享。	所发表文章说明了数据是否可得，以及如果可得，在哪里可以访问。	所发表文章的数据必须发布在可信的数据库中，例外情况须在提交文章时作出说明。	所发表文章的数据必须发布在可信的数据库中，且需要在发表前将所报告的分析独立重复出来。
分析方法（代码）透明度	期刊鼓励或未提及代码共享。	所发表文章说明了代码是否可得，以及如果可得，在哪里可以访问。	所发表文章的代码必须发布在可信的数据库中，例外情况须在文章提交时作出说明。	所发表文章的代码必须发布在可信的数据库中，且需要在发表前将所报告的分析独立重复出来。
研究材料透明度	期刊鼓励或未提及材料共享。	所发表文章说明了材料是否可得，以及如果可得，在哪里可以访问。	所发表文章的材料必须发布在可信的数据库中，例外情况须在文章提交时作出说明。	所发表文章的材料必须发布在可信的数据库中，且需要在发表前将所报告的分析独立重复出来。

	0 级	1 级	2 级	3 级
设计和分析透明度	期刊鼓励或未提及设计和分析透明。	期刊阐明了设计和分析的透明度标准。	期刊要求遵守设计和分析的透明度标准，以此作为评审和发表文章的前提。	期刊强制要求作者遵守评审和发表的透明度标准，以此作为评审和发表的前提。
研究的预注册	期刊未提及。	期刊鼓励预注册研究，如有预注册，在文中提供链接。	期刊鼓励进行预注册研究，如有预注册，在文中提供链接，并提供预注册的认证标识。	期刊要求进行预注册研究，如有预注册，在文中提供链接，并提供预注册的认证标识。
分析计划的预注册	期刊未提及。	期刊鼓励预注册分析计划，如有预注册，在文中提供链接。	期刊鼓励预注册分析计划，如有预注册，在文中提供链接，并提供分析预注册的认证标识。	期刊要求预注册分析计划，如有预注册，在文中提供链接，并提供分析预注册的认证标识。
重复研究	期刊不鼓励或未提及提交重复研究。	期刊鼓励提交重复研究。	期刊鼓励提交重复研究，并对结果进行盲审。	期刊使用注册报告制度作为重复研究的提交选项，并在看到研究结果之前进行同行评审。

注：在撰写本书时，TOP 准则已被 750 多家期刊和 60 多个组织采用。若期刊或组织的数据和材料要求要达到"同行评审开放倡议"的标准，他们就需要在数据透明度和研究材料透明度方面达到 2 级以上标准。上表改编自诺塞克等人（Nosek et al., 2015）。

这两个改革方案都非常有前景，因为它们都致力于践行开放科学和提高研究的透明度，但这些还不够。对于所有获得公共资助的心理学研究，由大学或基金会强制性将研究材料、分析代码和匿名数据存档是符合公众利益的，甚至可能通过立法执行。当然，在某些情况下，让这些资料能够完全公开访问不太现实，有些材料可能有版权保护或受其他法律限制；即便研究者认为已完全匿名化，一些数据仍可能潜藏着个人信息。在平衡共享数据的伦理风险时，研究者可以根据两个因素作出风险评估，即数据的敏感度和潜存的暴露被试身份的风险。在特殊情况下，研究者可能有充分的理由暂时限制对数据的访问，如他们计划使用同一个不可分割的数据集发表多篇论文。当然应该合理考虑这类情况，适当限制对存档数据的自由获取，即有条件地允许谁在何时获取。但是，如果由这些因素决定是否要将数据存档，则是说不通的。所有数据都应该存档，因为对于科学界和未来的科学家，未被存档的数据迟早会丢失。绝大多数认知心理学、实验心理学和社会心理学领域的常规研究几乎不涉及伦理问题，可以立刻发布纯粹的原始匿名数据。那些风险较高的领域则可以采取临时或长期的有限制的访问模式。

赎易腐蚀之罪

在第五章中，我们越过常见不当研究行为的灰色地带，探讨了越界的欺诈行为。我们看到的是，这是一个无力阻止欺诈、无法保护吹哨人的领域。在所有致命的罪恶中，易腐蚀之罪是最不可原谅的，因为卷入其中的是学术界最容易受到伤害的成员，其结果却最不公正。这方面的改革也最具挑战性，因为许多解决方案都需要行业外的组织与立法者的合作。

随机数据抽查。 在西蒙松曝光斯密斯特和福斯特案等吹哨人揭发的案例中，我们可以看到，造假行为常会在数据中留下统计痕迹，但此类欺诈案例的曝光不应仅依赖"数据侦探"独行侠式的监督。心理学界（以及更广大的科学界）需要一个外部监管机构，可以系统地审查研究数据。只要有额外的资源投入，现有的机构就可以完成这种监管，如英国研究诚信办公室（UK Research Integrity Office）和美国研究诚信办公室（US Office of Research Integrity）。监管部门可以与数据存档机构密切配合：自动算法可以检索已发表文章和数据库中的可用数据，根据计划分析的广度和深度选择采用系统检索还是随机检索；如果标记为可疑，就进行额外的人工审查。与体育运动中的药物检测一样，根据正当程序（包括无罪推定）进行的严格数据审查可以成为检测和遏制学术造假行为的有效机制。

研究者性格画像。 研究者的性格画像能否在学术欺诈案例发生前起到预防作用？ 2010 年，加拿大不列颠哥伦比亚大学的心理学家凯文·威廉姆斯（Kevin Williams）及其同事声称，在多项性格测量中，精神病态（psychopathy）得分与心理学专业本科生的剽窃行为的相关性最高。[50] 假设这种相关是因果关系并延伸到数据造假行为，就引出一个问题：精神病态得分较高的学生和教职工是否更有可能有学术欺诈行为？应该像饱经磨难的凯特（见第五章）所建议的那样，将这些人驱赶出学术圈吗？尽管这种预防方案本身有一定吸引力，但它同时可能带来伦理和实践方面的重大隐患。威廉姆斯及其同事解释了原因：

206

学校董事会和大学评议会不可能批准对学生进行大规模的精神病态预筛选。任何预先确定筛分概率的做法都隐含着令人不快的有罪推定……即使批准了预筛选，在非犯罪人群中也没有确定的精神病态的划分标准……即使分数是保密的，贴标签对学生的伤害也极大。监控精神病态高分者在伦理和实践上都存在很大的问题。[51]

尽管性格画像还不成熟，甚至可以说相当邪恶，但显然有必要对学术欺诈者的个性特征进行更多的研究。与此同时，博士项目和学术职务任命的遴选委员会应该青睐那些在诚实、严谨和开放性方面有良好记录的申请人，这些特征可能会防止学术欺诈行为。

对学术欺诈作出刑事定罪。 关于学术欺诈最令人惊讶的事实之一是，它很少被当作刑事犯罪起诉。尽管行骗者可能会丢失工作或丧失候选人资格，其学术生涯通常也会终止，但他们很少面临欺诈的犯罪指控。斯塔佩尔的案例是一个例外，在第五章中提到，他在荷兰通过辩诉交易以 120 小时的社区服务逃避审判，但这种惩罚通常是对轻微犯罪的判决。检方的结论是，斯塔佩尔违背了科学诚信原则。奇怪的是，尽管他的研究存在欺诈行为，检方却判定他"没有滥用公共资金，因为他用资金做了研究"。[52] 如果斯塔佩尔是直接为了个人获利而挪用资金，他无疑会面临更严重的刑事指控。

如果学术欺诈行为是一种犯罪行为，我们最多只能将其视为一种轻微罪行吗？如果逃脱数据造假的惩罚这么容易，造假者就可以很轻松地通过造假获得职业上的优势，浪费公共资源，并给学生和同行造成伤害。有观点认为，应该将学术欺诈纳入刑事法规，将其作为一种更严重的罪行而起诉。2014 年，在澳大利亚昆士兰大学帕金森病研究者布鲁斯·默多克（Bruce Murdoch）和卡罗琳·巴伍德（Caroline Barwood）的案例中，这一观点得到检验。在被检举和接受内部调查后，默多克和巴伍德辞职，撤回两篇合著论文，其中的研究被指控为完全虚构。随后，大学将此案提交给昆士兰犯罪与腐败委员会（Queensland Crime and Corruption Commission）审理。经调查后，该委员会指控默多克犯有三项欺诈罪、七项伪造记录罪和五项一般失信罪，[53] 巴伍德也被指控犯有六项欺诈或企图欺诈罪。[54] 2016 年 3 月，默多克承认了所有被指控的罪行，被判两年缓刑，对巴伍德的审判仍悬而未决。该案件可作为其他国家建立类似法律机制的参考。

保护和支持吹哨人。 目前学术体系在保护吹哨人方面是完全失败的。在斯塔佩尔的案例中，如果三位揭发他的年轻研究者保持缄默，他们一定会有更光明的学术事业。而在凯特的案例中，她协助和建议年轻检举者的行为使她被睚眦必报的直属领导解雇，随后经历了十年的学术流放。有什么办法能更好地保护那些冒着断送职业生涯的风险去揭发不当行为的人呢？首要原则是，必须确保将揭发行为对吹哨人的不利影响最小化。[55] 科研机构应采纳科研诚信政策，承诺支持吹哨人的职业发展。对于像凯特这样的博士后研究员，这种支持可以是延长当前的合同，让她有机会继续工作，无论是独立工作还是采用新的管理办法。对于一位博士生，这种支持可以是延长博士候选资格的身份，并用有机会跟随新导师、接手新项目来弥补其损失。法律还必须明文规定，不能妨碍吹哨人的晋升或留任。最后，我们必须确保科研机构有独立和透明的机制来处理对不端行为的指控，因为吹哨人通常并不清楚他们向谁表达自己的担忧是安全的。

重复研究。 无论是欺诈、偏见还是其他错误，由独立研究者进行直接重复研究是根除错误的终极方法。[56] 虽然永远不应单凭不可重复的结果来断定某个研究已构成欺诈，但从长远来看，这是保证科学研究自我纠正的最佳途径。在科研文化中将独立重复关键研究结果作为惯例，会从一开始就降低欺诈的动机，因为在这种文化中，某个成果在被独立地重复成功之前，不会被宣传为"科学发现"。

赎成果封锁之罪

在第六章中，我们看到有很多心理学研究发表后都封锁在付费墙后，将包括非学术用户在内的广大公众拒之门外。借助个人力量以及政府和基金会日益增长的开放获取出版势头，这项罪行在所有致命罪恶中也许是最容易补救的。短期内，所有研究人员都能够采取的一个简单行动是，将论文发表在元数据开放存档项目（Rights MEtadata for Open archiving, RoMEO）认定的绿色期刊之上。[57] 该类期刊允许将论文发布在个人网站上，或在论文被接收后立即存入免费访问的数据库中（即没有封闭期）。基金会、研究所和政府应进一步推进该类举措，不仅要求公共资助的研究通过开放获取途径发表，并且要求采取完全开放获取模式，而不是混合模式。

长远来看，围绕开放获取发表的争论也让我们反思当前基于期刊的出版体系是否合理。出版商依靠科研人员提供的免费劳动力创造数十亿利润，这是合乎正义的吗？既然科研人员完成了所有必要工作——研究工作、同行评审、编辑工作——我们为什么还需要出版商？检验旧体系是否应被淘汰的试金石是：如果它不存在，我们会不会重新发明一个与之相同的体系。在伯姆布斯、巴腾和穆纳夫 2013 年的文章（见第七章）中，他们呼吁彻底改革学术出版体系，将其归于大学图书馆的行政管理，放弃期刊，并用只占目前成本的一小部分的资金支持所有的同行评审：

> 因此，我们倾向于让学术交流回归研究机构，建立存档发表系统，将程序、原始数据及其文本描述都存档，在同行评审后允许访问……这一信用体系将和所有科学问题一样，只受制于学术审查标准，还能不断发展以使漏洞最小化，尽可能地使研究者的兴趣与科学发展保持一致。[58]

神经科学家山姆·施瓦茨科普夫（Sam Schwarzkopf）和毕晓普提出类似的想法——建立一个与期刊分离的同行评审和发表的新平台。[59] 在施瓦茨科普夫提出的体系中，作者将稿件提交给一个集中评审平台，由编辑和审稿人负责审核。但与大多数期刊不同，编辑的决策会基于科学研究的严谨性，而不是通常采用的新颖性或影响力标准。施瓦茨科普夫构想的系统也使不同类型的评审成为可能，不仅有对整篇论文的传统评审，还有多种形式的分步评审，包括评分式评审（rating-only review，许多审稿人对论文评分，不提供任何书面反馈）、专业统计评审（specialist statistical review，审稿人只关注分析的统计有效性）和数据评审（data review，审稿人使用所提供的分析脚本，对数据重复分析以审查作者的结果）。在进行必要的修改并获得积极的评审意见后，文章、数据和材料会在 CC-BY 许可下发表，每一项都可被单独引用，以实现透明地重复使用，并赋予相应贡献。为了确保最大程度的透明，评审意见本身也将与论文终稿一起发表；评审意见可以署名，也可以匿名。

施瓦茨科普夫和毕晓普都提出这样一种模式：与目前运作的注册报告制度的第一阶段一样，在收集数据之前，先评审研究方案。在毕晓普的提议中，可以在获得基金之前提交研究方案，甚至可以在研究团队完全组建之前提交。随后，类似于《心理科学展望》提出的注册重复研究报告倡议，该研究方案可以用来招募合作者。在经过同行评审、方案接受和团队组建之后，发表的方案就可以成为申请基金的基石。这一流程也许对基金会比较有吸引力，因为大部分同行评审工作（通常需要基金会去协调）已经完成了。该模式还可应用于其他多种专业论文形式，包括评审论文、探索性（非假设驱动）实证论文以及方法开发的论文。

一旦论文在该平台上被正式接收，这个新系统的运作方式会完全颠覆传统的出版模式。除了通过发表前评审来监管质量外，平台还会组织发表后评审，其他科学家可以对被接收的文章打分和评论。高分或高浏览量的文章会浮出水面，在平台上变得更显眼。然后，作者无须将论文提交给《自然》《科学》等顶刊，而是可以让不同期刊在这个平台上竞标文章。例如，某个期刊可能邀请作者创作一个更短的版本，凸显其研究更广泛的启发意义（链接到完整版论文）；或者，期刊的专业作家可以基于此发表最受欢迎或最高分论文的综述。

该体系将同行评审及发表与期刊分离，相比传统学术出版有众多优势。正如伯姆布斯及其同事指出的，运行这个系统的成本远低于目前维持昂贵的期刊订阅和开放获取出版模式的成本，大学图书馆理应抽调预算来协调、管理该平台。该平台还将确保学术研究的发表是基于理论的重要性和方法的严谨性，而新颖性和影响力等用户关注的因素只会决定发表后的新闻价值。最后，它将确保完全采用开放获取出版模式发表论文，从而永远解决成果封锁之罪。

赎唯量化之罪

在第七章我们讨论了心理学学术系统各方面的失败：钟爱肤浅的引用量指标，将研究基金视为产出，受制于一个陈旧的学术署名体系，用粗糙的作者排名来衡量作者的个人贡献。

解决作者排名问题的一个可能办法是，采用更透明的贡献者模式，明确说明不同作者在研究中的具体贡献。[60] 在贡献者模式下，每一篇文章都会按字母顺序列出作者名单，并由不同作者列出自己的贡献百分比。[61] 贡献类别可能包括理论和背景、研究设计、数据采集、提供分析工具／试剂、数据分析、结果解释和论文撰写等。贡献百分比有两种分配方式：相对于论文所有作者完成的工作总和，以及相对于每个人的贡献总和。每一个统计数据都会为不同的读者提供有用的信息。一方面，论文贡献百分比可以告诉学界，谁对研究的哪一方面贡献最大。举例来说，一位博士后研究员和项目首席科学家共同主导了一篇认知神经科学领域的论文，还有一位统计学家提供了建议。最后可能记录为，博士后研究员做了 100% 的数据收集工作，并与统计学家一起，对数据分析分别作出 80% 和 20% 的贡献。尽管项目首席科学家没有参与数据收集或分析，但他对理论、背景和研究设计作出

211

第八章 赎 罪 265

实质性贡献，所以这一部分他的贡献占 60%，博士后研究员占 40%。此外，为了符合作者的身份，所有作者都应参与论文撰写。

另一方面，在评审人员为研究者画像时，相对于作者的总体贡献，对不同部分的贡献百分比可以提供更有用的信息。将作者在不同论文中各个类别的贡献分别平均，可以看到该作者究竟是一位可以参与研究的所有方面的全能型人才，还是一位执行者，能实施研究设计并对结果作出解释，但在理论和设计中发挥的作用较小；换句话说，某位作者是像一位专门研究统计方法的分析师，还是像许多项目首席科学家那样，是一位理论家和设计师。随着时间推移，这些画像也会变化：作者从博士后研究员变成项目首席科学家，变得更资深，他们就可能从全能型人才或执行者变成理论家和设计师。

用贡献者模式取代传统的作者排序有助于将研究的透明度推到极致，但与所有得到量化结果的系统一样，不能过度解释其数值。贡献者模式的一个风险是，学界可能错误地认为贡献百分比是一个精确数据，但在许多情况下，真实的贡献百分比是不确定的。[62] 这种误解是建立作者的个人画像会带来的重大风险，例如，基金委员会或大学院系可能根据贡献者档案分配基金或职位。尽管上述风险确实存在，但在传统作者排序模式下，按惯例会根据研究者发表的身为第一作者的论文或申请到的基金的数量来分配职位，因而固守传统会令我们在赎数豆子之罪上更无所作为。

长远来看，要赎数豆子之罪，我们必须回答一个根本问题：如何评估研究和研究人员的价值？没有什么指标，也没有简单的策略或一系列算式或算法。或许，我们可以从物理、化学等领域得到一些经验，这些领域长期以来都接受专家独立的主观质量评估。这段未注明出处的引文由药理学家戴维·科洪（David Colquhoun）提供，它展示了某化学系评估研究者的研究能力的方法：

> 一位教职工是否卓越不单由系内成员评判，我们会从院系外的国内外专家处收集 10—15 封评价信。我们向这些专家提出的问题是，这位教职工的研究是否给学界对化学本质的看法带来积极改变。这并不取决于他为大学引入多少基金，也不取决于其发表论文的数量，更不是基于一些用期刊影响因子来衡量论文的复杂算法，而是仅仅考量新知识的构建。作为一个院系，我们不讨论 H 指数，也不计算发表论文的数量，或根据是不是第一作者对教职工排名。我们唯一关心的是，他是否真的改变了我们理解化学的方式。⑥③

改革的具体步骤

回顾了七宗罪和一些可能的解决方案后，为了保卫心理学的未来，我们每个人可以做些什么呢？以下是我们给研究者、学术组织和公众的一些行动建议。

给年轻或资深的研究者：

（1）认识到证实偏见、低统计检验力和 p 值操纵的危害。如果您的研究有明确的先验假设，请以注册报告的方式提交，或者在相关注册平台（如开放科学平台 OSF.io）上预注册。

（2）小心后见之明偏见和根据结果提假设的危害。对于真正具有探索性的工作，不要在论文引言中提出先验假设。

（3）在撰写文章的方法部分时，根据乔·西蒙斯、尼尔森和西蒙松提出的"21字解决方案"（2012）声明研究的透明度。方案内容为"我们公开本研究确定样本量的方法、所有剔除数据的方法（如果有的话）、所有研究操作和所有变量测量方法"。[64]

（4）签署"同行评审开放倡议"。[65]

（5）采用贝叶斯假设检验。熟悉 p 值和传统的虚无假设显著性检验在解释结果时的局限性。

（6）不要想当然地认为，心理学期刊上发表的每一个阳性结果都是真的阳性结果和确凿的事实。科学并非每得到一个结果后就会有一点进步，它如填海造陆般步步为营。如果一个具体结论没有被直接、独立地重复过，就要谨慎地推广或运用该结论，不要过于信赖它。

（7）将研究发表在 RoMEO 指定的绿色或蓝色期刊上，优先选择允许即刻存档（没有封禁期）论文的期刊。不要发表在需要订阅才能访问或不允许存档的期刊上。[66]

214

给资深研究者：

（1）为了公共利益，请响应您所在研究领域的联合重复研究行动。

（2）在您的实验室、院系或研究所内实施数据、代码和材料的标准化公开存档政策。

（3）与其他实验室建立"数据伙伴方案"，互相检查研究者的数据分析和管理策略。⑥⑦

（4）严肃对待学术不端行为的种种迹象。负责地处理学术造假行为，避免给其他人带来负面影响。

（5）避免根据期刊影响因子、项目基金金额、第一作者论文数量或其他肤浅的指标评价求职者。相反，让求职者和他们的推荐人聊聊求职者最好的论文和他们在其中所作的贡献，以及他们的研究对所在领域的理论或实践贡献。对于他们在开放科学实践和原则方面的任何努力，都要予以重视。

（6）以个人名义签署"旧金山研究评估宣言"。⑥⑧

（7）最重要的是，记住年轻科学家会将您当作学习的榜样。如果您拥抱本书中提到的致命罪恶，您的学生也会这样做。随着时间的推移，他们的学生同样会如此做。

给期刊、基金会、学术团体或大学：

（1）签署《透明度和开放促进准则》。⑥⑨

（2）给期刊：如果贵刊发表报告假设检验结果的实证论文，请提供注册报告这种新的论文类型。⑦⓪

（3）给期刊：为开放实践提供认证标识，要求作者在提交论文时填写方法检查清单。⑦①

（4）给期刊和基金会：制定符合"同行评审开放倡议"的数据和研究材料共享政策。

（5）给大学和基金会：永远不要根据申请人的项目基金金额评价其成就。要么忽略基金金额，要么权衡项目在理论或实践方面的贡献。

215

（6）以组织名义签署"旧金山研究评估宣言"。

给媒体记者和其他公众：

（1）给媒体记者和读者：在撰写或阅读有关心理学最新研究成果的新闻时，采用批判性思维。这项研究是否被重复过，无论是他人独立重复的还是由作者重复的？样本量是否足够大，足以证实所得结论？采取哪些措施来克服研究偏见？记住，非凡的主张需要非凡的证据。

（2）给媒体记者：深入发掘心理学研究中得到的统计学结论的依据。例如，如果研究人员声称某个测量值在不同的组之间是相同的，就要看看他们推断的基础是统计上不显著的 p 值（不正确的），还是贝叶斯因子（正确的）？如果论文报告了 p 值，要看看统计检验力是多少，要求作者估计在研究中得到的阳性结果为真的概率（如阳性预测值）。

（3）给媒体记者：除了报道已发表的研究结果，还要考虑其透明度。作者是否公开了数据？是否在收集数据之前提前注册了研究假设？是否通过开放获取模式发表研究成果？要确保科学家能负责任地提高研究的透明度和实施可重复研究，新闻报道可以在其中发挥重要作用。

完结篇

2014 年，在旧金山心理学协会年会上，我在名为"可重复性革命：从一年前到现在"的专题研讨会上，做了一场关于注册报告模式的演讲。这个报告我以前做过很多次，但这次感觉不一样。在一年多的时间里，在做了那么多次关于预注册的演讲之后——绝大多数是我独自发声——这次我发现，自己只是众多倡导改革的报告人之一，同一阵营中还有鲍比·斯佩尔曼（Bobbie Spellman）、诺塞克、瓦根梅克和维切特。与典型的单调学术会议相比，这次会议还有一些特别之处。就在几个小时前，一些美国资深心理学家公开指责开放科学的拥护者是"二流学者""恶霸"和"重复黑手党"。看着观众纷纷涌入，我想知道这就是心理学家对我们的真实看法吗？围绕心理学科研改革的辩论，真的变得如此政治化了吗？

我不知道有多少心理学家参加了那场报告会——我猜接近1000人——但气氛令人激动。斯佩尔曼首先提出，心理学正处于一场政治革命之中，即将研究的透明度和可重复性提上议程，与对新颖性和创造性的传统追求相提并论。在这条路上，被攻击是预料之中的，不是每个人都认可我们当前要走的路——在接下来的提问中，显然有相当多的人不认可。一年后，我在英国医学科学院的一次会议上发表了新的演讲，一位来自欧洲核子研究中心的物理学家找到了我，他说，物理学很久以前就开始了这段旅程，他很高兴看到心理学也在朝着同样的方向发展。"我深信你在做正确的事，这会使你们的领域成为一个很好的科学领域，"他后来写道，"我知道你必须击退一些难缠的恐龙，但只要看看这些恐龙的遭遇，我就相信你会赢。"

他指的当然是心理学科研改革的反对者，马基雅维利式的赢家们。但事实是，恐龙就在我们所有人心中，它们是我们无意识的偏见、脆弱的自我和对捷径的偏好。每当我们试图操纵 p 值或修改研究假设时，每当我们把数据视作个人财产时，每当我们根据肤浅的标准评价彼此时，这些恐龙就会探出头来。恐龙象征着我们放弃了真正的使命而屈服于讲故事、追逐声名、博弈策略和数豆子。因此，这本书不应该被视为对守旧者的攻击，而应被视为自我治疗和自我改善的使命计划。常言道："优于别人并不高贵，真正的高贵是优于过去的自己。"

217　　　如果我们成功了，心理学的未来将会是光明的。在一种透明文化的引导下，我们的科研工作会变得更可靠，数据和工具将能被重复使用，由此我们可以期待与计算机科学、生物学和物理学有更深层次的融合。未来的科学家不会将心理学视为一种带有历史局限性的"嗜好"，而是将我们这段历史时期视为一种复兴——正是在此时，心理学抛弃了"拜物教"，成为一门真正严谨和开放的科学。

注　释

序言注释

① 卓越研究框架报告中与心理学有关的研究案例，可以搜索"assessing the viability of electric vehicles for daily use""facilitating intervention based on an enhanced understanding the antecedents and outcomes of debilitating exam-related anxiety""fundamental research on memory enables a robust criminal justice system""vision science and road safety""human factors and space exploration""Cardiff research supports the creation of the UK Climate Change Committee""influencing international tobacco policy on standardized tobacco packaging"。

第一章注释

① Daryl J. Bem, "Feeling the future: Experimental evidence for anomalous retroactive influences on cognition and affect," *Journal of Personality and Social Psychology* 100, no. 3（2011）: 407.

② Peter Aldhous, "Is this evidence that we can see the future?," *New Scientist*, 11 November 2010.

③ 弗伦奇和里奇未能重复贝姆的结果，这一重复实验最后在《PLOS ONE》上发表。Stuart J. Ritchie, Richard Wiseman, and Christopher C. French, "Failing the future: Three unsuccessful attempts to replicate Bem's 'Retroactive

220

Facilitation of Recall' Effect," *PLOS ONE* 7, no. 3 (2012): e33423.

④ Eric-Jan Wagenmakers, Ruud Wetzels, Denny Borsboom, and Han L. J. van der Maas, "Why psychologists must change the way they analyze their data: The case of psi; Comment on Bem (2011) ,"(2011): 426.

⑤ Georg Henrik von Wright, *A Treatise on Induction and Probability* (Oxfordshire: Psychology Press, 1951), 7: 86.

⑥ Peter C. Wason, "On the failure to eliminate hypotheses in a conceptual task," *Quarterly Journal of Experimental Psychology* 12, no. 3 (1960): 129–140.

⑦ Peter C. Wason, "Reasoning about a rule," *Quarterly Journal of Experimental Psychology* 20, no. 3 (1968): 273–281.

⑧ 关于证实偏差及其起源的综述，请参考：Raymond S. Nickerson, "Confirmation bias: A ubiquitous phenomenon in many guises," *Review of General Psychology* 2, no. 2 (1998): 175.

⑨ Saul M. Kassin, Itiel E. Dror, and Jeff Kukucka, "The forensic confirmation bias: Problems, perspectives, and proposed solutions," *Journal of Applied Research in Memory and Cognition* 2, no. 1 (2013): 42–52.

⑩ Alan G. Gross, "The roles of rhetoric in the public understanding of science," *Public Understanding of Science* 3, no. 1 (1994): 3–23.

⑪ Joshua Klayman and Young-Won Ha, "Confirmation, disconfirmation, and information in hypothesis testing," *Psychological Review* 94, no. 2 (1987): 211.

⑫ Hugo Mercier and Dan Sperber, "Why do humans reason? Arguments for an argumentative theory," *Behavioral and Brain Sciences* 34, no. 02 (2011): 57–74.

⑬ 对发表偏见的较久远的讨论，请参考：Theodore D. Sterling, "Publication decisions and their possible effects on inferences drawn from tests of significance—or vice versa," *Journal of the American Statistical*

Association 54, no. 285（1959）: 30–34. 20 世纪 60 年代到 70 年代，再次有人讨论过这个问题，如 1979 年罗森塔尔发表过一篇相关的文章：Robert Rosenthal, "The file drawer problem and tolerance for null results," *Psychological Bulletin* 86, no. 3（1979）: 638–641. 1995 年，斯特林重新评估了这个问题，认为"30 年过去了，情况并未改善"。参见：Theodor D. Sterling, W. L. Rosenbaum, and J. J. Weinkam, "Publication decisions revisited: The effect of the outcome of statistical tests on the decision to pulish and vice versa," *American Statistician* 49, no. 1（1995）: 108–112.

⑭ Daniele Fanelli, "'Positive' results increase down the hierarchy of the sciences," *PLOS ONE* 5, no. 4（2010）: e10068.

⑮ www.nature.com/nature/authors/gta/others.html.

⑯ https://www.elsevier.com/journals/cortex/0010-9452/guide-for-authors.

⑰ http://brain.oxfordjournals.org/for_authors/general.html.

⑱ http://www.oxfordjournals.org/our_journals/cercor/for_authors/general.html.

⑲ 对《心理科学》(英文) 期刊即将离职的编辑罗伯特·凯尔（Robert Kail）的采访："Reflections on five years as editor," www.psychologicalscience.org/index.php/publications/observer/2012/november-12/reflections-on-five-years-as-editor.html.

⑳ 有几部分内容引自原作者的个人博客，博客网址: http://neurochambers.blogspot.co.uk/2012/03/you-cant-replicate-concept.html.

㉑ John A. Bargh, Mark Chen, and Lara Burrows, "Automaticity of social behavior: Direct effects of trait construct and stereotype activation on action," *Journal of Personality and Social Psychology* 71, no. 2（1996）: 230.

㉒ "Elderly-related words prime slow walking（#15）," http://www.psychfiledrawer.org/replication.php?attempt = MTU%3D.

㉓ 引自丹·西蒙斯："A primer for how not to respond when someone fails to replicate your work with a discussion of why replication failures happen," http://plus.google.com/+DanielSimons/posts/VJH8wXxxc3f.

㉔ Stéphane Doyen, Olivier Klein, Cora-Lise Pichon, and Axel Cleeremans, "Behavioral priming: It's all in the mind, but whose mind?," *PLOS ONE* 7, no. 1（2012）: e29081.

㉕ 后来，巴奇的博文在"今日心理学"网站被删除，但仍可以在网络上搜索到。

㉖ 杨对论战的精彩报道，可在英文搜索引擎中搜索"A failed replication draws a scathing personal attack from a psychology professor"。

222 ㉗ Jay G. Hull, Laurie B. Slone, Karen B. Meteyer, and Amanda R. Matthews, "The nonconsciousness of self-consciousness," *Journal of Personality and Social Psychology* 83, no. 2（2002）: 406.

㉘ Joseph Cesario, Jason E. Plaks, and E. Tory Higgins, "Automatic social behavior as motivated preparation to interact," *Journal of Personality and Social Psychology* 90, no.6（2006）: 893.

㉙ "Priming effects replicate just fine, thanks" by John Bargh: http://www.psychologytoday.com/blog/the-natural-unconscious/201205/priming-effects-replicate-just-fine-thanks.

㉚ "How valid are our replication attempts" by Rolf Zwaan: http://rolfzwaan.blogspot.be/2013/06/how-valid-are-our-replication-attempts.html.

㉛ 其他对概念性重复的批判，参见：Harold Pashler and Christine R. Harris, "Is the replicability crisis overblown? Three arguments examined," *Perspectives on Psychological Science* 7, no. 6（2012）: 531–536.

㉜ Norbert L. Kerr, "HARKing: Hypothesizing after the results are known," *Personality and Social Psychology Review* 2, no. 3（1998）: 196–217. 虽然克尔最先合成了"HARKing"这个词，但先前已有人提出过类似概念。心理学家阿德里安·德赫罗特（Adriaan de Groot）1956 年就曾经指出，在假设检验中要警惕后见之明偏见的消极影响。参见 Adriaan de Groot,

"The meaning of 'significance' for different types of research [translated and annotated by Eric-Jan Wagenmakers, Denny Borsboom, Josine Verhagen, Rogier Kievit, Marjan Bakker, Angelique Cramer, Dora Matzke, Don Mellenbergh, and Han L. J. van der Maas] ," *Acta Psychologica* 148 (2014): 188–194.

㉝ Kerr, "HARKing, " http://dx.doi.org/10.1207/s15327957pspr0203_4.

㉞ Leslie K. John, George Loewenstein, and Drazen Prelec, "Measuring the prevalence of questionable research practices with incentives for truth telling," *Psychological Science* (2012): 0956797611430953.

㉟ D. J. Bem, "Writing the empirical journal article," in Mark P. Zanna and John M. Darley, eds., The Compleat Academic: *A Practical Guide for the Beginning Social Scientist* (New York: Random House, 1987). 网上也可 以找到这篇文章。德国维尔茨堡大学的斯塔克 2012 年在线讨论时也表达 过类似观点："此外，我依然不相信预知现象，所以我只关心他们获得的 结果，并不想了解他们在这个过程中走过的弯路和犯过的错误。我知道 这（种不在乎先验假设的想法）可能已经背离了推论统计的基本原则。" 223

第二章注释

① 关于虚无假设显著性检验及其常见陷阱的概述，请参考网上文章： "Statistics done wrong" by Alex Reinhart, http://www.statisticsdonewrong. com/ index.html. 也可参考：Steven Goodman, "A dirty dozen: Twelve p-value misconceptions," *Seminars in Hematology* 45, no. 3 (2008): 135–140.

② Ronald Fisher, "The arrangement of field experiments," *Journal of the Ministry of Agriculture* 33 (1926): 503–513.

③ Valen E. Johnson, "Revised standards for statistical evidence," *Proceedings of the National Academy of Sciences USA* 110, no. 48 (2013): 19313–19317.

④ Joseph P. Simmons, Leif D. Nelson, and Uri Simonsohn, "False-positive psychology undisclosed flexibility in data collection and analysis allows presenting anything as significant," *Psychological Science* (2011): 1359–1366.

⑤ Dorothy Bishop, "Interpreting unexpected significant results," http:// deevybee.blogspot.co.uk/2013/06/interpreting-unexpected-significant. html.

⑥ Will M. Gervais and Ara Norenzayan, "Analytic thinking promotes religious disbelief," Science 336, no. 6080 (2012): 493–496. 从统计角度对本文的批判可见: "Evidence of publication bias in 'Analytical thinking promotes religious disbelief'," https://web.archive.org/web/20130817140545/ http://jt512.dyndns.org/blog/? p = 130. 也可以参见: "Do religious people lack analytical skills?" by Neuroautomaton, https://web.archive.org/web/ 20130408053541/http://neuroautomaton.com/religious-analytical-skills/.

⑦ E. J. Masicampo and Daniel R. Lalande, "A peculiar prevalence of pvalues just below. 05," *Quarterly Journal of Experimental Psychology* 65, no. 11 (2012): 2271–2279.

224 ⑧ Nathan C. Leggett, Nicole A. Thomas, Tobias Loetscher, and Michael E. R. Nicholls, "The life of p: 'Just significant' results are on the rise," *Quarterly Journal of Experimental Psychology* 66, no. 12 (2013): 2303–2309.

⑨ 荷兰埃因霍芬理工大学的莱肯斯认为, 在小于 0.05 的 p 值中观察到的 (在略低于 0.05 处) 峰值, 可能有除了 p 值操纵之外的原因, 其中最有可能的因素就是发表偏见。莱肯斯表示, 我们看到的 (p 值分布中) 实际上是略高于 0.05 处的 p 值数量的骤减, 而不是略低于 0.05 处 p 值数量的陡增。这可能源于期刊选择性地拒绝得到边缘不显著 (e.g., p = 0.06) 的结果, 更多详细信息可以参见: Daniël Lakens, "On the challenges of drawing conclusions from p-values just below 0.05," *PeerJ* 3 (2015): e1142.

⑩ Uri Simonsohn, Leif D. Nelson, and Joseph P. Simmons, "P-curve: A key to the file-drawer," *Journal of Experimental Psychology: General* 143, no. 2（2014）: 534.

⑪ 在 2012 年的一次会议中，*p* 曲线引发激烈的争论，有人担心它可能被错误地当成攻击个人研究者的武器。美国俄勒冈大学的斯里瓦斯塔瓦在博客中很好地总结了此次争论："Does your p-curve weigh as much as a duck?" http://hardsci.wordpress.com/2012/02/10/does-your-p-curve-weigh-as-much-as-a-duck/.

⑫ Neuroskeptic, "False positive neuroscience," http://blogs.discovermagazine.com/neuroskeptic/2012/06/30/false-positive-neuroscience/.

⑬ 卡普的研究: Joshua Carp, "The secret lives of experiments: Methods reporting in the fMRI literature," *Neuroimage* 63, no. 1（2012）: 289–300. 关于研究中可能存在的假阳性率的更多讨论，参见: Tor D. Wager, Martin A. Lindquist, Thomas E. Nichols, Hedy Kober, and Jared X.Van Snellenberg, "Evaluating the consistency and specificity of neuroimaging data using meta-analysis," *Neuroimage* 45, no. 1（2009）: S210–S221. 关于功能性磁共振成像研究的可信性，参见: Craig M. Bennett and Michael B. Miller, "How reliable are the results from functional magnetic resonance imaging?," *Annals of the New York Academy of Sciences* 1191, no. 1（2010）: 133–155. 还有博文: Vaughan Bell, "How reliable are fMRI results?," http://mindhacks.com/2010/03/04/how-reliable-are-fmri-results/. 2016 年，罗素·波德瑞克（Russ Poldrack）等人在一篇权威的综述中，讨论了功能性磁共振成像研究的低可重复性和低透明度带来的威胁，参见: Russell Poldrack, Chris I. Baker, Joke Durnez, Krzysztof Gorgolewski, Paul M. Matthews, Marcus Munafò, Thomas Nichols, Jean-Baptiste Poline, Edward Vul, and Tal Yarkoni, "Scanning the Horizon: Future challenges for neuroimaging research," bioRxiv（2016）: 059188. [本文后来发表在神经科学顶级期刊《自然神经科学评论》（*Nature Reviews Neuroscience*）上。——译者注]

225

⑭ Uri Simonsohn vs. Norbert Schwarz, https://web.archive.org/web/20160516032001/http://opim.wharton.upenn.edu/~uws/SPSP/post.pdf. 还可以从以下网址找到热烈讨论: https://groups.google.com/forum/#!searchin/spsp-discuss/simonsohn/spsp-discuss/izOh5lrQDgQ/zLud5bZvPPUJ.

⑮ 参见: "Replication, period.（A guest post by David Funder）" by David Funder, http://hardsci.wordpress.com/2012/09/21/replication-period-a-guest-post-by-david-funder/; "Friday Fun: One researcher's p-curve analysis" by Michael Kraus, http://psych-your-mind.blogspot.co.uk/2012/02/friday-fun-one-researchers-p-curve.html.

⑯ 正如美国俄勒冈大学的斯里瓦斯塔瓦所说，没有重复已有的发现不能说明重复研究的结果与原结果具有统计上的显著差异。要推断是否存在这种差异，需要直接进行统计检验。斯里瓦斯塔瓦本人直接使用统计方法来检验两个失败重复结果和巴奇的原结果，发现这两个失败重复结果均与原结果在统计上显著不同。https://thehardestscience.com/2012/03/12/some-reflections-on-the-bargh-doyen-elderly-walking-priming-brouhaha/.

⑰ 巴奇的博文《谢谢您，启动效应被重复得挺好》见: http://www.psychologytoday.com/blog/the-natural-unconscious/201205/priming-effects-replicate-just-fine-thanks.

⑱ "单次"普及率估计指曾经至少一次进行过某种实践的心理学家的百分比。估计的不是更广泛的普及率。

⑲ Andrew Gelman and Eric Loken, "The garden of forking paths: Why multiple comparisons can be a problem, even when there is no'fishing expedition'or'p-hacking'and the research hypothesis was posited ahead of time," Department of Statistics, Columbia University（2013）, http://www.stat.columbia.edu/~gelman/research/unpublished/p_hacking.pdf.

⑳ Mark Stokes, "Biased debugging," http://the-brain-box.blogspot.co.uk/2013/02/biased-debugging.html. 下面这个有意思的例子说的是认知神

经科学家波德瑞克如何发现了类似错误："Anat-omy of a coding error," http://www.russpoldrack.org/2013/02/anatomy-of-coding-error.html.

㉑ 感谢约恩·特拉维尔（Eoin Travers）（http://www.eointravers.com/）让我知道了这个概念也被用在推理研究中。详见：https://books.google.co.uk/books?id=iFMhZ4dl1KcC&lpg=PR9&ots=ZM1C6gn8p2&dq=evans%20newstead%20byrne&lr&pg=PA247#v=onepage&q=selective%20scrutiny%20account&f=false.

㉒ "Are research psychologists more like detectives or lawyers?" by John A.Johnson, http://www.psychologytoday.com/blog/cui-bono/201307/are-research-psychologists-more-detectives-or-lawyers-0.

㉓ Joseph P. Simmons, Leif D. Nelson, and Uri Simonsohn, "A 21 word solution," available at SSRN 2160588（2012）, https://ssrn.com/abstract=2160588.

㉔ 参见：Michael J. Strube, "SNOOP: A program for demonstrating the consequences of premature and repeated null hypothesis testing," *Behavior Research Methods* 38, no. 1（2006）: 24–27. 软件下载地址：http://web.archive.org/web/20160422220546/http://www.artsci.wustl.edu/~socpsy/Snoop.7z. 还有一个类似倡议，参见：Daniël Lakens, "Performing high-powered studies efficiently with sequential analyses," *European Journal of Social Psychology* 44, no. 7（2014）: 701–710.

㉕ 关于贝叶斯假设检验的清晰介绍，参见：Zoltan Dienes, "Bayesian versus orthodox statistics: Which side are you on?," *Perspectives on Psychological Science* 6, no. 3（2011）: 274–290. 该文免费下载地址：http://www.lifesci.sussex.ac.uk/home/Zoltan_Dienes/Dienes%202011%20Bayes.pdf.

㉖ Eric-Jan Wagenmakers, Michael Lee, Tom Lodewyckx, and Geoffrey J. Iverson, "Bayesian versus frequentist inference," *Bayesian Evaluation of Informative Hypotheses*, 81–207（New York: Springer, 2008）.

㉗ A. W. Edwards, *Likelihood: Expanded Edition*（Baltimore: Johns Hopkins

University Press, 1992）, 30. 关于似然性原理的更基础、更详细的文章，可以参考: James O. Berger, Robert L. Wolpert, M. J. Bayarri, M. H. DeGroot, Bruce M. Hill, David A. Lane, and Lucien LeCam, "The likelihood principle," *Lecture Notes Monograph Series* 6（1988）, http://web.uvic.ca/ ~ dgiles/blog/Berger_and_Wolpert.pdf.

㉘ Dave Nussbaum, "The Stapel continuum," http://web.archive.org/web/20140604081238/http://www.davenussbaum.com/the-stapel-continuum/.

第三章注释

① Geoff Brumfiel, "Particles break light speed limit," *Nature News*, 23 September 2011, http://www.nature.com/news/2011/110922/full/news.2011.554.html.

② Robert Evans, "'Faster than light' particles threaten Einstein," *Reuters*, 23 September 2011, http://web.archive.org/web/20150321055654/http://www.reuters.com/article/2011/09/23/us-science-light-idUSTRE78L4FH20110923.

③ Michael D. Lemonick, "Was Einstein wrong? A faster-than-light neutrino could be saying yes," *Time*, 23 September 2011. http://content.time.com/time/health/article/0,8599,2094665,00.html.

④ 本节部分内容改编自: Chris Chambers, "Physics envy: Do 'hard' sciences hold the solution to the replication crisis in psychology?," *Guardian*, 10 June 2014, http://www.theguardian.com/science/head-quarters/2014/jun/10/physics-envy-do-hard-sciences-hold-the-solution-to-the-replication-crisis-in-psychology.

⑤ 费曼演讲全文见: http://web.archive.org/web/20160412070659/http://www.lhup.edu/~DSIMANEK/cargocul.htm.

⑥ Matthew C. Makel, Jonathan A. Plucker, and Boyd Hegarty, "Replications in psychology research: How often do they really occur?," *Perspectives on Psychological Science* 7, no. 6（2012）: 537–542.

⑦ 安尼狄斯得到这一估计值时纳入如下三个因素：某个心理学效应不为零（即 H_0 为假的）的先验概率，作为自我校正机制的重复研究的比例十分低，以及估计的假阳性发现率。参见: John P. A. Ioannidis, "Why science is not necessarily self-correcting," *Perspectives on Psychological Science* 7, no. 6（2012）: 645–654.

⑧ Christopher J. Ferguson and Moritz Heene, "A vast graveyard of undead theories: Publication bias and psychological science's aversion to the null," *Perspectives on Psychological Science* 7, no. 6（2012）: 555–561.

⑨ 重复研究的完整特刊可以免费下载: http://econtent.hogrefe.com/toc/zsp/45/3.

⑩ 施纳尔的博客文章可以在以下网址读到: http://web.archive.org/web/20140531143904/http://www.spspblog.org /simone-schnall-on-her-experience-with-a-registered-replication-project.

⑪ 吉尔伯特的评论可见: http://web.archive.org/web/20140531143904/, http://www.spspblog.org/simone-schnall-on-her-experience-with-a-registered-replication-project/#comment-17137.

⑫ 参见: http://web.archive.org/web/20141214024408/http://www.wjh.harvard.edu/~dtg/ Bullies. Pdf.

⑬ 吉尔伯特和施纳尔使用的语言让人想起 1988 年免疫学家雅克·本维尼斯德（Jacques Benveniste）的反应，当时他试图将所谓"水的记忆"的实验作为顺势疗法的基础，但未能成功。在看到重复实验结果之前，本维尼斯德并未反对重复研究的方法，但当他看到重复实验的数据没有支持他的"水的记忆"的假设时，他谴责了整个重复的过程。他在《自然》杂志上写道："类似萨勒姆或麦卡锡式的迫害将扼杀科学研究。科学研究只在自由中繁荣昌盛，我们必须不惜以一切代价阻止恐慌、勒索、匿名

228

谴责、诽谤和欺诈破坏我们的实验室。"

⑭ 卡尼曼这封信的全文，详见：http://www.scribd.com/doc/225285909/Kahneman-Commentary。卡尼曼所担心的重复失败带来的名誉问题并未得到数据支持，亚当·费特曼（Adam Fetterman）和凯·萨森贝格（Kai Sassenberg）2015 年发表了一篇论文，他们发现科学家都高估了重复失败研究对声誉的负面影响。他们还发现，承认重复失败指出的错误比拒绝承认错误给声誉带来的损害更小。Adam K. Fetterman and Kai Sassenberg, "The reputational consequences of failed replications and wrongness admission among scientists," PLOS ONE 10, no. 12（2015）: e0143723.

⑮ Andrew Wilson, "Psychology's real replication problem: Our methods sections," http://psychsciencenotes. blogspot.co.uk/2014/05/psychologys-real-replication-problem.html.

⑯ 与巴特沃斯通过邮件进行的通讯访谈，2014 年 6 月 2 日。

⑰ 与切尔斯基通过邮件进行的通讯访谈，2014 年 6 月 1 日。

⑱ 与麦克通过邮件进行的通讯访谈，2014 年 6 月 3 日。

⑲ 参见：http://journals.plos.org/plosone/s/criteria-for-publication#loc-2.

⑳ Jason Mitchell, "On the emptiness of failed replications," http://web.archive.org/web/20150604192510/http://wjh.harvard.edu/~jmitchel/writing/failed_science.htm.

㉑ 一些对米切尔文章的批评回应，可见：Chris Said, "Jason Mitchell's essay," http://web.archive.org/web/20140916000231/http://filedrawer.wordpress.com/2014/07/07/jason-mitchells-essay/; Sean Mackinnon, "Response to Jason Mitchell's , 'On the emptiness of failed replicatioins'," http://web.archive.org/web/20141013180548/http://osc.centerforopenscience.org/2014/07/09/response-to-jason-mitchell/; Neuroskeptic, "On 'On the emptiness of failed replications'," http://blogs.disc overmagazine.com/neuroskeptic/2014/07/07/emptiness-

229

failed-replications/; Bob Lewis, "In defense of replication studies," http://
web.archive.org/web/20150904102838/http://trustinbob.blogspot.
co.uk/2014/07/in-defense-of-replication-studies.html; Dorothy Bishop,
"Replication and reputation: Whose career mateeres?," http://deevybee.
blogspot.co.uk/2014/08/replication-and-reputation-whose-career. html.

㉒ Wolfgang Stroebe and Fritz Strack, "The alleged crisis and the illusion
of exact replication," *Perspectives on Psychological Science* 9, no. 1
（2014）: 59–71.

㉓ Daniel J. Simons, "The value of direct replication, " *Perspectives on
Psychological Science* 9, no. 1（2014）: 76–80. 也参见: Stefan Schmidt,
"Shall we really do it again? The powerful concept of replication is
neglected in the social sciences," *Review of General Psychology* 13, no. 2
（2009）: 90.

㉔ Jacob Cohen, "The statistical power of abnormal-social psychological
research: A review," *Journal of Abnormal and Social Psychology* 65, no. 3
（1962）: 145.

㉕ Peter Sedlmeier and Gerd Gigerenzer, "Do studies of statistical power have
an effect on the power of studies?," *Psychological Bulletin* 105, no. 2
（1989）: 309.

㉖ Scott Bezeau and Roger Graves, "Statistical power and effect sizes of
clinical neuropsychology research," *Journal of Clinical and Experimental
Neuropsychology* 23, no. 3（2001）: 399–406.

㉗ Katherine S. Button, John P. A. Ioannidis, Claire Mokrysz, Brian A. Nosek,
Jonathan Flint, Emma S. J. Robinson, and Marcus R. Munafò, "Power
failure: Why small sample size undermines the reliability of neuroscience,"
Nature Reviews Neuroscience 14, no. 5（2013）: 365–376.

㉘ Klaus Fiedler, Florian Kutzner, and Joachim I. Krueger, "The long way from
α-error control to validity proper problems with a short-sighted false

positive debate," *Perspectives on Psychological Science* 7, no. 6（2012）: 661–669.

㉙ 简言之，这是因为，当 *p* ≅ 0.05 时，观测到的效应所对应的正态分布（对称的钟形曲线）的左半部分将落在零分布的 1.96 个标准差之内，因此，使用同样大小的样本进行精确重复实验时，约有 50% 的可能会得到不显著的结果（*p* > 0.05）。在原始样本大小的基础上增加 1—2 倍的样本量才能增大统计检验力。详情请参见巴顿等人"检验力失效"的论述。

㉚ 现今免费的软件包如 G*Power 使检验力分析更容易。

㉛ Scott E. Maxwell, "The persistence of underpowered studies in psychological research: Causes, consequences, and remedies," *Psychological Methods* 9, no. 2（2004）: 147. 检验力分析的复杂性的另一来源是要确定恰当的效应量。由于发表偏见，所发表的效应量的大小常常高于真实的效应量，研究者应该根据估算的效应量的下限检验其研究，这种计算具有挑战性和复杂性。对于这一观点的讨论，可见：Scott E. Maxwell, Michael Y. Lau, and George S. Howard, "Is psychology suffering from a replication crisis? What does 'failure to replicate' really mean?," *American Psychologist* 70, no. 6（2015）: 487.

㉜ Rachel A. Smith, Timothy R. Levine, Kenneth A. Lachlan, and Thomas A. Fediuk, "The high cost of complexity in experimental design and data analysis: Type I and type II error rates in multiway ANOVA," *Human Communication Research* 28, no. 4（2002）: 515–530.

㉝ Etienne P. LeBel, Denny Borsboom, Roger Giner-Sorolla, Fred Hasselman, Kurt R. Peters, Kate A. Ratliff, and Colin Tucker Smith, "Psychdisclosure. org grassroots support for reforming reporting standards in psychology," *Perspectives on Psychological Science* 8, no. 4（2013）: 424–432.

㉞ 这提出一个问题，即为何将近半数已发表的研究中包含了与理论明显没有关联的测量工具。鉴于后知假设在心理学研究中的流行程度，也许更合理的猜想是，在许多研究刚开始时，这些测量工具至少在某种程度上

230

是与理论相关的。但看到数据结果后，研究者决定修改假设，这些测量工具就不再与修改后的假设有理论上的关联。正如我们在第一章和第二章中所介绍的，这背离了作为科学方法的假设演绎模型。

㉟　Joseph P. Simmons, Leif D. Nelson, and Uri Simonsohn, "A 21 word solution," SSRN 2160588（2012）: 230. https://ssrn.com/abstract=2160588

㊱　对于最近两项研究中心理学家频繁地误解 p 值，参见：Laura Badenes-Ribera, Dolores Frías-Navarro, Héctor Monterde-i-Bort, and Marcos Pascual-Soler, "Interpretation of the p value: A national survey study in academic psychologists from Spain," *Psicothema* 27, no. 3（2015）: 290–295. Laura Badenes-Ribera, Dolores Frias-Navarro, Bryan Iotti, Amparo Bonilla Campos, and Claudio Longobardi, "Misconceptions of the p-value among Chilean and Italian academic psychologists," *Frontiers in Psychology* 7（2016）: 1247.

㊲　关于对 p 值的误解的极好和彻底的清单，读者可直接查阅：Steven Goodman, "A dirty dozen: Twelve p-value misconceptions," *Seminars in Hematology* 45, no. 3（2008）: 135–140.

㊳　Sander Nieuwenhuis, Birte U. Forstmann, and Eric-Jan Wagenmakers, "Erroneous analyses of interactions in neuroscience: A problem of significance," *Nature Neuroscience* 14, no. 9（2011）: 1105–1107. Andrew Gelman and Hal Stern, "The difference between 'significant' and 'not significant' is not itself statistically significant," *American Statistician* 60, no. 4（2006）: 328–331. 后一篇可以免费从以下地址下载：http://www.stat.columbia.edu/~gelman/research/published/signif4.pdf.

㊴　有关导致文章撤回的标准的更多信息，可见出版伦理委员会发布的撤回准则：http://publicationethics.org/files/retraction%20guidelines.pdf.

㊵　因重复失败而撤回是物理学等学科的标准做法。Adam Marcus, "Doing the right thing: Authors retract lubricant paper whose findings they can't reproduce," http://retractionwatch.com /2014/03/14/doing-the-

231

right-thing-authors-retract-lubricant-paper-whose-findings-they-cant-reproduce/. 相似文章在神经科学和生物学领域亦可见，如：Ed Yong, "Narcolepsy paper retracted," http://phenomena.nationalgeographic.com/2014/07/30/narcolepsy-paper-retracted/.

[41] Minhua Zhang and Michael L. Grieneisen, "The impact of misconduct on the published medical and non-medical literature, and the news media," *Scientometrics* 96, no. 2（2013）: 573–587.

[42] Michael L. Grieneisen and Minghua Zhang, "A comprehensive survey of retracted articles from the scholarly literature," *PLoS One* 7, no. 10（2012）: e44118. 引用的 27% 的数字可以用这篇文章中图 S1 提供的数据计算而得，即将依据所有心理学文章的总数计算得到的总体撤回率（每 50974 篇文章就撤回 32 篇，总体撤回率为 0.063%），与依据剩余的 233 个学科的文章总数计算得到的总体撤回率（每 2501816 篇文章就撤回 5804 篇文章，总体撤回率为 0.23%）作比较而得出。因此，心理学文章的总体撤回率（0.063%）是其余领域的文章总体撤回率（0.23%）的 27%。

[43] Don Simons, "Replication, retraction, and responsibilities," http://blog.dansimons.com/2014/01/replication-retraction-and.html.

[44] John A. Bargh and Idit Shalev, "The substitutability of physical and social warmth in daily life," *Emotion* 12, no. 1（2012）: 154–162.

[45] 对于本研究的博客摘要，可见：http://traitstate.wordpress.com/2014/01/24/warm-water-and-loneliness. 同行评审的重复研究：M. B. Donnellan, R. E. Lucas, and J. Cesario, "On the association between loneliness and bathing habits: Nine replications of Bargh and Shalev（2012）Study 1," *Emotion* 15, no. 1（2015）: 109.

[46] Will Gervais, "More power!," http://willgervais.com/blog/2014/3/5/more-power.

[47] Eric-Jan Wagenmakers and B. U. Forstmann, "Rewarding high-power

replication research," *Cortex* 51, no. 10（2014）, http://dx.doi.org/10.1016/j.cortex.2013.09.010.

㊽ Sanjay Srivastava, "A Pottery Barn rule for scientific journals," http://hardsci.wordpress.com/2012/09/27/a-pottery-barn-rule-for-scientific-journals. 我们计划于 2017 年首次在《皇家学会开放科学》期刊实施斯里瓦斯塔瓦的提议，详情请见：http://neurochambers.blogspot.co.uk/2016/11/an-accountable-replication-policy-at.html.

㊾ Kimmo Eriksson and Brent Simpson, "Editorial decisions may perpetuate belief in invalid research findings," *PLOS ONE* 8, no. 9（2013）: e73364.

㊿ Keith R. Laws, "Negativland—a home for all findings in psychology," *BMC Psychology* 1, no. 1（2013）: 2.

(51) 该例是基于一篇有关测评阿尔茨海默病的真实报道，科洪的评论可见：http://www. dcscience.net/? p = 6473. 也可见《每日镜报》(*Daily Mirror*)：http://web.archive.org/web/20160206134529/http://ampp3d.mirror.co.uk/2014/03/11/how-a-90-accurate-alzheimers-test-can-be-wrong-92-of-the-time/. 对于其技术的概述，可见：http://www.biomedcentral.com/1741–7015/9/20.

(52) 心理学家吉杰仁泽认为，若将问题归结于自然频率（100 次中出现 1 次）而不是概率问题（1/100），可基本克服基本谬误率。他再举了一个 233
与本章中所示案例相似的例子，但将其视为自然频率，发现此时医护人员和学生的正确率高达 76%。正如吉杰仁泽所说，若将当下的问题归结为自然频率，它将会如下所述：假定人群中每 1000 人中有 10 个人患有阿尔茨海默病，研究者开发了一种检测阿尔茨海默病的测验，如果使用该测验对 10 个患者施测，有 8 个人的测试结果会是阳性。但对完全健康的人施测时，也可能得到阳性结果：假如对 1000 个健康人施测，就会得到 50 个阳性结果。试想一下，假如我们收集到 1000 个随机样本，样本中的个体都通过抽签被选中，抽签时并不知道被抽中的人的健康状况，那么，对这 1000 人施测后，在那些结果是阳性的人中，有多少人是真正的患者呢？可见：Gerd Gigerenzer, “How to make cognitive illusions disappear: Beyond ‘heuristics and biases’,” *European Review of Social Psychology* 2, no. 1（1991）: 83–115.

(53) 在少数情况下，贝叶斯因子甚至可以相乘。比如，假设在两个平行的实验中，得到 H_1 优于 H_0 的贝叶斯因子 $B = 1.6$ 和 $B = 2.5$。虽然这两个数值都不足以为 H_1 提供实质性证据（$B > 3$），但将两者相乘后可得到 $B = 4$（1.6×2.5）。值得注意的是，只有当 H_1 代表的是点假设（point hypothesis，即 H_1 是某个具体的值），且该真值不会因为收集更多新数据而改变的情况下，才能使用贝叶斯因子相乘的做法。这种做法可能适用于下列情况，即两个平行研究采用相同的方法和相同的先验假设。然而，在大多数情况下，重复研究是在初始研究之后进行的，重复研究中新增加的数据可能会改变关于 H_1 分布准确度的参数。在这种情况下，第二个研究的数据分析可根据所有可获得的数据来调整 H_1，而不是简单相乘。

(54) 要了解贝叶斯假设检验在心理学中的应用（包括示例），读者可以参考英国苏塞克斯大学佐尔坦·迪恩斯（Zoltan Dienes）的两篇文章。Zoltan Dienes, “Bayesian versus orthodox statistics: Which side are you on?,” *Perspectives on Psychological Science* 6, no. 3（2011）: 274–290. Zoltan Dienes, “Using Bayes to get the most out of non-significant results,”
234 *Frontiers in Psychology* 5, no. 781（2014）: 1–17. 另一些有关贝叶斯分析的优质资源，可参考：亚历克斯·梅斯（Alex Etz）的一系列免费开放的博客日志，如“了解贝叶斯”, http://alexanderetz.com/understanding-bayes/; 瓦根梅克、理查德·莫瑞以及迈克尔·李（Michael D. Lee）的“贝叶斯对现实的研究者的好处”，https://osf.io/3tdh9/.

(55) 关于对抗合作的一个非常好的例子，可以查阅最近有关眼动和记忆回忆的研究：Dora Matzke, Sander Nieuwenhuis, Hedderik van Rijn, Heleen A. Slagter, Maurits W. van der Molen, and Eric-Jan Wagenmakers, “The effect of horizontal eye movements on free recall: A preregistered adversarial collaboration,” *Journal of Experimental Psychology: General* 144, no. 1

（2015）: e1.

㊋ Nature Neuroscience Editorial, "Raising standard," http://www.nature. com/neuro/journal/v16/n5/full /nn.3391.html.

㊌ 关于《心理科学》的首倡的详情，参见: https://www.psychologicalscience.org/ index.php/publications/journals/psychological_science/ps-submissions#. 也可以从以下网址了解心理学家皮特·埃切尔斯（Pete Etchells）所 做的工作，他已号召心理学家采用更详细的方法（即"案例汇报 表格"）去撰写方法学部分: http://www.theguardian.com/science/ headquarters/2014/jul/09/case-report-forms-psychology-replication.

㊍ 关于开放科学中心的徽章倡议简介，请见: https://osf.io/tvyxz/wiki/ home/.

㊎ Adam Marcus and Ivan Oransky, "Time for a reproducibility index," http:// www.labtimes.org/labtimes /ranking/dont/2013_04.lasso.

第四章注释

① 有关美国国立卫生研究院的数据共享政策，可见: http://www.nlm.nih. gov/NIHbmic/nih_data_sharing_policies.html.

② 有关《科学》期刊对数据可获得性的要求，可见: http://www. sciencemag.org/authors /science-editorial-policies#data-deposition.

③ 有关米勒的推特，可见: https://twitter.com/MillerLabMIT/status/ 360368532774592512.

④ Uri Simonsohn, "Just post it: The lesson from two cases of fabricated data detected by statistics alone," *Psychological Science* 24, no. 10（2013）: 1875–1888.

⑤ http://www.nature.com/news/scientists-losing-data-at-a-rapid-rate- 114416#/B1.

⑥　Jelte M. Wicherts and Marjan Bakker, "Publish（your data）or（let the data）perish! Why not publish your data too?," *Intelligence* 40, no. 2（2012）: 73–76.

⑦　英国牛津大学的斯托克斯的作品就是一个很好的例子。他在 2013 年重新分析了大量动物神经生理学数据，在工作记忆上有一个关键发现。Mark G. Stokes, Makoto Kusunoki, Natasha Sigala, Hamed Nili, David Gaffan, and John Duncan, "Dynamic coding for cognitive control in prefrontal cortex," *Neuron* 78, no. 2（2013）: 364–375. 另一个很好的例子是吉尔斯·杜蒂尔（Gilles Dutilh）及其同事 2012 年的一项研究，他们使用一个原本为了验证某个荷兰语词频数据库而创建的数据集，检测为什么人们在决策任务中犯错误后反应速度变得更慢。Gilles Dutilh, Joachim Vandekerckhove, Birte U. Forstmann, Emmanuel Keuleers, Marc Brysbaert, and Eric-Jan Wagenmakers, "Testing theories of post-error slowing," *Attention, Perception, and Psychophysics* 74, no. 2（2012）: 454–465.

⑧　Heather A. Piwowar and Todd J. Vision, "Data reuse and the open data citation advantage," *PeerJ* 1（2013）: e175.

⑨　Heather A. Piwowar, Roger S. Day, and Douglas B. Fridsma, "Sharing detailed research data is associated with increased citation rate," *PLOS ONE* 2, no. 3（2007）: e308.

⑩　Jelte M. Wicherts, Denny Borsboom, Judith Kats, and Dylan Molenaar, "The poor availability of psychological research data for reanalysis," *American Psychologist* 61, no. 7（2006）: 726.

⑪　http://memforms.apa.org/apa/cli/interest/ethics1.cfm#8_14.

⑫　2014 年 8 月 28 日通过电子邮件对维切特进行的个人采访。

⑬　Jelte M. Wicherts, Marjan Bakker, and Dylan Molenaar, "Willingness to share research data is related to the strength of the evidence and the quality of reporting of statistical results," *PLOS ONE* 6, no. 11（2011）: e26828.

235

⑭ 2014 年 8 月 28 日通过电子邮件对维切特进行的个人采访。

⑮ John A. Bargh and Idit Shalev, "The substitutability of physical and social warmth in daily life," *Emotion* 12, no. 1（2012）: 154–162.

⑯ Dan Simons, "Replication, retraction, and responsibilities," http://blog. dansimons.com/2014/01/ replication-retraction-and.html.

⑰ 美国心理学会 2010 年发布的《心理学家伦理原则和行为准则》，第 8.14 节，http://www.apa.org/ethics/code/principles.pdf.

⑱ Brest Donnellan, "what's the first rule about John Bargh's data," http:// traitstate.wordpress.com/2012/09/20/whats-the-first-rule-about-john-barghs-data/.

⑲ Dan Simons, "The fog of data—secrecy and science," http://blog. dansimons.com/2012/09/the-fog-of-data-secrecy-and science.html.

⑳ Ed Yong, "The data detective," *Nature News*, 2 July 2012, http://www.nature. com/news /the-data-detective-1.10937. 也可见: Ed Yong, "Uncertainty shrouds psychologist's resignation," *Nature News*, 12 July 2012, http://www.nature.com/news/uncertainty-shrouds-psychologist-s-resignation-1.10968.

㉑ J. B. S. Haldane, "The faking of genetical results," *Eureka* 6（1941）, Http://www.archim.org.uk/eureka/27/faking.html.

㉒ 有关 PLOS 数据可获得性的政策，可见: http://journals.plos.org/plosone/s/ data-availability.

㉓ DrugMonkey, "PLOS is letting the inmates run the asylum and this will kill them," https://drugmonkey.wordpress.com/2014/02/25/plos-is-letting-the-inmates-run-the-asylum-and-this-will-kill-them/.

㉔ Rxnm, "PLOS's open data fever dream," https://rxnm.wordpress. com/2014/02/25/fan-fiction/.

㉕ Erin C.Mckiernan, "My concerns about PLOS's new open data policy," https://emckiernan.wordpress.com/2014/02/26/my-concerns-about-

236

ploss-new-open-data-policy/.

㉖ Matthew D. Macmanes, "Corner cases," http://genomebio.org/corner-cases/.

㉗ 有研究者质疑，仅靠标准的匿名过程，是否足以解决问题，因为多个匿名数据集合起来就可能提供足够的信息识别出实验参与者。

㉘ 在写这本书的同时，图享对单个文件大小规定的上限是 5GB，禅研和数据诗则是 2GB（但可能根据具体情况允许上传更大的文件）；图享为个人用户提供免费账户，但对机构账户收费。

㉙ 数据分析可见：https://dx.doi.org/10.6084/m9.figshare.3381565.v1.

㉚ 2015 年 12 月 1 日通过电子邮件采访帕丁森。

㉛ 《认知》期刊的指南可见：http://www.elsevier.com/journals/cognition/0010–0277/guide-for-authors.《实验心理学》期刊的指南可见：https://us.hogrefe.com/Products/Journal/exppsy.《科学心理学档案》的指南可见：http://www.apa.org/pubs/journals/arc/.

㉜ 研究人员在以下问题上存在分歧：仅仅提供数据足以成为共同作者吗？2016 年 5 月我将这一问题发至推特，总体上，大多数答主都认为共享数据并不足以换来作者身份。然而，有趣的是，如果数据共享是私下发生的，而不是存放于公开数据平台时，大家就更能容忍以数据换共同作者身份的方式。因此，不公开共享数据被认为是一种带来更多奖励的做法，这表明心理学领域不支持数据公开存档可能是寻租的一种方式（即"如果你愿意让我成为你论文的作者之一，我将允许你访问我的数据"）。

㉝ 有关徽章提议的详细信息，可见：http://www.psychologicalscience.org/index.php/publications/journals/psychological_science/badges 和 https://osf.io/tvyxz/wiki/home/.

㉞ 更详细信息可见：http://centerforopenscience.org/top/.

㉟ 见：https://centerforopenscience.org/top/#list.

㊱ 见：http://www.esrc.ac.uk/files/about-us/policies-and-standards/esrc-research-data-policy/. 此政策的一个缺点是，只有在项目结束时才需要数据存档，

因此，在大多数情况下，已发表的同行评审文章中的数据没有链接。

㊲ 更多信息可见：https://opennessinitiative.org/.

㊳ 2014 年 9 月 22 日通过电子邮件对维尔布鲁根进行个人采访。

㊴ D. V. M. Bishop, "Open research practices: Unintended consequences and suggestions for averting them（commentary on the peer reviewers' Openness Initiative）," *Royal Society Open Science* 3, no. 4（2016）: 160109. 也见毕晓普和斯蒂芬·莱万诺夫斯基（Stephan Lewandowsky）的评论：http://www.nature.com /news/research-integrity-don-t-let-transparency-damage-science-1.19219.

㊵ https://twitter.com/ImAlsoGreg/status/438179256284479488.

㊶ 有关理查德·莫瑞和坎迪丝·莫瑞提出的"数据伙伴方案"的完整大纲，请参见他们的博客文章《习惯和开放数据：帮助学生发展科学思维的理论》（*Habits and open data: Helping students develop a theory of scientific mind*），http://bayesfactor.blogspot.no/2015/11/habits-and-open-data-helping-students.html.

㊷ 2014 年 6 月 3 日通过电子邮件采访凯瑞。

第五章注释

① 2012 年，斯塔佩尔出版了一本精彩的自白书，书名为《脱轨》（从荷兰语的"Derailed"或"Derailment"翻译而来），讲述了他职业生涯的大起大落。2014 年，心理学家尼克·布朗（Nick Brown）将全书翻译为英文，改名为《伪造的科学：一个有关学术伪造的真实故事》。英文译本可以从如下地址下载：http://web.archive.org/web/20150325224546/https://errorstatistics.files.wordpress.com/2014/12/fakingscience-20141214.pdf. 238

② 斯塔佩尔开始其造假行为的具体时间仍然存疑。协调其造假事件的正式调查的李维特委员会（The Levelt Committee）调查了他职业生涯中的三

个时间段：荷兰阿姆斯特丹大学，1993—1999 年（包括他的博士学习期）；荷兰格罗宁根大学，2000—2006 年（该时期他任教授）；荷兰蒂尔堡大学，2006—2011 年（在这里他建立行为经济学的研究中心，成为研究院院长）。斯塔佩尔声称，在职业生涯早期他的研究实践就有问题，但造假行为是在为格罗宁根大学工作时开始的。不过，主要负责调查他在阿姆斯特丹大学博士学习期间活动的德伦斯小组委员会发现，早在 1996 年他就存在造假行为。因此，对斯塔佩尔供词的真实性应持怀疑态度。但比较清楚的是，斯塔佩尔操纵和伪造数据的程度和频率随着他职业生涯的发展而推进。

③　Stapel, *Faking Science,* trans. Brown, 100–101.

④　同上，107 页。

⑤　Christopher J. Ferguson and Moritz Heene, "A vast graveyard of undead theories: Publication bias and psychological science's aversion to the null," *Perspectives on Psychological Science* 7, no. 6（2012）: 555–561.

⑥　Stapel, *Faking Science*, trans. Brown, 109.

⑦　同上，103 页。

⑧　同上，101 页。

⑨　同上，102 页。

⑩　同上，103 页。

⑪　同上，130 页。

⑫　同上，128 页。对于这些貌似真实的重复研究，这里有两种可能的解释。第一种为斯塔佩尔在某些情况下很可能猜对了，因为他的假设往往是通过仔细阅读文献产生的，因而可能是正确的。第二种解释却不那么乐观，正如我们在第一章中看到的，心理学研究受困于证实偏见，受其影响，研究者很容易从数据中**看到他们想看到的东西**。要得到与先前研究一致的结果，这本身就是一种巨大的压力。在这种压力下，研究者可能无暇顾及结果的真实性。

⑬　有关蒂尔堡大学对其伪造行为的完整和最后的报道，可见：https://www.

tilburguniversity.edu/upload/3ff904d7547b-40ae-85fe-bea38e05a34a_
Final%20report%20Flawed%20Science.pdf 238.

⑭ 对斯塔佩尔事件的阶段性报道，可见：http://web.archive.org/web/ 239
20160627142859/https://www.tilburguniversity.edu/upload/547aa461-
6cd1-48cd-801b-61c434a73f79_interim-report.pdf.

⑮ Kate Kelland, "Dutch psychologist admits he made up research data,"
Reuters 2 November 2011.

⑯ 在这个不值得羡慕的排名中，排名第一的是麻醉学家藤井善隆，他自
2012 年起已因伪造数据被撤回 183 篇已发表的文章，全部文章清单可
见：http://retractionwatch.com/the-retraction-watch-leaderboard/.

⑰ http://retractionwatch.com/2014/10/03/curtain-up-on-second-act-for-
dutch-fraudster-stapel-college-teacher/#comment-31309.

⑱ http://retractionwatch.com/2014/10/03/curtain-up-on-second-act-for-
dutch-fraudster-stapel-college-teacher/#comment-31388.

⑲ 该报告还有一个让人心寒的记录："在过去的一年里，全职教授们曾经
两次对斯塔佩尔提供的数据产生过怀疑，但没有跟进。该委员会认为，
这三位年轻的匿名揭发者比应该负起责任的全职教授表现出更多的勇
气、警觉和对真相的追求。"可见：https://www.tilburguniversity.edu/
upload/3ff904d7-547b-40ae-85fe-bea38e05a34a_Final%20report%20
Flawed%20Science.pdf.

⑳ Stapel, *Faking Science*, trans. Brown, 88.

㉑ Daniele Fanelli, "How many scientists fabricate and falsify research? A
systematic review and meta-analysis of survey data," *PLOS ONE* 4, no. 5
（2009）: e5738.

㉒ Leslie K. John, George Loewenstein, and Drazen Prelec, "Measuring the
prevalence of questionable research practices with incentives for truth
telling," *Psychological Science*（2012）: 0956797611430953.

㉓ 本节部分内容来自 SciLogs 上的博文：Chris Chambers, "Tackling the F

word," http://web.archive.org/web/20160316092653/http://www.scilogs.
com/sifting_the_evidence/tackling-the-f-word/.

㉔ 斯密斯特案例最初的报道，可见：http://www.eur.nl/fileadmin/ASSETS/
press/2012/Juli/report_Committee_for_inquiry_prof._Smeesters.
publicversion.28_6_2012.pdf.

㉕ 2015 年 8 月通过电子邮件采访斯旺。

㉖ 西蒙松发现斯密斯特的数据违反了小数定律，证明数据可能是人为产生
的，但该证据未达到官方认定存在造假行为的标准。斯旺告诉我，该委
员会发现，p 值操纵或草率研究不可能产生这种结果模式。"我们试着认
为，Excel 文件中的复制和粘贴错误可能是问题的根源。我们想不到任何
出现这种情况的情形，但也不能完全排除发生这种错误的可能性。"

㉗ http://retractionwatch.com/2014/03/19/final-report-in-smeesters-case-
serves-up-seven-retractions/.

㉘ "Hoogleraar Erasmus ontkent fraude," http://www.nu.nl/algemeen/
2844322/hoogleraar-erasmus-ontkent-fraude.html. 斯旺还告诉我，可能
是伊拉斯谟大学让斯密斯特辞职的。"我怀疑他的辞职是有人推他出去，
可能是他所在的部门或更高级别的人做的。"

㉙ 可见：http://dx.doi.org/10.6084/m9.figshare.3381574.v1. 在同一采访
中，斯密斯特承认，如果可能，他会作出不同的选择。"如果我能重新开
始，我会研究一些与社会更相关的问题，那些能够给人们带来福祉的问
题。如果这样做，是否具有理论创新性或者统计显著性就不那么重要了。
期刊几乎只发表有统计显著结果的文章，这确实会让你想'美化'一下
数据。"

㉚ 在福斯特事件中，2012 年匿名举报者所写的内部报告可见：https://
retractionwatch.files.wordpress.com/2014/04/report_foerster.pdf.

㉛ Bruce S. Weir, "The rarity of DNA profiles," *Annals of Applied Statistics* 1,
no. 2（2007）: 358.

㉜ 匿名检举者告诉我："由于所有数据都不见了，委员会无法确认是否真的

240

存在造假行为，因而也无法认定这件事属于学术不端……荷兰最大的大学之一——阿姆斯特丹大学——的最高管理者认为，因为他丢失了所有原始数据，所以可以认定他没有学术不端行为。"

㉝ 对于 LOWI 的报道的英文翻译，可见：https://retractionwatch.files.wordpress.com/2014/05/translation_lowi.pdf. 鉴于原因尚不清楚，LOWI 决定仅审查匿名举报者指控的三篇文章中的一篇，即福斯特和丹兹莱 2012 年发表的文章。匿名检举者并不清楚为何只审查了一篇文章，而不是全部的文章，猜测这可能是大学的限制。他说："我有一封 LOWI 前主席发来的邮件，表明阿姆斯特丹大学仅给 LOWI 发送了最近所发表的文章的数据，而这只是三篇文章中唯一一篇有合作者的文章。"因此，尽管福斯特声称原始数据已被破坏，但最后至少提供了一篇文章中描述的统计数据文件。匿名举报者质疑这些数据文件的准确性，认为福斯特在病假期间有充足的时间了解斯塔佩尔伪造数据事件，学会以一种大学官方无法或不愿意阻止的方式去抗争。"这些数据文件是在我提出申诉半年后创建的。这些创建的而非'保存'的数据……是在福斯特 8 个月的病假中出现的。他有整整 7 个月的时间来伪造数据。这些数据文件没有用处……如果他有整整七八个月的时间来保住工作，他难道会不去看斯塔佩尔的报道吗？他做了充足的准备工作。问题是阿姆斯特丹大学并没有调查这种可能性，他们完全拒绝调查这个，因为这会给大学的财政、声誉带来不良影响。"对于他在事后伪造数据文件的指控，福斯特声称这些文件确实包含原来的数据，但将变量名从德文变为英文的过程生成了新的数据文件，因而这些数据文件的日期出现在被质疑的研究完成后。可见：http://retractionwatch.com/2014/06/02/forster-on-defense-again-this-time-weighing-in-on-timeline-controversy/. 但在我撰写这本书期间，他没有开放地发表这些数据或带有时间戳的原始德文数据文件。他的解释是："我想过公布（这些数据），但'网络'给我带来的经历让我不想公布。我会把这些数据共享给那些想要查看或者乐意给我分享他们的分析结果的研究者。但我不会把它们留给匿名的网民，他们随意发表言

注 释

论，包括那些错误的论断和侮辱性言论。"可见：http://retraction watch. com/2014/05/12/i-never-manipulated-data-forster-defends-actions-in-open-letter/.

㉞ "Social psychologist Förster denies misconduct, calls charge 'terrible misjudgment'," http://retractionwatch.com/2014/04/30/social-psychologist-forster-denies-misconduct-calls-charge-terrible-misjudgment/.

㉟ 福斯特的公开辩护信——《"我从未操纵数据"：福斯特为辩护而写的公开信》，见：http://retractionwatch.com/2014/05/12/i-never-manipulated-data-forster-defends-actions-in-open-letter/. 他在信中说，由于缺乏清楚的实验记录，他无法调查到底是谁的过错。"在调查期间，我试着弄清楚究竟是谁出了错，但这一事实无法查清。这些研究都是七年多前做的，我都记不清具体时间了。我与太多人合作过，我也不想仅仅因为我更清楚地记得某些人就指控他们。"

㊱ http://www.socolab.de/main.php? id = 66. 关于福斯特事件的更多总结可见：http://osc.center-foropenscience.org/2014/05/29/forster-case/. 有关数据调查可见：http://datacolada.org/2014/05/08/21-fake-data-colada/.

㊲ https://twitter.com/DegenRolf/status/643671007090339840. 2015 年 11 月，福斯特同意撤回另外两篇文章，可见：http://retractionwatch. com/2015/11/12/psychologist-jens-forster-settles-case-by-agreeing-to-2-retractions/.

㊳ 2013 年《纽约时报》发表一篇对斯塔佩尔的采访文章，在标题中描述其伪造行为时使用了"大胆的"（audacious）一词，即具有褒义且与"勇敢"同义的词。后来该标题被修改，改掉了这个词。可见：http:// www.nytimes. com/2013/04/28/magazine/diederik-stapels-audacious-academic-fraud.html.

㊴ 完整的撤回公告可见：http://cercor.oxfordjournals.org/content/23/8/ 2015.full.

㊵ "Fraud topples second neuroscience word processing paper," https://

retractionwatch.com/2014/01/13/fraud-topples-second-neuroscience-word-processing-paper/.

㊶ 比利时鲁汶大学科学诚信委员会也证实了这一点，并在《大脑皮层》的原始撤回通知上附加了一则声明，在声明中清楚地写道：本文中呈现的数据分析过程均由第一作者瓦尔特·布雷特蓄意操纵。可见：http://cercor.oxford-journals.org/content/24/1/280.full.

㊷ 2015 年 12 月 8 日通过电子邮件采访奥帝贝克。

㊸ http://www.standaard.be/cnt/dmf20130816_00694853. 在此感谢维尔布鲁根提供的英文翻译。在写这篇文章的时候我联系到布雷特，但他拒绝接受采访。奥帝贝克对这一回应表示理解，因为在他看来，比利时媒体过分负面地报道了布雷特事件："在这件事上，所谓的高质量新闻报社也表现得像个花边小报一样。"

㊹ https://web.archive.org/web/20150907031741/https://ori.hhs.gov/content/case-summary-savine-adam-c.

㊺ http://ccpweb.wustl.edu/ORIresponse.html#13.

㊻ 值得一提的是，在研究诚信办公室公布学术造假的结论后，布雷弗才知道此事。当时他在接受《圣路易斯邮报》记者的采访时说："让我非常愤怒的是，你们比我更早知道亚当斯事件的结果，因为我才是应该揭发他的人。"http://www.stltoday.com/lifestyles/health-med-fit/ washington-u-student-s-mentor-talks-about-discredited-research/article_e2275d60-1ead-5906-851a-59c7a4daf6e5.html. 2015 年，布雷弗告诉我，研究诚信办公室已经修改了政策，让实验室负责人在更知情的情况下进行调查。

㊼ http://ccpweb.wustl.edu/ORIresponse.html.

㊽ 2015 年 8 月 24 日通过电子邮件采访布雷弗。

㊾ 神经科学协会的完整社会伦理政策可见：https://www.sfn.org/member-center/professional-conduct/sfn-ethics-policy.

㊿ 当我要求神经科学协会的学术伦理部门解释其集体惩罚政策时，我的询问被转到其通信和市场部。该部门的高级主管告诉我，他们"不会对个

243

案发表任何评论”，还建议我参考他们网站上的伦理政策，但正如我在调查中明确指出的，这一政策并未说明该协会的集体惩罚政策的合理性。

(51) http://www.stltoday.com/lifestyles/health-med-fit/washington-u-student-s-mentor-talks-about-discredited-research/article_e2275d60-1ead-5906-851a-59c7a4daf6e5.html.

(52) 为了保护凯特匿名者的身份，本文无法提供相应内容的具体来源。

(53) 为了保护凯特在一个相当小的研究领域中的身份，我未提供其工作领域的细节。

第六章注释

① http://www.budapestopenaccessinitiative.org/read.

② https://en.wikipedia.org/wiki/Creative_Commons_license. 这种理想的开放获取模式叫自由 OA（libre OA），它不仅允许用户阅读论文，还允许重复使用论文。

③ 传统的订阅期刊对作者也不一定免费。许多订阅期刊，比如《神经生理学期刊》，即使对读者采用付费阅读模式，也会对作者收取版面费。许多心理学和神经科学期刊还对彩图额外收费。正如英文中的俗语，“想收费不缺名目”。

④ 与许多新兴期刊一样，《科学心理学档案》在 2016 年之前都暂时免收论文处理费。在撰写本书时，《生物医学中心：心理学》向作者收取每篇 2145 美元的费用，比部分 OA 模式期刊（如《PLOS ONE》，收费 1495 美元）的价格都高，也远远高于另一部分 OA 模式期刊（如《PeerJ》，1095 美元）。部分期刊为低收入国家的作者或支付不起论文处理费的作者提供费用减免或免除政策。

⑤ 这里的另一处细微差别是，出版方允许作者在个人网站上采用即刻绿色 OA 模式，但如果这篇文章要归档存入公共数据库，就需要有 12 个月的

封存期。理论上，这二者都是公开的，但出版商很清楚，公共数据库的内容更有可能被自动搜索引擎抓取（如谷歌学术或其他更简单的互联网搜索引擎），封存期的设定可以限制对文章的访问，从而刺激消费。想要了解出版商关于绿色 OA 模式和金色 OA 模式的更详细、全面的政策信息，请访问 SHERPA/ROMEO 网站：http://www.sherpa.ac.uk/romeo/.

⑥ 想获取完整 OA 模式期刊目录，请查看：https://doaj.org/. 值得注意的是，在这份目录中，有超过 200 个心理学或神经科学期刊（请搜索"psych"或者"neur"），但没有一个是领域内有声誉的主流期刊。

⑦ 这部分的部分内容曾发表于《卫报》博客：Chris Chambers, "Those who publish research behind paywalls are victims not perpetrators," http://www.theguardian.com/science/blog/2013/jan/23/open-access-publish-paywalls-victims-perpetrators.

⑧ ArXiv 于 1991 年推出，目前每个月会收到超过 8000 份论文，http://arxiv.org/. 此后，生物学领域出现类似网站（http://biorxiv.org/），最近，心理学领域也出现了（https://osf .io/view/psyarxiv）。OA 模式期刊《PeerJ》也提供预印本存档服务。

⑨ Björn Brembs, Katherine Button, and Marcus Munafò, "Deep impact: Unintended consequences of journal rank," *Frontiers in Human Neuroscience* 7（2013）：291，http://dx.doi.org/10.3389/fnhum.2013.00291.

⑩ 如果想了解对这种"基于限制"的发表体系是否道德的激烈争论，可以看麦克·泰勒在《卫报》网站上的博文：http://www.theguardian.com/science/blog/2013/jan/17/open-access-publishing-science-paywall-immoral.

⑪ 想了解对此类政策的精彩分析（如伦敦玛丽女王大学推行的政策），可以访问科洪的博文：http://www.dcscience.net/2012/06/29/is-queen-mary-university-of-london-trying-to-commit-scientific-suicide/. 第七章中会提到更多学术圈数豆子之风的例子。

⑫ http://www.nature.com/news/funders-punish-open-access-dodgers-

1.15007. 自 2008 年起，美国国立卫生研究院也采取类似政策，尽管有处罚条例，但也遇到类似的执行问题。

⑬ http://www.wellcome.ac.uk/Managing-a-grant/End-of-a-grant/wtx026513.htm.

⑭ http://blog.wellcome.ac.uk/2015/03/03/the-reckoning-an-analysis-of-wellcome-trust-open-access-spend-2013-14/.

⑮ http://blog.wellcome.ac.uk/2015/10/22/10-years-of-open-access-at-the-wellcome-trust-in-10-numbers/.

⑯ 芬奇的报告: *Accessibility, Sustainability, Excellence: How to Expand Access to Research Publications*, 5.

⑰ 同上，102 页。

⑱ 同上，7 页。金色 OA 模式的一个问题是，如果机构或研究者都没有基金支持，谁来为之买单。对于任职于经费不算充裕的机构的初级研究者，这个问题尤其严重。就像一位同行说的："我所属机构说不会为我付这笔钱，所以我被《PLOS ONE》要求的费用难住了。我申请免除论文加工费，但他们最多只能部分减免，我还得从什么地方弄来 400 美元。我是一位刚展开职业生涯的研究者，没有任何'腐败基金'来付账。"

⑲ 同上，6 页。

⑳ 同上，36 页。

㉑ 哈纳德的评论全文地址：https://web.archive.org/web/20160418152013/http://openaccess.eprints.org/index.php? /archives/904-Finch-Report,-a-Trojan-Horse,-Serves-Publishing-Industry-Interests-Instead-of-UK-Research-Interests.html.

㉒ 哈纳德将这种双向收费模式称作"傻瓜的金色 OA"：http://openaccess.eprints.org/index.php? /archives/1007-Pre-Green-OA-Fools-Gold-vs.-Post-Green-OA-Fair-Gold.html.

㉓ http://www.rcuk.ac.uk/research/openaccess/policy/.

㉔ "From 'as soon as possible' to 'immediate' open access," http://www.

nwo.nl/en/news-and-events/news/2015/from-as-soon-as-possible-to-immediate-open-access.html.

㉕ "Open access in the next Research Excellence Framework: policy adjust-ments and qualifications," http://www.hefce.ac.uk/media/HEFCE, 2014/Content/Pubs/2015/CL, 202015/Print-friendly%20version.pdf.

㉖ 2012 年，欧洲研究理事会针对其资助的项目发布一项开放获取指南，这些项目包括心理学项目。该指南要求：（1）受本基金资助者必须尽快（最迟在论文发表时）将论文可发表版本的可机读版本或经过同行评审的终稿，归档于专门存储科学论文的数据库，同时存储必要的研究数据，确保递交的科研论文中的结果真实、有效。（2）受资助者必须保证以上存档的出版物可以通过数据库被开放获取，截止时间为：如果电子版可以通过出版商免费获取，在论文发表时就需要能够开放获取；任何其他情况下，最迟在论文发表后的 6 个月内使论文开放获取（社会科学和人文学科可推迟至 12 个月内）。（3）受资助者必须保证能够识别出其已经归档出版物的元数据也可以开放获取，该元数据必须包含一个永久标识符。http://ec.europa.eu/research/participants/data/ref/h2020/grants_manual/amga/h2020-amga_en.pdf.

㉗ 自 2011 年起，库祖斯基的推特引发 #icanhazpdf 现象：https://twitter.com/AndreaKuszewski/status/28257118322688000.

㉘ 对于 #icanhazpdf 现象的深刻分析可见：Carolyn Caffrey Gardner and Gabriel J. Gardner, "Bypassing interlibrary loan via twitter: An exploration of#icanhazpdf requests," *ACRL (Association of College and Research Libraries)* (2015), http://web.archive.org/web/20160702052610/http://eprints.rclis.org/24847/2/gardner.pdf. 在 2014 年的 3 个月内，两位作者在推特档案中发现了 824 条 #icanhazpdf 请求，由此推断 12 个月来应该有大约 3296 条请求。大多数请求（73%）来自社会与生命科学领域（包括心理学）。

㉙ 在撰写本书时，Sci-Hub 仍存在于数个网域中，包括 http://sci-hub.bz/ 和

http://sci-hub.cc/。

㉚ 具体而言，艾尔巴金声称，诸如爱思维尔这样的出版商违反了《联合国人权宣言》的第 27 条："人人有权自由参加社会的文化生活，享受艺术，并分享科学进步及其产生的福利。"

㉛ "Sci-Hub tears down academia's 'illegal' copyright paywalls," https://torrentfreak.com/sci-hub-tears-down-academias-illegal-copyright-paywalls-150627/.

㉜ 据报道，最大的学术期刊出版商爱思维尔 2014 年的利润率为 37%，即获得超过 10 亿美元的利润。http://web.archive.org/web/20160315064211/https://libraries.mit.edu/scholarly/mit-open-access/open-access-at-mit/mit-open-access-policy/publishers-and-the-mit-faculty-open-access-policy/elsevier-fact-sheet/.

㉝ 爱思维尔的投诉全文：https://torrentfreak.com/images/elsevier-complaint.pdf.

㉞ "Court orders shutdown of Libgen, Bookfi and Sci-Hub," https://torrentfreak.com/court-orders-shutdown-of-libgen-bookfi-and-sci-hub-151102/.

㉟ "Sci-Hub, BookFi and LibGen resurface after being shut down," https://torrentfreak.com/sci-hub-and-libgen-resurface-after-being-shut-down-151121/.

㊱ 指控斯沃茨的起诉书的细节可见：http://www.wired.com/images_blogs/threatlevel/2012/09/swartzsuperseding.pdf.

㊲ 最贫困的机构和国家在这个问题上受到一定保护。有几家主流出版商参与了"Research4Life"计划，在撰写本书时，该计划向 72 个"A 组"发展中国家提供免费开放获取。http://www.research4life.org/eligibility/.

㊳ 在诸多这样的例子中，伦敦自然历史博物馆（Natural History Museum in London）的博士后研究员芒斯讲述了他发现巴斯大学取消订阅英国皇家学会的主流期刊《生物学报》（*Biology Letters*）的经历：http://rossmounce.

247

co.uk/2012/02/12/journal-mega-bundles-thecostofknowledge/. 这本期刊被取消订阅似乎不仅仅是为了省钱，还因为它没有出现在任何购买套餐中。最大的营利性出版商，如爱思维尔，通常会向大学推销捆绑式期刊订阅套餐，不允许图书馆有选择地退订其中的一些期刊。这意味着当财政紧缩时，越是独立订阅的期刊（比如学术团体的刊物），越容易被退订（不过，我们注意到，在本书撰写期间，巴斯大学已经恢复了对《生物学报》的订阅）。图书馆订阅期刊的细目及开支通常被视作商业机密，尽管贝格斯托姆等人在 2014 年的一项研究中能够利用"自由信息请求"（Freedom of Information Requests）从美国大学收集信息：Theodore C. Bergstrom, Paul N. Courant, R. Preston McAfee, and Michael A. Williams, "Evaluating big deal journal bundles, "*Proceedings of the National Academy of Sciences USA* 111, no. 26（2014）: 9425–30. 2015 年，芒斯在社交媒体上发起一项投票，想知道有多少一流高校能够访问 1949 年的一篇文章。这篇文章是随机选出的，理论上其电子版是可获取的。在英国和北美的 70 家机构中，只有 10 家机构说可以成功下载该文章：http://rossmounce.co.uk/2015/09/16/who-actually-has-access-to-paywalled-research/.

㊴ David Halpern, "Presidential column: Applying psychology to public policy," http://www.psychologicalscience.org/index.php/publications/observer/2014/january-14/applying-psychology-to-public-policy.html.

㊵ http://www.behaviouralinsights.co.uk/.

㊶ "Executive order—using behavioral science insights to better serve the American people," https://www.whitehouse.gov/the-press-office/2015/09/15/executive-order-using-behavioral-science-insights-better-serve-american. 248

㊷ POST 是一个由公务员组成的内部组织，为国会议员提供独立、深入的科学简报，也就是 POST 日志（POSTNotes）。http://www.parliament.uk/post.

㊸ Adriana De Palma, "Why all PhD students should do a policy placement," http://web.archive.org/web/20160601081827/https://therostrumblog. wordpress.com/2015/01/12/why-all-phd-students-should-do-a-policy-placement/.

㊹ https://twitter.com/stevenhill/status/670645979167748100.

㊺ https://twitter.com/ersatzben/status/670939925106302977.

㊻ https://twitter.com/ersatzben/status/613782419011989504.

㊼ Ben Johnson, "Subscription publishers do not want my business," http://web.archive.org/web/20160409024908/https://ersatzben. com/2015/06/20/subscription-publishers-do-not-want-my-business/.《英国医学期刊》的前编辑理查德·史密斯（Richard Smith）也记录了类似案例：http://web.archive.org/web/20160414122448/http://blogs.bmj.com/ bmj/2012/06/28/richard-smith-a-bad-bad-week-for-access/.

㊽ Chris Hartgerink, "Why I content mine," http://web.archive.org/ web/20160612071438/http://onsnetwork.org/chartgerink/2015/11/19/ why-i-content-mine/.

㊾ Chris Hartgerink, "Elsevier stopped me doing my research," http:// web.archive.org/web/20160611032746/http://onsnetwork.org/ chartgerink/2015/11/16/elsevier-stopped-me-doing-my-research/. 这个案例中最引人注意的地方是，尽管没有任何证据，但哈特格林克的行为仍然被假定为"窃取"内容。在一封发给哈特格林克的电子邮件中，爱思维尔在纽约的一位员工写道："最近，我注意到蒂尔堡有网络爬虫在爬取数据。近日我们也看到一些人为了获取大学资源，偷了合法账号来窃取内容。请您联系蒂尔堡的负责人，请他们调查此事。"随后，这位荷兰的客户经理联系了蒂尔堡（用荷兰语联系的，由哈特格林克翻译）并声称："有人在大量下载资料，这说明可能存在资料滥用的情况。请您尽快调查一下发生了什么。如果以这种规模继续下载，出于安全原因，访问将被拦截。"

50 http://web.archive.org/web/20160611032746/http://onsnetwork. org/chartgerink/2015/11/16/elsevier-stopped-me-doing-my-research/ #comment-11.

51 Chris Shillum, "Elsevier updates text-mining policy to improve access for researchers," http://www.elsevier.com/connect/elsevier-updates-text-mining-policy-to-improve-access-for-researchers.

52 Chris Hartgerink, "Why Elsevier's 'solution' is the problem," http://web. archive.org/web/20160611010128/http://onsnetwork.org/chartgerink/ 2015/11/20/why-elseviers-solution-is-the-problem/.

53 哈佛大学不再提供完整的备忘录，但可在网站上阅读: http://web. archive.org/web/20160317160330/http://gantercourses.net/wp-content/ uploads/2013/11/Faculty-Advisory-Council-Memorandum-on-Journal-Pricing-%C2%A7-THE-HARVARD-LIBRARY.pdf.

54 https://osc.hul.harvard.edu/policies/.

55 "Dutch universities start their Elsevier boycott plan," https://universonline. nl/2015/07/02/dutch-universities-start-their-elsevier-boycott-plan.

56 Daniel Allington, "On open access, and why it's not the answer," http:// web.archive.org/web/20160402004400/http://www.danielallington. net/2013/10/open-access-why-not-answer/.

57 http://en.wikipedia.org/wiki/Out-group_homogeneity.

58 开放获取出版为非学术团体带来的好处的精彩总结: http:// whoneedsaccess.org/.

59 John Bargh, "Nothing in their heads," http://web.archive.org/web/ 20120309203900/http://psychologytoday.com/blog/the-natural-unconscious/ 201203/nothing-in-their-heads.

60 Stéphane Doyen, Olivier Klein, Cora-Lise Pichon, and Axel Cleeremans, "Behavioral priming: It's all in the mind, but whose mind?," *PLOS ONE* 7, no.1（2012）: e29081.

(61) http://journals.plos.org/plosone/s/criteria-for-publication.

(62) 可免费阅读波黑伦的报告：http://www.sciencemag.org/content/342/6154/60.full.

(63) https://doaj.org/.

(64) Michael Eisen, "I confess, I wrote the arsenic DNA paper to expose flaws in peer-review at subscription based journals," http://web.archive.org/web/20160508112019/http://www.michaeleisen.org/blog/? p = 1439.

(65) C. Hajjem, Y. Gingras, and S. Harnad, "Ten-year cross-disciplinary comparison of the growth of open access and how it increases research citation impact," *Bulletin of the IEEE Computer Society Technical Committee on Data Engineering* 28, no. 4（2005）: 39–46.

(66) 细节信息可见：http://sparceurope.org/oaca/.

250 (67) 关于开放获取出版的优势的一篇深刻、权威的综述文章，可参考：Jonathan P. Tennant, François Waldner, Damien C. Jacques, Paola Masuzzo, Lauren B. Collister, and Chris H. J. Hartgerink, "The academic, economic and societal impacts of Open Access: An evidence-based review," *F1000Research* 5（2016）. http://dx.doi.org/10.12688%2Ff1000research.8460.2.

第七章注释

① 古德哈特定律是以经济学家查尔斯·古德哈特（Charles Goodhart）命名的，但这里使用的公式是人类学家玛丽琳·斯特拉森（Marilyn Strathern）提出的。参见：http://www.atm.damtp.cam.ac.uk/mcintyre/papers/LHCE/goodhart.html.

② Eugene Garfeld, "Citation indexes for science," *Science* 122（1955）: 108–111.

③ Editorial: *Scientometrics* 1, no. 1（1978）: 3–8.

④ E. Garfeld, "The history and meaning of the journal impact factor," *JAMA* 295 no. 1（2006）: 90–93.

⑤ 不同论文被引次数的巨大差异可能受到与研究质量无关因素的影响。有的论文被高频引用，可能是因为它指出一个明显错误，或者是因为发表该文章的期刊很有名气。有的则是因为其新颖性（即便质量堪忧），或者因为其在媒体上的影响力。最重要的是，不同的学科和子学科的引文数量典型基线是不同的，很难互相比较。想了解更多有关该问题的深度讨论，可见: Robert Adler, John Ewing, and Peter Taylor, "Joint committee on quantitative assessment of research: Citation statistics," *Australian Mathematical Society Gazette* 35, no. 3（2008）: 166–188.

⑥ 关于期刊影响因子与引用率无关的文章可见: Per O. Seglen, "Why the impact factor of journals should not be used for evaluating research," *BMJ: British Medical Journal* 314, no. 7079（1997）: 498. 也可见: George A. Lozano, Vincent Larivière, and Yves Gingras, "The weakening relationship between the impact factor and papers' citations in the digital age," *Journal of the American Society for Information Science and Technology* 63, no. 11（2012）: 2140–2145. 该文章发现期刊影响因子与引用率存在低相关，且相关性随着时间递减。可见: http://dx.doi.org/10.1002/asi.22731. 本文免费下载链接: http://www.ost.uqam.ca/Portals/0/docs/articles/2012/JASISTno11.pdf.

⑦ 以我自己为例，我的高被引文章之一于 2006 年发表在专业期刊《认知神经科学期刊》上（371 次引用；JIF = 3.6），而两年前我在"高影响力"期刊《自然·神经科学》上发表的一篇类似的实证研究论文的引用次数仅为上一篇的一半（176 次引用；JIF = 16.7）。

⑧ Ferric C. Fang, R. Grant Steen, and Arturo Casadevall, "Misconduct accounts for the majority of retracted scientifc publications," *Proceedings of the National Academy of Sciences USA* 109, no. 42（2012）:

17028–17033. 关于这一点的总结与期刊影响因子的其他问题请见伯姆布斯的博客：http://blogarchive.brembs.net/news.php? item.766.11.

⑨ PLOS Medicine editors, "The impact factor game," *PLOS Med* 3, no. 6（2006）: e291.

⑩ Björn Brembs, Katherine Button, and Marcus Munafò, "Deep impact: Unintended consequences of journal rank," *Frontiers in Human Neuroscience* 7（2013）: 291.

⑪ Eugene Garfeld, "Interview with Eugene Garfeld, chairman emeritus of the（ISI）," *Cortex* 37, no. 4（2001）: 575–577.

⑫ 在荷兰的一些大学里有一条不成文的规定，即学生在获得博士学位之前，需要在同行评审的期刊上发表一定数量的文章（通常至少两篇）。从积极的一面来看，这能保证学生获得发表论文的实践经验，但更大的负面影响是，设定最低发表数量会催生小规模、动机不足的研究，会鼓励学生将完整的研究分割成最小可发表单元。发表偏见也给博士生带来压力，使其开展有偏倚的研究（如 p 值操纵），以确保得到阳性、有利于发表的实验结果。

⑬ http://www.ascb.org/dora/. 荷兰大学协会包含 561 所签署高校，马斯特里赫特大学是其中之一。

⑭ Brembs, Button, and Munafò, "Deep impact," 291, http://dx.doi.org/10.3389/fnhum.2013.00291.

⑮ Stephen Curry, "Sick of impact factors," http://occamstypewriter.org/scurry/2012/08/13/sick-of-impact-factors/.

⑯ Henry L. Roediger III, "Journal impact factors: How much should we care?," http://www.psychologicalscience.org/index.php/publications/observer/2013/september-13/journal-impact-factors.html.

⑰ https://uk.sagepub.com/en-gb/eur/psychological-science-package/journal201991.

⑱ https://twitter.com/CT_Bergstrom/status/657221745628200960.

252

⑲ http://www.ucl.ac.uk/hr/docs/proms/SnrProm_AnnexA.doc. 如果该链接被删除，可访问：https://web.archive.org/web/20160516082534/http://www.ucl.ac.uk/hr/docs/proms/SnrProm_AnnexA.doc.

⑳ 《泰晤士高等教育报》强化"基金是奖励"观念的近期例子可见：https://www.timeshighereducation.com/news/grant-winners-3-december-2015.

㉑ 毕晓普猛烈抨击了用基金收入来评价学者的愚蠢行为：http://deevybee.blogspot.co.uk/2014/12/why-evaluating-scientists-by-grant.html.

㉒ 一般来说，很少有关于基金支配与使用情况的评估。一个例外是英国经济与社会研究委员会的报告员项目，该项目要求评审员评估基金资助的研究成果的"科学、经济和社会影响"：http://www.esrc.ac.uk/files/funding/guidance-for-peer-reviewers/guidance-notes-on-the-rapporteur-quality-and-impact-comment-form/. 然而，尚不清楚这些反馈如何起作用，也不知道基金会是否使用反馈中的信息指导未来的基金分配决策。

㉓ 在心理学领域，花很少的钱，甚至没有经费，也能推进完整的研究项目，如与本科生或博士生共同开展研究。

㉔ 2015 年 12 月，我针对这一场景在推特上发起投票："简妮和玛丽在竞争职业晋升机会。她们的全部条件几乎相似，唯一的区别是，玛丽的研究工作有基金支持。你认为谁会 / 应该获得晋升机会？"在 98 个回答中，57% 认为"玛丽将会且应该获得晋升"，只有 6% 的人认为"简妮将会且应该获得晋升"。有趣的是，许多人（33%）认为，"玛丽将会获得晋升，但简妮应该获得晋升"，这也许反映出这些人意识到投入（基金）应该与产出（论文、影响力）相互权衡，而不是相加。只有很少的答案（4%）认为，"简妮将会获得晋升，但玛丽应该获得晋升"。请谨慎看待推特的投票结果，这不是一个完善的抽样调查，受访者的背景也未知：https://twitter.com/chrisdc77/status/677829444103442432252.

㉕ 伦敦学院大学的药理学家科洪坚决地调查和揭露了这些例子：http://www.dcscience.net/2012/06/29/is-queen-mary-university-of-london-trying-to-commit-scientific-suicide/.

253

㉖ David Colquhoun, "Bad fnancial management at Kings College London means VC Rick Trainor is fring 120 scientists," http://www.dcscience. net/2014/06/07/bad-financial-management-at-kings-college-london-means-vc-rick-trainor-is-firing-120-scientists/.

㉗ 可在《柳叶刀》(*Lancet*) 上阅读艾伦和密舍里斯对玛丽女王大学留任政策的批评：John F. Allen and Fanis Missirlis, "Queen Mary: Nobody expects the Spanish Inquisition," *Lancet* 379, no. 9828 (2012): 1785, http://www. thelancet.com/journals/lancet/article/PIIS0140-6736%2812%2960697-7/ fulltext.

㉘ 免费阅读出版伦理委员会的指导方针：http://publicationethics.org/files/ International%20standards_authors_for%20website_11_Nov_2011_0.pdf.

㉙ 正如所有有关作者排序的经验法则一样，也有许多例外情况。比如，如果两位资深研究者合作完成一个项目，尽管两位作者的资历均等，也常常是其中一位作为第一作者，另一位是末位作者。此外，需要提醒的是，末位作者的价值依赖其背景：对于明显独立或即将独当一面的研究者，末位作者是学术领袖的标志；但初级学者通常更愿意成为第二作者，因为如果学界知道你非常年轻，无法承担核心研究者的责任，排在末位就只能说明你对研究贡献最少。作者排序已被视为科研贡献的标志，而这些已成惯例的奇思妙想让它更加板上钉钉。

㉚ 美国心理学会对作者归属的指导方针可见：http://www.apa.org/ research/responsible/publication/.

㉛ 国际医学期刊编辑委员会对作者归属的指导方针：http://www.icmje.org/ recommendations/browse/roles-and-responsibilities/defining-the-role-of-authors-and-contributors.html.

㉜ 我的文章："Tough love Ⅱ: 25 tips for early-career scientists," http:// neurochambers.blogspot.co.uk/2012/05/tough-love-ii-25-point-guide-for-early.html.

㉝ 毕晓普对我的博文的准确批评：http://neurochambers.blogspot.

co.uk/2012/05/tough-love-ii-25-point-guide-for-early.html? showComment=
1338490130354#c1743257197227672347.

㉞ 我对毕晓普的软弱回复：http://neurochambers.blogspot.co.uk/2012/05/
tough-love-ii-25-point-guide-for-early.html? showComment=13384987180
60#c5457911252285746290.

㉟ 弗瑞斯的"慢科学"言论十分智慧：http://frithmind.org/socialminds/
2015/10/11/slow-science/.

㊱ 事实也不尽然，因作者过度解读或错误解读而不当引用论文的情况并不
少见。

㊲ 除了期刊影响因子外，科学界还充斥着许多其他指标。特征因子不仅考
虑论文被引数量，还考虑发表论文的期刊的影响力，以此量化期刊引用
量的影响。H因子［以它的创造者，乔治·希尔施（Jorge E. Hirsch）命
名］试图将研究者个体的产量和影响力量化为一个数字。如果一位科学
家的H指数为20，说明在他发表的论文中，有20篇论文每篇至少被引
用20次。但除了被批评只关注被引量之外，H指数还被指责对资深研究
者更有利，以及无法区分个人对整体研究的贡献，容易被自我引用操纵。
所谓"替代计量学"（altmetrics）是另一套新兴的度量方法，它试图量化
学术研究在纸媒、博客和社交媒体上的影响力。所有这些指标确实能反
映一些信息，但没有一个适用于对质量的专家评估，也缺少对研究的理
论和实践意义的长远思考。

第八章注释

① 还应指出的是，如果一个研究领域不符合成为一种"科学"的所有条件，
也并不意味着它是有错误的、无用的，或者就不能称为研究。例如，即
使心理学的定性研究不寻求假设检验或量化某些现象，仍可以获得对行
为和社会的丰富洞察。

② 有关生物医学中更广泛意义上的可重复性问题的讨论，请参见英国医学科学院 2015 年发布的报告：http://www.acmedsci.ac.uk/policy/policy-projects/reproducibility-and-reliability-of-biomedical-research/.

③ 本节的部分内容改编自以下两篇文章：Chris Chambers, "Are we finally getting serious about fixing science?," http://www.theguardian.com/science/head-quarters/2015/oct/29/are-we-finally-getting-serious-about-fixing-science；Christopher D. Chambers, Eva Feredoes, Suresh Daniel Muthukumaraswamy, and Peter Etchells, "Instead of 'playing the game' it is time to change the rules: Registered reports at AIMS Neuroscience and beyond," *AIMS Neuroscience* 1, no. 1（2014）: 4–17. 后面这篇文章可以从以下网址免费下载：http://www.aimspress.com/article/10.3934/Neuroscience.2014.1.4/pdf.

④ Chris Chambers, "Why I will no longer review or publish for the journal Neuropsychologia," http://neurochambers.blogspot.co.uk/2012/09/why-i-will-no-longer-review-or-publish.html.

⑤ Neuroskeptic, "Fixing science—systems and politics," http://blogs.discovermagazine.com/neuroskeptic/2012/04/14/fixing-science-systems-and-politics/.

⑥ 在我最初的提议中，它被称为"注册报告"（此处为 "registration report"，"注册"为名词，而正式提议中是 "registered report"，准确译法为 "注册了的报告"。——译者注），但我不久就把它改了，因为它听起来有政府官僚主义的气息。

⑦ 见：R. Rosenthal, *Experimenter Effects in Behavioral Research*（New York: Appleton-Century-Croft, 1966）. 2015 年，我写信给罗森塔尔，告诉他，我们终于在将近 50 年后实施了他的计划。他说，他很高兴我们实现了他 20 世纪 60 年代中期的"白日梦"。

⑧ G. William Walster and T. Anne Cleary, "A proposal for a new editorial policy in the social sciences," *American Statistician* 24, no. 2（1970）:

16–19. 随后，罗伯特·纽科姆（Robert Newcombe）于 1987 年，埃里克·特纳（Erick Turner）于 2013 年也提出类似的建议。Robert G. Newcombe, "Towards a reduction in publication bias," *BMJ* 295, no. 6599（1987）: 656–659. Erick H. Turner, "Publication bias, with a focus on psychiatry: Causes and solutions," *CNS Drugs* 27, no. 6（2013）: 457–468.

⑨　我给《皮层》期刊的原始公开信：http://neurochambers.blogspot.co.uk/2012/10/changing-culture-of-scientific.html.

⑩　我最初考虑过私下提出这个想法，被拒绝后再公之于众，但我担心这会让人觉得这是酸葡萄心理。此外，这种先私下提出再公开的做法，也会使提案无法在更多的同行评议中受益。

⑪　在撰写本书时，《皮层》注册报告委员会的成员有我、英国爱丁堡大学的罗伯·麦金托什（Rob McIntosh）博士、英国伯明翰大学的皮娅·罗丝汀（Pia Rotshtein）博士、德国亚琛工业大学的克劳斯·威尔姆斯（Klaus Willmes）教授和英国苏塞克斯大学的迪恩斯教授。

⑫　这条标准的灵感来自心理学家帕什勒在"神经怀疑论者"关于研究预注册的文章下的一条评论（见：Neuroskeptic, "Fixing science—systems and politics," http://blogs.discovermagazine.com/neuroskeptic/2012/04/14/fixing-science-systems-and-politics/.），他在评论中说："审稿人应该为研究的发表确定一些结果中性的标准，例如，没有地板效应或天花板效应，操作检验的结果良好，等等。如果不这么做，就是在要求期刊提前承诺会发表一项无法真正检验假设的研究。"

⑬　如需完整的有关注册报告指南的例子，可见《皮层》的要求：http://cdn.elsevier.com/promis_misc/PROMIS%20pub_idt_CORTEX%20Guidelines_RR_29_04_2013.pdf.

⑭　《心理科学展望》提供的是特殊的注册报告模式，侧重于可重复性，并提倡多方合作，还为这些研究提供了基金支持。《心理科学展望》的倡议是独立于注册报告模式，由丹·西蒙斯、亚历克斯·霍尔库姆（Alex Holcombe）和其他人设计的。

⑮ Chris Chambers, Marcus Munafò, and 83 signatories: "Trust in science would be improved by study pre-registration," http://www.theguardian.com/science/blog/2013/jun/05/trust-in-science-study-pre-registration.

⑯ 伦敦大学学院认知神经科学教授苏菲·斯科特（Sophie Scott）对我们发表在《卫报》上的文章的回应，反映了反对注册报告的主流意见：https://www.timeshighereducation.com/comment/opinion/pre-registration-would-put-science-in-chains/2005954.article. 斯科特收集了许多负面评价，参见：https://sites.google.com/site/speechskscott/SpeakingOut/willpreregistrationofstudiesbegoodforpsychology.

⑰ 当我在研讨会上提出这一点时，有时会有人问我："你们为什么不提出一项支持探索性科学的倡议呢？"答案是，我们确实提了。由麦金托什领导的一项名为"探索报告"（explore Reports）的倡议正在《皮层》期刊成形（"探索报告"现在已是《皮层》期刊的论文形式之一。——译者注）。

⑱ 自 2014 年 2 月以来，"开放抢发挑战"［该挑战由公益组织"软件木工"（Software Carpentry）发起，目的是反对"开放代码或数据，会使创意被抢先发表"的说法。该挑战称，如果某人的创意因数据或代码共享而被抢先发表，他可以向"软件木工"递交证据，他本人会收到"软件木工"寄送的 T 恤。——译者注］一直存在，但无人参与挑战。

⑲ 另一个阻止审稿人抢占创意的因素是，在最终发表的注册报告中，稿件接收日期显示的是第一阶段的提交日期，所以任何竞争对手通过标准投稿方式抢发的论文的稿件接收日期都会在该日期之后。即使审稿人剽窃了创意并第一时间发表，原作者也可以证明是他们率先有了这个想法。

⑳ 将评审过程分为两个阶段可以防止审稿人根据假设检验的结果评估论文的质量，由此避免审稿人的事后批判偏见（诺塞克和莱肯斯创造的术语），即在知道结果后作审稿。事后批判是一种受动机驱动的推理方式，审稿人如果对结果不满，就可能虚伪地苛责研究方法以阻止文章的发表。传统的（非提前注册的）文章评审中的事后批判不可能被证实，因为研究方法和结果被同时评审，无法有效区分对研究方法的真正异议和事后

257

批判。但注册报告评审中的任何事后批判都显而易见，很容易预防。如果审稿人在第一阶段通过了稿件，但在第二阶段看到结果后，又对相同的研究方法提出新的反对意见，就可以视为事后批判。虽然在第二阶段的评审中审稿人可以不受限地作出评论，但已经在第一阶段被批准的研究方法的有效性不会被推倒，此时的事后批判行为不仅透明化，而且不可能生效。

㉑ 提示：他们几乎肯定不会。正如一位前同事、著名的神经学家曾经告诉我的："永远不要为你还没有做完的研究申请基金。"

㉒ https://sites.google.com/site/speechskscott/SpeakingOut/willpre-registrationofstudiesbegoodforpsychology.

㉓ http://neurochambers.blogspot.co.uk/2012/10/changing-culture-of-scientific.html? showComment = 1349772625668#c5836301548034236209.

㉔ https://sites.google.com/site/speechskscott/SpeakingOut/willpre-registrationofstudiesbegoodforpsychology.

㉕ 这种侮辱极其失策，因为签署者包括毕晓普、莫顿·安·格恩斯巴彻（Morton Ann Gernsbacher）、约翰·哈迪（John Hardy）、安尼狄斯、斯蒂文·拉克（Steven Luck）、芭芭拉·斯佩尔曼（Barbara Spellman）和杰里米·沃尔夫（Jeremy Wolfe）等权威人物。

㉖ 一些反对预注册模式的人建议，我们本应该将注册报告倡议进行预注册（如：https://nucambiguous.wordpress.com/2013/07/25/preregistration-a-boring-ass-word-for-a-very-important-proposal/#comment-540.）。有趣的是，这些批评者似乎没有意识到，他们建议通过预注册来提高注册报告的可信度，本身就说明他们承认预注册是有用的。

㉗ Loren K. Mell and Anthony L. Zietman, "Introducing prospective manuscript review to address publication bias," *International Journal of Radiation Oncology, Biology, Physics* 90, no. 4（2014）: 729–732.

㉘ Robert M. Kaplan and Veronica L. Irvin, "Likelihood of null effects of large NHLBI clinical trials has increased over time," *PLOS ONE* 10, no. 8（2015）:

258

e0132382.

㉙ 《皮层》期刊最近的例子有：Jona Sassenhagen and Ina Bornkessel Schlesewsky, "The P600 as a correlate of ventral attention network reorientation," *Cortex* 66（2015）: A3–A20. Tim Paris, Jeesun Kim, and Chris Davis, "Using EEG and stimulus context to probe the modelling of auditory-visual speech," *Cortex*（2015）. 在《皮层》的一期注册报告在线特刊中，我们可以看到更多这样的例子：http://www.journals.elsevier.com/cortex/virtual-special-issues/virtual-special-issue-registered-reports. 另见《社会心理学》关于可重复性的注册报告特刊：http://econtent.hogrefe.com/toc/zsp/45/3.

㉚ 目前参与的期刊及指南的完整清单可见：https://cos.io/rr/.

㉛ http://www.acmedsci.ac.uk/policy/policy-projects/reproducibility-and-reliability-of-biomedical-research/.

㉜ 关于 TOP 准则的更多信息可见：https://cos.io/top/.

㉝ 我现在是《皇家学会开放科学》注册报告的执行编辑，可见：https://blogs.royalsociety.org/publishing/registered-reports/. 尽管物理学较少受不当研究行为和实验者偏见的影响，但它仍会受发表偏见的影响，所以物理学依旧可以从注册报告中获益。

㉞ 免费的开放科学平台（http://osf.io）为许多类型的研究提供一个通用的注册模板，包括心理学研究。其他选择有：Figshare（一个文件分享网站）；美国经济学会（American Economic Association）随机控制实验注册系统（https://www.socialscienceregistry.org/）；对于涉及健康主题的研究，研究人员也可以使用 ISRCTN 注册表（http://www.isrctn.com/）。

㉟ Leif Nelson, "Preregistration: Not just for the empiro-zealots," http://datacolada.org/12.

㊱ Sylvain Mathieu, Isabelle Boutron, David Moher, Douglas G. Altman, and Philippe Ravaud, "Comparison of registered and published primary outcomes in randomized controlled trials," *JAMA* 302, no. 9（2009）: 977–984.

㊲ Sreeram Ramagopalan, Andrew P. Skingsley, Lahiru Handunnetthi, Michelle Klingel, Daniel Magnus, Julia Pakpoor, and Ben Goldacre, "Prevalence of primary outcome changes in clinical trials registered on ClinicalTrials.gov: A cross-sectional study," *F1000Research* 3（2014）.

㊳ Sreeram V. Ramagopalan, Andrew P. Skingsley, Lahiru Handunnetthi, Daniel Magnus, Michelle Klingel, Julia Pakpoor, and Ben Goldacre, "Funding source and primary outcome changes in clinical trials registered on ClinicalTrials.gov are associated with the reporting of a statistically signifcant primary outcome: A cross-sectional study," *F1000Research* 4（2015）.

㊴ http://compare-trials.org/#.

㊵ Annie Franco, Neil Malhotra, and Gabor Simonovits, "Underreporting in psychology experiments: Evidence from a study registry," *Social Psychological and Personality Science* 7, no. 1（2016）: 8–12.

㊶ 使用标准模板有助于提高未经评审的预注册论文的信息准确度。就这一点而言，西蒙松和乔·西蒙斯开发的一个新工具很有前景：https://aspredicted.org/.

㊷ Adam Marcus and Ivan Oransky, "Time for a reproducibility index," http://www.labtimes.org/labtimes/ranking/dont/2013_04.lasso.

㊸ 乔希·哈茨霍恩（Josh Hartshorne）和阿德纳·沙赫纳（Adena Schachner）提出的关于"重复研究跟踪记录"（replication tracker）的补充想法：http://dx.doi.org/10.3389/fncom.2012.00008.

㊹ 至少在超出人类现有能力的复杂人工智能还未出现的情况下，这种自动化处理是不行的。

㊺ 细节可见：http://www.iupsys.net/about/members/national-members/index.html.

㊻ 开发可重复性指标的一种路径是将其与勒贝领导的"收纳科学"（Curate Science）计划归并并联合开发，可见：http://curatescience.org/. 这项

注 释   321

令人印象深刻的新计划能追踪发表结果的可重复性，详情可见：http://replicationnetwork.com/2015/10/21/lebel-introducing-curatescience-org/.

㊼ Leonard P. Freedman, Iain M. Cockburn, and Timothy S. Simcoe, "The economics of reproducibility in preclinical research," *PLOS Biol* 13, no. 6 (2015): e1002165.

㊽ 完整的研究可见：Open Science Collaboration, "Estimating the reproducibility of psychological science," Science 349, no. 6251 (2015): aac4716, http://dx.doi.org/10.1126/science.aac4716. 梅斯和乔基姆·范德克考夫（Joachim Vandekerckhove）对这些结果做了贝叶斯分析，他们发现，大约 20% 的重复研究为重复失败提供强有力的证据，25% 的重复研究为重复成功提供强
260 有力的证据，其余的则占据中间的不确定地带：Alexander Etz and Joachim Vandekerckhove, "A Bayesian perspective on the reproducibility project: Psychology," *PLOS ONE* 11, no. 2 (2016): e0149794. 对于一般读者，在梅斯的博客上可以找到关于这些发现的更简明的综述：http://alexanderetz.com/2015/08/30/the-bayesian-reproducibility-project/.

㊾ 我和穆纳夫于 2016 年提出注册报告基金计划，多家期刊和基金会正在考虑此计划。

㊿ Kevin M. Williams, Craig Nathanson, and Delroy L. Paulhus, "Identifying and profling scholastic cheaters: Their personality, cognitive ability, and motivation," *Journal of Experimental Psychology: Applied* 16, no. 3 (2010): 293.

(51) 同上，305 页。

(52) "Diederik Stapel settles with Dutch prosecutors, won't face jail time," http://retractionwatch.com/2013/06/28/diederik-stapel-settles-with-dutch-prosectors-wont-face-jail-time/.

(53) "Former University of Queensland professor Bruce Murdoch charged over alleged fake Parkinson's research," http://www.abc.net.au/news/2014-12-12/university-of-queensland-professor-on-fraud-

charges/5964476.

(54) Dea Clark, “Former UQ academic Dr Caroline Barwood granted bail over fraud charges,” http://www.abc.net.au/news/2014-11-06/former-uq-academic-granted-bail-over-fraud-charges/5871436.

(55) 与涉嫌欺诈者关系紧密的人总会承受一些后果，如撤回合著论文。认为我们能保护举报人完全不受伤害是不现实的，但我们肯定能做得更多，以尽量减少潜在伤害。

(56) 进一步的讨论可见：Chris Chambers and Petroc Sumner, “Replication is the only solution to scientifc fraud,” http://www.theguardian.com/commentisfree/2012/sep/14/solution-scientific-fraud-replication.

(57) 元数据开放存档项目认定的绿色期刊列表：http://www.sherpa.ac.uk/romeo/browse.php? colour = green.

(58) Björn Brembs, Katherine Button, and Marcus Munafò, “Deep impact: Unintended consequences of journal rank,” *Frontiers in Human Neuroscience* 7 (2013): 291.

(59) Sam Schwarzkopf, “Revolutionise the publication process,” http://neuroneurotic.net/2015/07/17/revolutionise-the-publication-process/. Dorothy Bishop, “Will traditional science journal disappear?,” http://www.theguardian.com/science/head-quarters/2015/may/12/will-traditional-science-journals-disappear. 另一个相关的主意是 Epi 科学项目，它保
留了期刊模式，但同行评审和发表过程完全在“覆盖式期刊”(overlay 261
journals) 上进行，这类期刊是与开放数据库 (如 arXiv) 共同运作的。可见：http://www.episciences.org/.

(60) 在这方面已经有了一些温和的动作。一些期刊现在会要求作者说明他们对论文各方面的贡献。例如，《美国国家科学院院刊》现在要求作者陈述他们对研究设计、研究执行、新试剂 / 分析工具、数据分析和论文撰写作出的贡献。

(61) 虽然首字母顺序模式更可取，但在传统作者模式到贡献者模式的过渡

阶段，第一作者的位置可以保留，所有后来的作者都按首字母顺序列出，要注意标明所有作者作出的贡献的细节。对贡献者模式的深刻讨论可见：Amy Brand, Liz Allen, Micah Altman, Marjorie Hlava, and Jo Scott, "Beyondauthorship: Attribution, contribution, collaboration, and credit," *Learned Publishing* 28, no. 2（2015）: 151–155.

㉒ 精确不当的问题可以用百分比范围或描述性量表替换贡献百分比来解决，我们可以尝试多种方法。

㉓ https://twitter.com/david_colquhoun/status/664949963890278400.

㉔ Joseph P. Simmons, Leif D. Nelson, and Uri Simonsohn, "A 21 word solution," available at SSRN 2160588（2012）.

㉕ http://opennessinitiative.org/.

㉖ www.sherpa.ac.uk/romeo/.

㉗ 除了理查德·莫瑞和坎迪丝·莫瑞在第四章中提出的数据伙伴方案外（http://bayesfactor.blogspot.no/2015/11/habits-and-open-data-helping-students.html），牛津大学的起亚·诺布雷（Kia Nobre）的实验室最近也提出类似的"亦敌亦友系统"（frenemy system）: https://sites.google.com/site/todorovicana/musings/crisis_report.

㉘ http://www.ascb.org/dora/.

㉙ TOP 准则的细节可见：https://cos.io/top/.

㉚ 注册报告的细节可见：https://cos.io/rr/.

㉛ 徽章倡议的细节可见：https://osf.io/tvyxz/wiki/home/.

索 引 *

---

* 本索引中，索引主题后面的数字为页边码，提示可在页边码标示的页面检索相关内容。页边码中的 f 指该页面的图，n 指注释。

索 引

processing charges（APCs）of, 128, 134, 243n4

　　重复研究的政策 / replication policies of, 68

《实验心理学》/ *Experimental Psychology*, 87

《实验心理学》系列期刊 / *Journal of Experimental Psychology* group, 130–131

实验心理学研究者协会 / Psychonomic Society, 129

史蒂芬·凯瑞 / Curry, Stephen, 95, 159

史蒂芬·希尔 / Hill, Steven, 140

史蒂文·哈纳德 / Harnad, Stevan, 134–136, 147, 245n22

事后批判 / CARKing（critiquing after results are known）, 256–257n20

嗜新症 / neophilia, 8–12, 47–48, 51, 174–175

"收纳"科学计划 / Curate Science project, 259n46

数豆子之罪，*见*心理学中的评估文化 / bean counting, *See* metric culture of
　　psychology

数据捕捞 / data fishing, 85

数据共享 / data sharing, 43, 74, 76–95, 115, 202–204, 214

　　～的好处 / benefts of, 77–78, 235n7

　　～中的共同署名权 / coauthorship debates, 87, 236n32

　　～中的保密考量 / confidentiality considerations in, 85, 236n27

　　数据伙伴计划和～ / data partner plans and, 94–95, 214, 261n67

　　～的免费存档服务 / free archive services for, 85, 236n28

　　～的亦敌亦友系统 / frenemy system of, 261n67

　　在～上的资助挑战 / funding challenges in, 85

数据伙伴 / data partnerships, 94–95, 214, 261n67

数据评审 / data review, 209

数据诗 / Dataverse, 85, 236n28

数据透明 / data transparency, 203

数据囤积 / data hoarding, 79–83, 90–91, 127

　　数据所有权的辩护 / data ownership defenses of, 76–77

图书在版编目（CIP）数据

　　心理学的七宗罪：改革科研文化的宣言 / (英) 克里斯·钱伯斯
(Chris Chambers) 著；孙旖旎，许天歌，李永娜译；胡传鹏，陈妍秀
校译. — 上海：上海教育出版社，2023.10
　　ISBN 978-7-5720-1840-4

　　Ⅰ.①心… Ⅱ.①克… ②孙… ③许… ④李… ⑤胡… ⑥陈…
Ⅲ.①心理学－研究 Ⅳ.①B84

　　中国国家版本馆CIP数据核字(2023)第180132号

此简体中文版由上海教育出版社通过博达中国著作权代理有限公司（Bardon Chinese Creative Agency Limited）取得授权。未经许可，不得转载使用。

上海市版权局著作权合同登记号 图字09-2024-0488号

责任编辑　金亚静　项征御
整体设计　闻人印画

心理学的七宗罪：改革科研文化的宣言
[英] 克里斯·钱伯斯(Chris Chambers)　著
李永娜　孙旖旎　许天歌　译
陈妍秀　胡传鹏　校译

出版发行	上海教育出版社有限公司	
官　网	www.seph.com.cn	
地　址	上海市闵行区号景路159弄C座	
邮　编	201101	
印　刷	上海叶大印务发展有限公司	
开　本	890×1240　1/32　印张 11.875	
字　数	278 千字	
版　次	2024年7月第1版	
印　次	2024年7月第1次印刷	
书　号	ISBN 978-7-5720-1840-4/B·0052	
定　价	69.00 元	

如发现质量问题，读者可向本社调换　电话：021-64373213

扫码打开

心理学职业文化反思录

概览｜本书要点
一图助你梳理本书知识架构

走近｜开放科学
畅谈开放科学的现在与未来

了解｜国内现状
浅谈开放科学革命的发展

听听｜译者分享
怎样做才算实践开放科学